福州大学 21 世纪海上丝绸之路核心区建设研究院研究成果

海上丝绸之路与中国海洋强国战略丛书

2015 年主题出版重点出版物

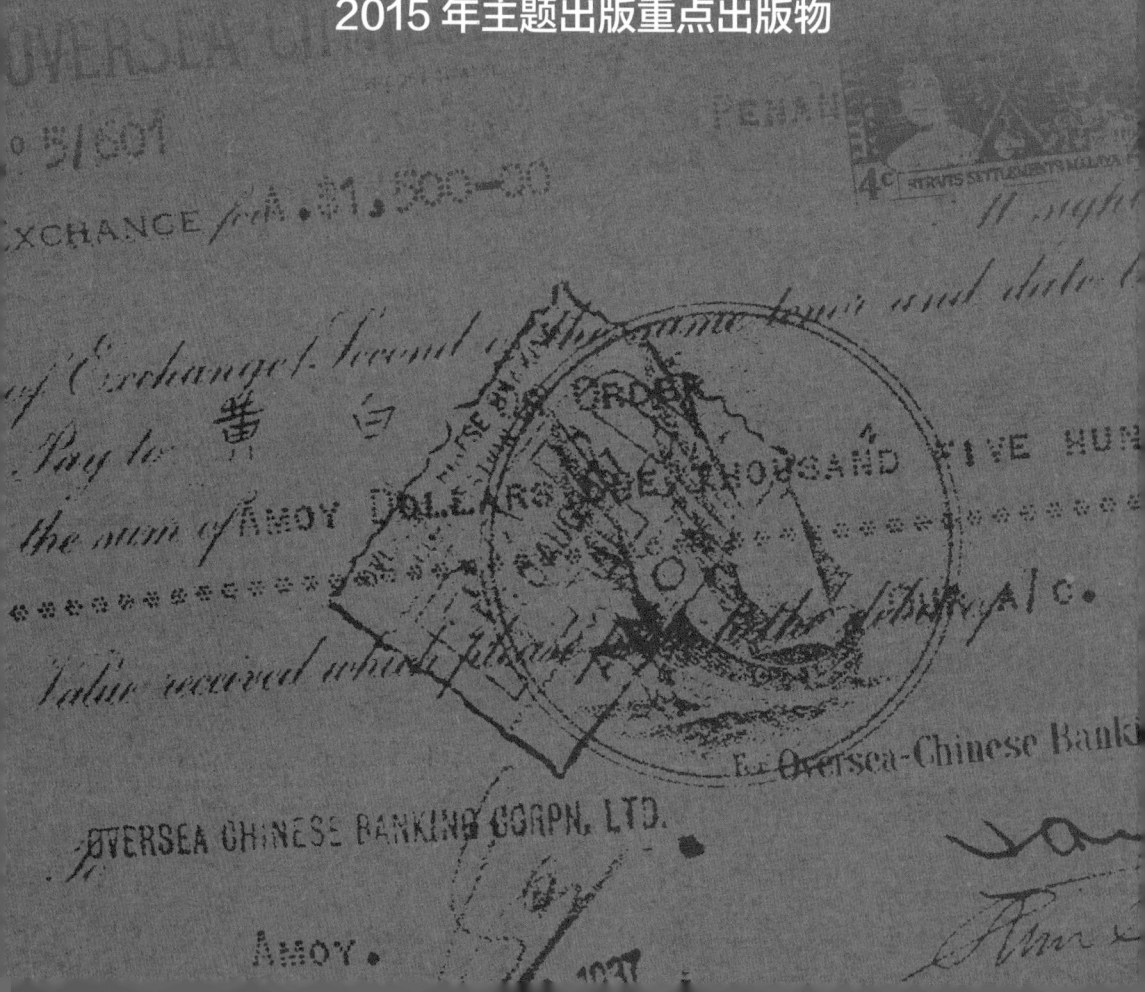

海上丝绸之路与中国海洋强国战略丛书

总主编／苏文菁

海洋移民、贸易与金融网络

——以侨批业为中心

黄清海 著

社会科学文献出版社

SOCIAL SCIENCES ACADEMIC PRESS (CHINA)

"海上丝绸之路与中国海洋强国战略丛书"总序

中国是欧亚大陆上的重要国家，也是向太平洋开放的海洋大国。长期以来，中国以灿烂的内陆农耕文化对世界文明产生了巨大的影响。近百年来，由于崛起于海洋的欧洲文明对世界秩序的强烈影响，来自黑格尔的"中国没有海洋文明""中国与海不发生关系"的论调在学术界应者甚众。这种来自西方权威的论断加上历史上农耕文化的强大，聚焦"中原"而忽略"沿海"已是中国学术界的常态。在教育体系与学科建设领域，更是形成了一个"中""外"壁垒森严、"中国"在世界之外的封闭体系。十八大提出了包括建设海洋强国在内的中华民族全面复兴的宏伟目标。2013 年以来，习总书记提出以建设"一带一路"作为实现该宏伟目标的现阶段任务的重要战略构想。国家战略的转移需要新的理论、新的知识体系与新的话语体系，对于农业文明高度发达的中国而言，建设富有中国气质的、与海洋强国相适应的新知识体系、新话语体系、新理论更是刻不容缓。

从地球的角度看，海洋占据了其表面的约 70.8%，而陆地面积占比不到 30%，陆域成了被海洋分割、包围的岛屿。从人类发展的角度看，突破海洋对陆域的分割、探索海洋那一边的世界、把生产生活活动延伸至海洋，是人类亘古不变的追求。而人类对海洋的探索主要经历了四个不同的阶段。

第一阶段是远古至公元 8 世纪，滨海族群主要在近海区域活动。受生产力，特别是造船能力的影响，滨海人民只能进行小范围的梯度航行，进行近海的捕捞活动。除了无潮汐与季风的地中海之外，其他滨海区域的人民尚无法进行远程的跨文化交换与贸易。目前的知识体系还不足以让我们准确了解该阶段的发展状况，但我们仍然可以从各学科的发现与研究中大致确定海洋文化较为发达的区域，它们是环中国海区域、环印度洋区域、环北冰洋区域，当然也包括环地中海区域。在这一阶段，滨海区域开始出现与其地理环境相应的航海工具与技术，这是各地滨海族群为即将到来的大规模航海储备力量的阶段。

　　第二阶段是 8 世纪至 15 世纪，滨海族群逐渐拓展自己的海洋活动空间。随着技术的不断发展，他们由近海走向远洋，串联起数个"海"而进入"洋"。海上交通由断断续续的"点"连接成为区域性、规模化的"路"。环中国海的"点"逐渐向西扩展，与印度洋进行连接；印度洋西部阿拉伯海区域的"点"向地中海及其周边水域渗透。由此，海上丝绸之路"水陆兼程"地与地中海地区连接在一起，形成了跨越中国海、南洋、印度洋、红海、地中海的贸易与交通的海洋通道。从中国的历史看，该阶段的起点就是唐代中叶，其中，市舶司的设立是中国政府开始对海洋贸易实施管理的代表性事件。这一阶段，是中国人与阿拉伯人共同主导亚洲海洋的时代，中国的瓷器、丝绸以及南洋的各种物产是主要的贸易产品。

　　第三阶段是 15 世纪至 19 世纪中叶，东西方的海洋族群在太平洋上实现了汇合。这是海上丝绸之路由欧亚板块边缘海域向全球绝大部分海域拓展的时代。在这一阶段，欧洲的海洋族群积极开拓新航线，葡萄牙人沿非洲大陆南下，绕过好望角进入印度洋；西班牙人向西跨越大西洋，踏上美洲大陆。葡萄牙人过印度洋，据马六甲城，进入季风地带，融入亚洲海洋的核心区域；西班牙人以美洲的黄金白银为后发优势，从太平洋东岸跨海而来，占据东亚海域重要的交通与贸易"点"——吕宋。"大航海"初期，葡萄牙、西班牙的海商是第一波赶赴亚洲海洋最为繁忙的贸易圈的欧洲人，紧接着是荷兰人、英国人、法国人。环中国海以及东南亚海域成为海洋贸易与交通最重要的地区。但遗憾的是，中国海洋族群的海洋活动正受到内在制度的限制。

第四阶段是 19 世纪下半叶至当代，欧洲的工业革命使得人类不再只能依靠自然的力量航海；人类依靠木质帆船和自然力航海的海洋活动也即将走到尽头；中国的海洋族群逐渐走向没落。"鸦片战争"之后，中国海关系统被英国等控制，世界上以东方物产为主要贸易物品的历史终结了，包括中国在内的广大东方区域沦为欧洲工业品的消费市场。

由上述分析，我们能够充分感受到海上丝绸之路的全球属性。在逾千年的历史过程中，海上丝绸之路唯一不变的就是"变化"：航线与滨海区域港口城市在变化；交换的物产在变化；人民及政府对海洋贸易的态度在变化……但是，由海上丝绸之路带来的物产交换与文化交融的大趋势从未改变。因此，对于不同的区域、不同的时间、不同的族群而言，海上丝绸之路的故事是不同的。对于非西方国家而言，对海上丝绸之路进行研究，特别是梳理前工业时代东方文明的影响力，是一种回击欧洲文明优越论的文化策略。从中国的历史发展来看，传统海上丝绸之路是以农耕时代中国物产为中心的世界文化大交流，从其相关历史文化中可汲取支撑我们继续前行的力量。

福州大学"21 世纪海上丝绸之路核心区建设研究院"在多年研究中国海洋文化的基础上，依托中国著名的出版机构——社会科学文献出版社，策划设计了本丛书。本丛书在全球化的视野下，通过挖掘本民族海洋文化基因，探索中国与海上丝绸之路沿线国家历史、经济、文化的关联，建设具有中国气质的海洋文化理论知识体系。丛书第一批于 2015 年获批为"2015 年主题出版重点出版物"。

丛书第一批共十三本，研究从四个方面展开。

第一，以三本专著从人类新文化、新知识的角度，对海洋金融网、海底沉船进行研究，全景式地展现了人类的海洋文化发展。《海洋与人类文明的生产》从全球的角度理解人类从陆域进入海域之后的文明变化。《海洋移民、贸易与金融网络——以侨批业为中心》以 2013 年入选世界记忆遗产的侨批档案为中心，对中国海洋族群在海洋移民、贸易中形成的国际金融网络进行分析。如果说侨批是由跨海成功的海洋族群编织起来的"货币"与"情感"的网络的话，那么，人类在海洋上"未完成"的航行也同样留下了证物，《沉船、瓷器与海上丝绸之路》为我们整理出一条"水下"的海上丝绸之路。

第二，早在欧洲人还被大西洋阻隔的时代，亚洲的海洋族群就编织起亚洲的"海洋网络"。由中国滨海区域向东海、南海延伸的海洋通道逐步形成。从中国沿海出发，有到琉球、日本、菲律宾、印度尼西亚、中南半岛、新加坡、环苏门答腊岛区域、新西兰等的航线。中国南海由此有了"亚洲地中海"之称，成为海上丝绸之路的核心区域，而我国东南沿海的海洋族群一直是这些海洋交通网络中贸易的主体。本丛书有五本专著从不同的方面讨论了"亚洲地中海"这一世界海洋贸易核心区的不同专题。《东海海域移民与汉文化的传播——以琉球闽人三十六姓为中心》以明清近六百年的"琉球闽人三十六姓"为研究对象，"三十六姓"及其后裔在向琉球人传播中国文化与生产技术的同时，也在逐渐地琉球化，最终完全融入琉球社会，从而实现了与琉球社会的互动与融合。《从龙牙门到新加坡：东西海洋文化交汇点》、《环苏门答腊岛的海洋贸易与华商网络》和《19 世纪槟城华商五大姓的崛起与没落》三本著作从不同的时间与空间来讨论印度洋、太平洋交汇海域的移民、文化与贸易。《历史影像中的新西兰华人》（中英文对照）则以图文并茂的方式呈现更加丰厚的内涵，100 余幅来自新西兰的新老照片，让我们在不同历史的瞬间串连起新西兰华侨华人长达 175 年的历史。

第三，以三部专著从海洋的角度"审视"中国。《海上看中国》以 12 个专题展现以海洋为视角的"陌生"中国。在人类文明发展的进程中，传统文化、外来文化与民间亚文化一直是必不可少的资源。就中国的海洋文化知识体系建设来说，这三种资源有着不同的意义。中国的传统文化历来就有重中原、轻边疆的特点，只在唐代中叶之后，才对东南沿海区域有了关注。然而，在此期间形成了海洋个性的东南沿海人民，在明朝的海禁政策下陷入茫然、挣扎以至于反抗之中；同时，欧洲人将海洋贸易推进到中国沿海区域，无疑强化了东南沿海区域的海洋个性。明清交替之际，清廷的海禁政策更为严苛；清末，中国东南沿海的人民汇流于 17 世纪以来的全球移民浪潮之中。由此可见，对明清保守的海洋政策的反思以及批判是我们继承传统的现实需求。而《朝贡贸易与仗剑经商：全球经济视角下的明清外贸政策》与《明清海盗（海商）的兴衰：基于全球经济发展的视角》就从两个不同的层面来审视传统中华主流文化中保守的海洋政策与民间海商阶层对此的应对，从中可以看出，当时国家海洋政策的失误及其造成的严重后果；此外，在对中西海商（海盗）进行对比的同时，为中国海商翻案，指出对待海商（海盗）的态度或许是中国走向衰落而被西方超越的原因。

第四，主要是战略与对策研究。我们知道，今天的国际法源于欧洲人对海洋的经略，那么，这种国际法就有了学理上的缺陷：其仅仅是解决欧洲人纷争的法规，只是欧洲区域的经验，并不具备国际化与全球化的资质。东方国家有权力在 21 世纪努力建设国际法新命题，而中国主权货币的区域化同理。《国际法新命题：基于 21 世纪海上丝绸之路建设的背景》与《人民币区域化法律问题研究——基于海上丝绸之路建设的背景》就对此展开了研究。

从全球的视野看，海上丝绸之路是人类在突破海洋的限制后，以海洋为通道进行物产的交流、思想的碰撞、文化的融合进而产生新的文明的重要平台。我们相信，围绕海上丝绸之路，世界不同文化背景的学者都有言说的兴趣。而对中国而言，传统海上丝绸之路是以农耕时代中国物产为中心的世界文化大交流，源于汉唐乃至先秦时期，繁荣于唐宋元时期，衰落于明清时期，并终结于1840年。今天，"21世纪海上丝绸之路"建设是重返世界舞台中心的中国寻找话语权的努力，在相同的文化语境之中，不同的学科与专业都有融入海洋话语时代的责任。欢迎不同领域与学科的专家继续关注我们的讨论、加入我们的航船：齐心协力、各抒其才。海洋足够辽阔，容得下多元的话语。

苏文菁

2016 年 12 月

内容提要

自 15 世纪末欧洲人开辟新航线以来，人类文明史上开启了有别于陆地迁徙的跨洋越海大迁徙活动，进而逐步形成以殖民为主的海洋移民和全球化贸易体系。

至 19 世纪，尤其是在鸦片战争之后，中国清朝廷在此世界潮流与国情的碰撞和交集之下，准许人民出国"下南洋""淘金"。在当时中国境内、境外之间的邮政和金融体系尚未设立之时，体现华人智慧的移民金融产物——侨批业萌生了。海外华人的个人钱财（物质流、资金流）以及情感信息（信息流）借助侨批业渠道实现跨国转移，一方面反哺祖国和亲人，另一方面促进了华人参与全球化进程。一百多年来，华人海洋移民以及华人商贸、金融活动等，与侨批业融合互动、跨国运作。侨批业也因此成为中国连接海外世界的民间主渠道。

早于中国现代银行的侨批业是中国进入国际金融市场的先行者，它蕴含着货币、信用、国际汇兑等金融业沿革的历史。侨批业贴近南洋移民族群的市场需求，与时俱进、不断创新，逐步建立起华人跨国金融体系，进而协同华资银行、中资银行融入全球化的金融网络之中。

Abstract

The European voyages to the East in the late 15th century heralded a large scale of transnational migration waves along the navigation routes. It was different from the previous overland migration and gradually a maritime immigration pattern with a focus on colonization and a global trade system were formed.

The official ban on maritime trade with Southeast Asia was not lifted until the 19th century, especially after the Opium War, when the Qing court changed its policy and allowed its subjects to seek fortune in Nanyang. Modern post service and financial institution were not in place at that time. Instead, Qiaopi or Overseas Remittance emerged as a migrant financial invention which fully exhibited the Chinese wisdom. Personal savings, funds as well as family communications as a consequence could be transferred through the transnational Qiaopi channels. While a huge amount of overseas remittance were sent back to home villages in China with the assistance of the Qiaopi sector, more and more overseas Chinese were encouraged to be involved in the globalization activities. For more than one hundred years, collaborated with the transnational service provided by the Qiaopi sector, Chinese migrants in Southeast Asia were actively involved in the regional commerce and financial activities. It is in this sense that the Qiaopi sector could be labeled as one of the key non-governmental channels linking South China and the rest of the world.

The Qiaopi sector was the rudiment of Chinese modern banks, and it was involved in the international financial market in its capacity of financial pioneer shouldered with a multi-function such as currency, credit and international remittance and exchanges. The Qiaopi sector not only met the needs of overseas Chinese in Southeast Asia, but also kept developing. A transnational Chinese financial system was thus gradually established with the joint efforts of ethnic Chinese banks and Chinese government funded banks, and together they have been integrated into the global financial network.

说　明

除注明外，本书的侨批图片均为笔者实物资料的电子扫描件，机构网络分布等图片均为笔者描绘的。

在撰写过程中，很荣幸地得到钱江教授、柯木林先生以及潘茹红博士、苏通海先生、陈意忠先生、刘燕燕同学等的指导和帮助，在此表示衷心的感谢！

目　录

图目录

表目录

第 一 章

全球化与中国海洋移民

在漫长的历史长河里，人类因自然环境变化、人口增长、生产发展、探险、战乱、国家建立与兴衰等不断地流动和迁移；人类习性的移民活动，是人类自诞生以来活动的主要模式之一。15 世纪之前，人类的流动和迁移以陆地为主，但人们一直渴望着能够越海跨洋，探险海洋，探索海洋彼岸的新事物，建立起世界各大洲之间的联系。

15 世纪末，随着新航线的开辟和世界地理大发现，人类进入一个大转变的时代，人类社会开启了大规模的海洋移民与贸易活动。之后，一系列的海洋问题，如海洋移民与劳务、海洋商人集团、海洋经贸往来、跨国货币流通、海权管理、跨海城市关系等，成为世人关注的全球性热点。

至 18~19 世纪，欧美帝国主义在全球化进程中，到处寻求殖民掠夺与扩张。在废除奴隶贸易制之后，它们必须在全球范围内寻找新的劳动力资源，以满足殖民开发和工业化大生产对人力的需求。

19 世纪中叶，鸦片战争爆发，打开了封闭几百年的中国国门，人口众多的中国尤其是东南沿海地区就此开始大规模海洋移民，出现了"下南洋"与淘金潮，中国也由此成为全球化进程中的一个重要组成部分。

第一节　新航线：促进全球海洋移民

所谓移民是指人口在不同地域之间迁移活动的总称，是迁移人口的集合。而国际移民一般来讲，是为了实现在其他国家定居的目的而跨越国境流动的人群。本书所讲的海洋移民，是指既跨海洋又跨国的人口迁移活动的总称；它既有别于陆路移民，也有别于国际移民。在本国内跨海洋的移民（如山东人跨渤海湾移民到辽宁），不在本书讨论的范围。

15 世纪末，随着新航线的开辟，人类进入大航海时代，以海洋为基本特征的全球化进程就此开始。大规模的海洋贸易、海洋移民，有力地促进了世界资源的大流通与人口的大迁徙，进而让世界走向一个更为融合的境界。15～18 世纪，大批移民者通过海路到达他们的目的地，与之前的地域性（陆路）移民联系起来，互相结合，最终形成了世界人口的重新分配。通过海洋移民与传播，世界各地出现了许多种植园、矿场和殖民地，彼此的管理运行方式较为相似。海洋移民与贸易，一方面带动了在全球范围内各族群人之间的商贸交流；另一方面因利益冲突而使各种关系变得更为复杂，尤其是大西洋地区和印度洋地区激烈的碰撞，使得东方与西方各地之间的差异越来越明显。

18～20 世纪，工厂的设立，以英国为首的工业革命，使生产能力急剧增长，由工厂生产的商品，如纺织品、香皂、鞋子、农业工具，甚至包括后来的蒸汽船和铁路等，需要出售到世界各地，同时也需要在全球范围内不断寻找新的资源，包括自然矿产资源和劳动力资源等。同时，随着商品经济的发展、商品货币化程度的提高，在19～20世纪，全球劳动力迁移与海洋贸易变得更为频繁，而且显得更为复杂。

海洋移民与全球化海洋贸易有着较高的关联度，它们之间相互依存、相互促进，这对于人类的进步和社会发展有着广泛的积极意义。在全球范围内，海洋移民扩大了人类的生存空间和生产地理空间，促进了人类文明的传播，促进了人种、民族和文化等的同化与融合，实现了人们的自我追求与自我完善的愿景；借助海洋贸易，进行自然资源、人力资源的配置，促进社会、经济的协调发展和地区经济增长，改善人与自然的关系，提高人们的生活质量。

一　开辟新航线

15世纪末，奥斯曼土耳其人控制了东方与西方之间陆上丝绸之路的商贸活动，对过境的商品征收重税，甚至还实施劫掠行为。东西方传统陆路商贸通道被阻断后，正处于资本主义萌芽时期的欧洲国家的君主为了强化王室权威，积极扩张的野心进一步膨胀，各国之间开始展开经济竞赛，纷纷通过建立包括陆地、海洋在内的贸易路线，以及通过开拓殖民地来扩充王室财富。各国的贵族商人对东方香料、黄金有着强烈的追求，渴望发财致富，加之基督教会在意识形态上的扩张，需要向海外传教，因此，一方面为了避免遭受剥削，另一方面也为了满足各方对财富的追求，欧洲人必须另找出路，在海上开辟新的航线。

与此同时，一方面欧洲各国生产力快速发展，科学技术不断进步，尤其是造船技术和航海技术的进步以及地理知识的提高，为新航线的开辟提供了可能性和物质条件；另一方面，西班牙和葡萄牙王室的大力支持，也为探险者开辟新航线提供了强大的财力支撑。

有了强烈的社会需求，具备了技术条件和经济保障，欧洲涌现出许多著名的航海家，包括：克里斯托弗·哥伦布（1451～1506年）、瓦斯科·达·伽马（约1469～1524年）、佩德罗·阿尔瓦雷斯·卡布拉尔（1467～约1520年）、胡安·德拉科萨（？～1570年）、巴尔托洛梅乌·缪·迪亚士（约1450～1500年）、乔瓦尼·卡波托（1450～约1499年）、胡安·庞塞·德莱昂（1460～1521年）、斐迪南·麦哲伦（1480～1521年）、亚美利哥·韦斯普奇（1454～1512年）与胡安·塞巴斯蒂安·埃尔卡诺（1475～1526年）等。其中迪亚士、哥伦布、达·伽马、麦哲伦4位探险家开辟的新航线（见表1-1）最具代表性，对于大航海时代的影响是深远的，他们在葡萄牙或西班牙王室的支持下，在1487～1522年先后远洋探索，发现了许多当时在欧洲不为人知的国家与地区。新航线的开辟以及世界地理大发现，开启了全球海洋移民与贸易，也开启了欧洲帝国在全球范围内的殖民侵略之路。

表1-1　4位著名探险家开辟新航线情况

时间	支持国家	探险家	航线
1487～1488年	葡萄牙	迪亚士	西欧—好望角
1492～1504年先后4次	西班牙	哥伦布	西欧—美洲（发现美洲新大陆）
1497～1498年	葡萄牙	达·伽马	西欧—好望角—印度
1519～1522年	西班牙	麦哲伦	环球旅行

二　开启全球海洋移民

先进的航海技术使人类能够成功地进行环球航行，新航线的开辟带来了激动人心的冒险经历。15～18世纪，欧洲人在全球范围内以探索和占领等方式，使世界各地从此建立了广泛的联系。探险家、传教士、商人和潜在的征服者率先进行海洋旅行与探险，依托各大洲和各地区之间的关系，不断地拓宽航线，前往更遥远的地方，为以后的移民者寻找了陆路和海路的桥头堡，进而激发全球各洲之间联系的活力，促进了世界范围内的人口迁移和国际贸易的发展，推动了全球化进程。

图1-1反映的是17~20世纪的全球移民概况。当然，这大部分属于海洋移民。方形表示1840~1940年印度、非洲、欧洲和中国的流散人口，约有几百万人，而圆形则表示他们到达的目的地及人口。1650~1880年奴隶贸易期间，外迁的人主要是非洲奴隶，当时不仅海陆交通落后，而且死亡率极高。在中国区域，1840~1940年约有51份额的迁徙，除了30份额通过陆地迁移外，通过海路迁到东南亚的有19份额，还有1份额迁到世界各地。迁出的51份额中，到达的为50份额，迁徙的途中死亡1份额。在这里，我们关注的是海洋移民20份额的部分，尽管从数据上看少于陆路移民数，但这20份额的移民活动对中国之后的社会变革与发展、对中国走向世界的影响与作用，远远大于陆路移民活动。由上我们可以看出人类迁徙活动的基本脉络，[①] 也从中大体了解了属于海洋移民的部分。

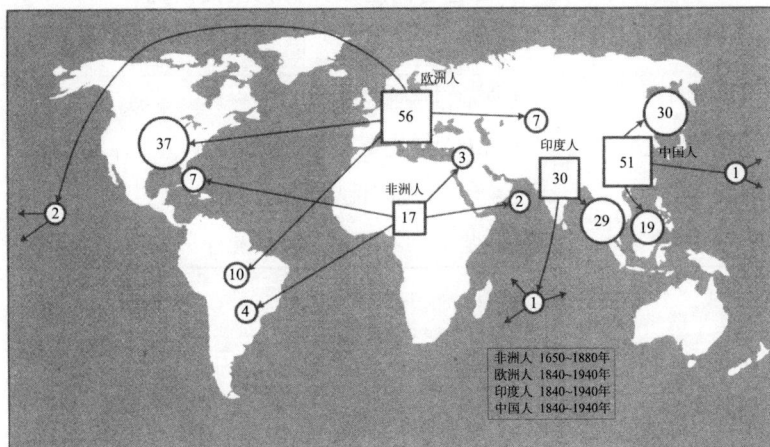

图1-1 1650~1940年非洲、欧洲及亚洲移民概况

资料来源：〔美〕帕特里克·曼宁《世界历史上的移民》，李腾译，商务印书馆，2015，第167页。

---

① 〔美〕帕特里克·曼宁：《世界历史上的移民》，李腾译，商务印书馆，2015，第166页。

三　中国海洋移民

在中国历史上，很早就有移民海外的现象。早在秦汉时期，中国已有"丝绸之路"通往西域，有船舶东航日本，其中就有人留居他乡。进入唐代，有较多的中国人定居国外，这可视为华侨史的开端。但真正较大规模的海外移民肇始于明中叶。中国的海外移民其实是以海洋移民为主的，海洋移民也主要来自中国东南沿海的闽粤地区。

闽粤沿海地区是明清海洋移民到东南亚最重要的祖籍地。除了地理邻近的因素外，这还与当地的经济、社会和文化环境有密切联系。一方面，闽粤地区地狭人稠，人口压力很大，经营海上贸易的人数日渐增多。另一方面，闽粤地区宗族之间械斗频繁，失利的宗族有的举族外逃海外，成为海洋移民。此外，明清时期海洋移民不能忽略的一个重要背景是西方殖民者东来。西班牙于1571年占领吕宋（今菲律宾），在那里建立殖民统治，他们的日常生活、经济活动和海上贸易多仰仗华人。太平洋航路（1565～1815年）的开辟，促进了中菲贸易的繁荣，也吸引了大量福建人移民菲律宾。

海洋移民对中国经济社会的作用主要体现在三个方面：首先，缓解了闽粤人口的压力，1840～1940年，闽粤地区每年都有大量的人口移居海外；其次，输入大量的资金，直到1930年代，当中国的进口飞速增长时，侨汇起着帮助中国平衡国际收支的作用；最后，加强了中国与海外世界的联系。中国海洋移民是中国走向海洋世界的具体表现，明清海洋移民也深刻地反映了中国历史的海洋性格。

综观中国人移民海外的历史，大体可分为五个时期。

第一个时期，从唐代到南宋（618～1270年）。为海外华侨逐渐出现的时期。这个时期，中国封建社会商品经济比较发达，而东南亚各地仍然比较落后，于是有不少中国商人尤其是福建商人到东南亚各地从事贸易活动。在当时的帆船时代，中国的海商前往东南亚是靠冬夏季的季风航行，而在东南亚等候季风的时候，大量水手、商人就会在南洋居住下来，被称为住蕃。其中有一部分人便在当地永久居住下来。这个时期的华侨大多居住在今天的印度尼西亚、新加坡、马来西亚、越南、泰国、菲律宾等地。

第二个时期，从元代至鸦片战争（1271～1840年）。为中国人出国大量增加和华侨在所在国的社会经济基础逐渐确立的时期。东南亚部分地区已沦为西方国家的殖民地或贸易中继地，迫切需要中国的廉价劳动力和手工业品，因而吸引了更多的中国商人和破产的农民、渔民和手工艺人出国。这个时期，东自日本、朝鲜，西至印度东部海岸，北起缅甸伊洛瓦底江上游，南迄印度尼西亚群岛，几乎到处都可见到华侨。

第三个时期，从鸦片战争到新中国成立前夕（1841～1949年）。这个时期为华人大规模海洋移民的高潮时期。华人出国的人数之多、规模之大、分布之广、所遭遇之苦，均属前所未有。究其原因，有国际和国内两个方面。

在国际上，一是帝国主义在全球的扩张需要劳工。1492年哥伦布发现新大陆开启了地理大发现，及其后持续几百年的西方殖民活动。18～19世纪，在全球化进程中，随着远洋探索的广泛发展，欧洲人的海洋商业贸易活动变得越来越频繁，海洋贸易累积了大量的财富，进一步激发了在美洲和亚洲（远东地区）扩大殖民事业的热情。19世纪中叶，美国加利福尼亚金矿的发现及其带动的西部开发，西印度群岛的蔗糖生产、咖啡种植经济的发展，东南亚地区的开发、甘蔗及橡胶等种植园经济的兴起，所有这些，更进一步导致殖民者对劳动力的大量需求。二是黑人奴隶贸易逐渐废除，用工荒催生契约华工。早期开发殖民地所需的劳动力主要依靠"黑奴贸易"，随着西方资产阶级革命的深入和工业革命的推进，盛行300年的黑奴贸易于1910～20年代被英、法、西、葡、丹、荷、瑞等国先后废止，支撑西方殖民地经济开发的黑人廉价劳动力资源宣告枯竭，全球出现用工荒。综上，开发殖民地对劳动力的需求是引发中国人口外迁的主要因素。

在国内，一是19世纪的中国内忧外患，人口压力大。19世纪中叶，第一次、第二次鸦片战争爆发，清王朝的统治已是山雨欲来风满楼，国内土地所有权日益集中，农民生活每况愈下。加之太平天国运动与清廷的镇压使沿海各省农民流离失所，生活艰苦，民不聊生。由于种种社会矛盾的激化，乡村社会治安不宁，许多民众不得不背井离乡，远渡重洋，寻找生机。而中国清朝经康乾盛世后，人口剧增，自乾隆（1736～1795年）以来，人口迅速飙升达到了4.3亿人，但由于在小农经济的农耕框架里，这种人口优势不仅没有转变为生产力，反而在外国资本的侵略下而使得农村经济破产，成为社会经济发展的巨大阻力，人口压力急需寻找一个释放口。二是鸦片战争爆发，国门进一步打开。1840年6月，第一次鸦片战争爆发，英帝国用坚船利炮打开了铜墙铁壁一般封锁的大清帝国的大门，中国开始沦为半封建半殖民地国家。西方列强的经济、政治和文化侵略，促使中国自给自足的自然经济和封建秩序崩溃，中国遭遇千年未有之变局。1842年8月29日的《南京条约》规定："广州、福州、厦门、宁波、上海等五处港口，贸易通商无碍"，开放为通商口岸。鸦片战争打开了中国门户，大量东南沿海的民众投奔海外，形成一股"下南洋""淘金"的移民潮。

这个时期，一批批"契约华工"（俗称"猪仔"）被贩卖出洋，成为中国海外移民的主要方式。这种贩卖活动始于18世纪末，19世纪中后期至20世纪初达到高潮。在一个多世纪里，中国约有700万人被贩卖到世界各地，从而奠定了今天华侨遍布世界各地的格局。

第四个时期，1949年中华人民共和国成立至改革开放前（1949～1978年）。这个时期，由于多方面的原因，没有出现大批华人出国。但由于东西方经济的差异和美国、加拿大、澳大利亚等国家移民政策的调整，仍有不少中国人通过与亲人团聚、留学等方式移居国外。台湾、香港、澳门等地的居民，也有不少人迁居国外。

第五个时期，中国改革开放之后至今（1978年至今）。1978年，中国实行改革开放国策，中外大规模交往重现。在全球化时代，资本、科技、产业和人力资源的世界性配置，推动中国再次开始兴起大规模的海外移民潮。依出国目的、途径和职业结构，这一时期中国海外移民大体可分为四种类型。

第一类移民是留学生。台湾留学生开创由留学到移民的先河；至2006年，中国大陆留学人员数量已超百万，连同其出国眷属，以留学渠道移民国外的中国大陆人口总数在100万人以上。近年来，大陆海外留学人数暴增，2013年和2014年分别达到39.6万人和46万人。

第二类移民是非熟练劳动力。他们主要以亲属团聚为理由申请定居身份，少部分人则选择非法途径前往海外定居。非熟练劳动力移民主要前往发达国家，尤其是美国，也遍及大多数发达国家和部分发展中国家。这一类出国者包括很多非正式途径移民。

第三类移民是商务移民，包括投资移民、驻外商务人员和各类商贩。1990年代中期以前，前往发达国家的中国投资移民主要来自港台。1990年代后期以来，中国大陆前往发展中国家的投资移民数量增长较快，尤其在东南亚地区。至2013年，中国与东盟贸易额为4436亿美元，投资额达400亿美元。大批中资企业人员和中国商贩在东南亚投资大小不等的项目，承包各类工程，销售中国商品和为这些中国投资企业提供服务的中国移民也纷至沓来。

第四类移民是劳务输出人员。劳务输出人员有别于一般移民。大部分劳务人员在合同期满时回国，少部分留居当地。

由于大规模新移民的加入和华侨华人社会本身的人口自然增

长，至2007~2008年，世界华侨华人总数增至约4580万人。其中，东南亚约3400万人，约占全球华侨华人总数的74%。根据国务院侨办2014年的统计，海外华侨华人数量或达6000万人。华侨华人广泛分布在世界五大洲的160多个国家和地区，除个别的内陆国家和偏远的岛屿地区外，环球皆有炎黄子孙的踪迹。

第二节　中国海洋移民："下南洋"与淘金潮

19 世纪中叶，鸦片战争之后，在国际大背景与中国实际情况的碰撞和交集下，大量华工，因欧洲工业革命急需劳工而移居到美洲、欧洲、澳洲、东南亚及世界各国，在中国东南沿海出现"下南洋"移民潮与"淘金热"。图 1 – 2 为近代以来中国东南沿海部分侨批（银信）发生地的全球分布情况，① 由此，可以从另一侧面窥视，中国海洋移民以东南亚为主，同时辐射世界各地的图景。

一　"下南洋"移民潮

"下南洋"是指 19 世纪中叶以后中国东南沿海民众为了讨生活或因为战乱年代不堪困苦等原因，就地缘上的毗邻关系大规模迁徙到东南亚的海洋移民现象。"下南洋"在闽南语系也称为"过番"。

"下南洋"，与"闯关东""走西口"，② 成为中华民族近代史上

---

① 此分布图由笔者为参加首届丝绸之路（敦煌）国际文化博览会"海丝记忆——海上丝绸之路侨批珍品展"所绘制。图上注明的地名均为侨批或银信实物的寄发地或接收地。

② 中国内陆清朝至民国时期的移民潮，是被逼的迁移，传送的只是农耕文化。山东人的"闯关东"是"山河不移，流民似水"。在大饥荒面前，为了求生，逃荒成为灾民不得已的选择。山西人"走西口"，是苦难史，前后经历了大约 300 年的历史；当年一代又一代的山西人走西口，走出了一部苦难史，也走出了一批历经磨炼而精明强干的晋商。陇海线，河南难民的死亡线；1942 年的中原大饥荒让 1000 多万河南难民，像热锅上的蚂蚁一般在无尽的死亡线上挣扎，逃荒成为他们求生的选择，陇海线成了逃荒的始发地。

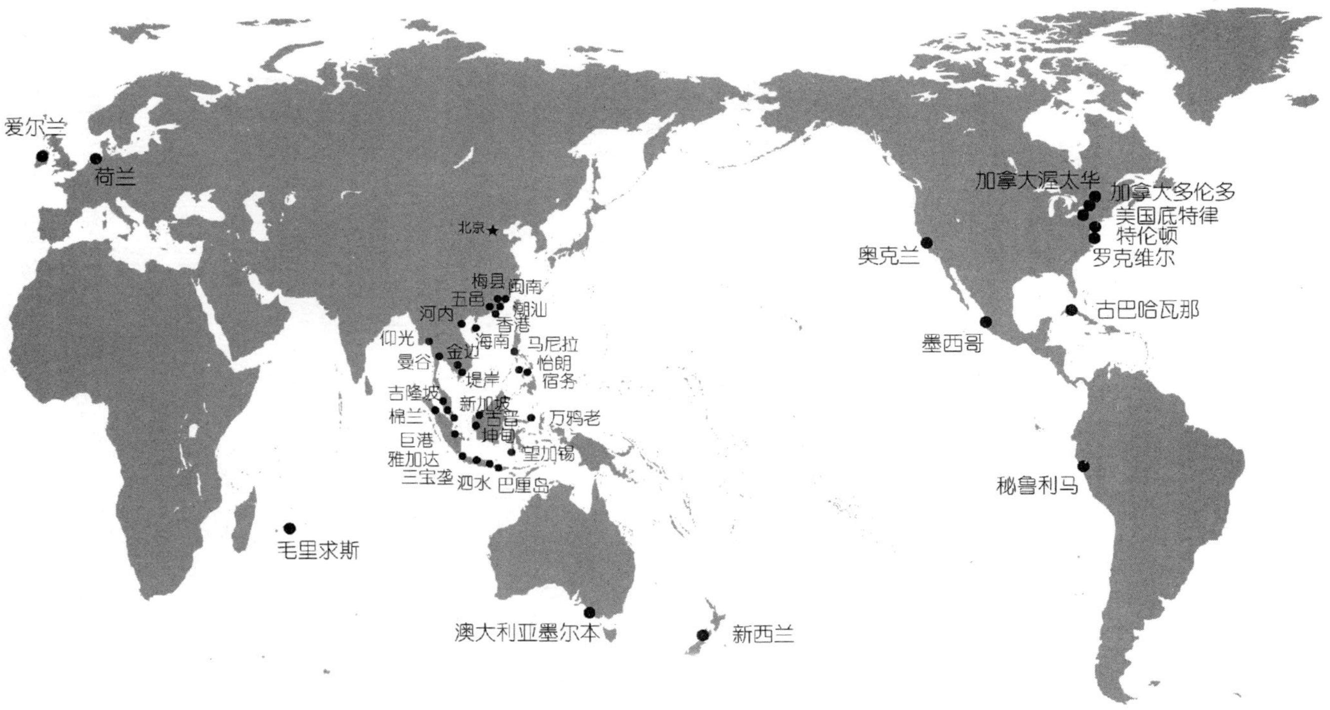

图1-2 中国东南沿海部分侨批（银信）发生地的全球分布

人口迁徙的三大壮举，一次海洋、两次陆地三次大的移民潮，从清朝乾隆年间开始，几乎同时进行。南洋是个地理概念，是在明清以后对东南亚地区的一个称呼，其主要包括现今新加坡、马来西亚、印度尼西亚、菲律宾、泰国、越南、缅甸等东盟十国。在中国文献中，这一地区先后被称为"南海""西南海""东西洋"，清代泛称"南洋"，后一直沿用。"下南洋"之人主要来自福建、广东、海南等中国东南沿海区域。

其实，自古以来中国东南沿海的闽粤区域便是海上贸易、对外移民活跃的地区，"闽广人稠地狭，田园不足于耕，望海谋生"。由于山水相连的地缘关系，"南洋"便成为闽粤人民的主要移居地。

早在秦汉时期，即有中国海商进入东南亚的记载。唐宋时期，中国海商遍布东南亚沿海地区，人员往来也相当频繁。15 世纪初，爪哇、苏门答腊等地出现华人聚居区。明中后期，朝廷多次发布禁令限制出海，但由于海外贸易的关系，前往东南亚的人口依然有增无减。至鸦片战争之前，闽粤人民以经商谋生者居多，移居东南亚的人数已有 150 万人之多。

然而，从 19 世纪中叶以来，中国人沿着"海上丝绸之路"大规模移民东南亚，从而形成"下南洋"的移民潮，不能不说是有其特殊原因和世界历史大背景的，是与 16 世纪以来世界经济全球化的大背景以及中国朝廷的海外移民政策紧密相关的。

16 世纪，欧洲开启了以海外移民、海洋贸易为基本特征的大航海时代，东西方文明开始在太平洋上展开对话与冲突，人类开始了延续至今的全球化运动。17 世纪以降，西方殖民势力开始进入远东地区，西班牙、葡萄牙、荷兰、英国等国家先后在东南亚开辟商埠，将远东地区纳入世界殖民贸易体系，濒临太平洋的中国以及被称为"亚洲地中海"的南洋，陆续成为欧洲的殖民地或势力控制范围。

到了 18 世纪，在海外自由贸易、海外市场的拉动之下，欧洲各国的资本主义迅速发展。特别是 1760 年代，英国开始工业革命；

海洋移民、贸易与金融网络

1830～40年代大机器工业逐渐代替了工场手工业，英国的工业产量急剧上升，驱使资产阶级奔走于全球各地，不断扩大产品销路，努力在全球范围内寻找新的资源及商品销售的新领域。

在当时的历史背景下，人口众多的中国成为当时西方殖民开发所需劳动力的重要来源，以英国为首的西方殖民国家开始把眼光投向中国，逼迫中国开放国门。1840年第一次鸦片战争爆发后，开放五口通商；1856年第二次鸦片战争爆发，英、法等国的目的之一就是迫使清朝廷进一步开放海禁。1860年《北京条约》允许西方国家在华进行自由招工、自由从事契约劳工的招募活动。该条约第五条规定："凡有华民，情甘出口，或在英（法）国所属各处，或在外洋别地承工，俱将与英（法）民立约为凭，无论单身或愿携带家属，一并赴通商各口，下英（法）船只，毫无禁阻。"200多年的海禁政策改变了，中国人出洋从此由非法变为合法，加之近代航海技术为大规模海洋移民提供了便利条件，因此作为契约华工"下南洋"变得方便顺畅，"下南洋"移民潮由此产生。

早期"过番""下南洋"的中国移民主要来自中国东南沿海地区，并以该地区的港口为移出的节点。1840年代以来，许多出洋的华族移民属于契约华工。英、法、荷、美等公司通过驻扎在厦门、广州、汕头、香港等港口的洋行设立"猪仔馆"，在中国招募、掠卖劳工。被招募的华工，被称为"苦力"或"猪仔"。他们是契约工（即签约卖身3年、5年或8年）或赊单工，即出国船费由招工者先垫付，在国外须受雇主控制，直到还清债款及利息为止。

虽然此时处在资本主义日益发展以及全球范围"废奴运动"之后，但欧美殖民主义仍然沿用奴隶制度的一些旧做法，对于中国海外移民实行"准奴隶制"的苦力贸易。特别是英国，一方面作为"废奴运动"的急先锋，积极通过若干废奴法案；另一方面却又是"苦力贸易"的主要推手与最大受益者。"契约劳工制"成为"一种合法化的奴隶贸易"，这种"准奴隶制"的苦力贸易一直持续到

20世纪初。"下南洋"大致可以分为以下两个阶段。

第一阶段：从1850年代至20世纪初，出现以华人劳工为主体的海外移民潮，即苦力贸易阶段。

1850年代之后，中国内忧外患，东南沿海地区满目疮痍，时值美洲发现金矿、东南亚种植园经济发展，殖民地宗主国纷纷来华设立招工公所，饱经战乱的闽粤人民引颈以望。洋行、公所通过雇用"客头"（猪仔头），将贫苦的乡村农民诱至"猪仔馆"，签订契约，办理出洋手续。当时甚至还有使用欺骗、绑架手段掠卖华工的现象。签订契约后的华工就会像猪仔一样被贩卖掉，所以他们又被称为"猪仔"。其实，"猪仔"是一句广州话，华工到船上去就要给他们吃饭，吃饭不一定是每个人有一个碗，而是熬一大锅吃的东西，华工每个人都蹲着吃，就像喂猪一样。数十年间，大约200万华工被运往东南亚地区，他们主要集中于东南亚的种植园和矿山。契约华工大都一去不回，他们深受"猪仔馆"和船主的虐待之苦，贩卖和奴役华工的行为招致华工的反抗与各界舆论的质疑。迫于内外压力，各殖民地国家相继出台改善华工状况的条例。1912年，中华民国临时政府颁布禁止贩运"猪仔"与保护华侨的法令，在中国的苦力贸易终结。这一时期也有部分华人以自由劳工的身份前往东南亚从事商业、手工业与农业活动。

20世纪初，西方宗主国工业革命所带动的新兴产业发展波及东南亚，引发了对熟练劳动力的需求，而此时第一次世界大战爆发，受战争牵制的各殖民地宗主国对东南亚的投资几乎中断，长期被英国资本压制的东南亚华商此时纷纷趁机崛起，并且大量雇用华工，于是浩浩荡荡的"下南洋"潮流进入了自由华工时代，华工的地位有所提高，有些契约期满获得自由的华工就开始充当小贩，做起了小本生意。

图1-3为1914年菲律宾马尼拉海关《入境居住证明书》。该证明书上贴有照片、印花税票，盖有印章等，各种要素完整，显示

图 1-3 1914 年菲律宾马尼拉海关《入境居住证明书》

华人移民菲律宾有了规范制度。

第二阶段：从 20 世纪初到 1950 年代初，是"下南洋"的高峰时期。20 世纪前期，中国国内兵连祸结，战火不断，而东南亚则得到殖民地宗主国的扶持，除了传统的种植园、采矿业外，铁路、航运、金融、制造等新兴产业也获得空前发展，急需熟练劳工。据统计，1922～1939 年，从厦门等港口出洋的移民超过 500 万人。日军侵入东南亚后，打压华人社会，大量华人回迁国内。太平洋战争胜利后，迁往东南亚的华人大幅减少。新中国成立后，持续一百多年的大规模"下南洋"移民潮基本停止。

二 淘金潮与"金山伯"

近代以来，美洲、澳洲先后发现金矿，加上国内环境动荡，江门五邑地区大批民众前往这两处淘金，出现淘金潮，并把先后被发现的美国圣弗朗西斯科和澳大利亚墨尔本称为"旧金山"和"新金山"。当年衣锦还乡实现"金山梦"的华工，则被家乡人称为"金山伯"。后来泛指在美洲和澳大利亚的以台山为主的江门五邑华侨。

"爸爸去金山，快快要寄银，全家靠住你，有银就好寄回。"这是民国时期台山、开平一带流行的一首"金山寻梦"的民间歌谣，也是当时五邑侨乡侨眷依赖海外华侨汇款生活的真实而生动的写照，寄寓了数代侨乡人的金山梦想。在世界全球化潮流与中国国内形势的变化使然下，鸦片战争之后，五邑人大量出洋。据统计，1847～1882 年，五邑地区有二三百万华人出洋到东南亚、大洋洲和南北美洲地区。

五邑地区的移民除了去往传统的东南亚地区外，因为赶上了1840 年代开始的美国西部"淘金热"，主要移民方向转向了美洲地区。1848 年，美国西部发现金矿，震惊了世界，由此掀起了一波"淘金热"。五邑地区毗邻国际贸易港口香港和澳门，信息传递较快，大量五邑人漂洋过海，远赴美洲淘金。当然，这一时期，能够自费出洋的华人并不多，很多人需要靠中间人的"协助"才能出洋。所谓"协助"，主要有两种方式："赊票制"和"契约劳工"。前者指由华人经纪人给出洋人预支出洋费用，待到达目的地之后，以劳动力赎还所欠款项；后者指由西方经纪人在通商口岸招募华人签订契约，到国外之后出卖劳动力若干年，以偿还所欠出洋费用。这两种制度看似自觉自愿，但实际上延续了奴隶贸易时期的某些做法，在实施过程中充满了欺骗、拐卖、强迫等不人道的行为。

美国发现金矿后，急需劳工开发，香港代理外国船务的经纪人在广州、五邑一带散发招工传单，用极其夸张的语言描绘："美国人是非常富裕民族，彼等需要华人前往，极表欢迎。彼处有优厚工资，大量上等房舍、食物与衣着。你随时寄信或汇款给亲友，我等可负责传递与驳汇，稳当无误。"把美国描绘为一个世外桃源。华侨称这种臭名昭著的行为为"卖猪仔"。①

五邑华侨是怀着发财致富梦想背井离乡、别妻离子远赴重洋的，虽然历尽劫难，但毕竟有些华侨还是能够身怀财富、衣锦还乡。家乡人知道很多失败的事例，但是在贫困无依的民众眼里更容易看到成功者，他们愿意冒险尝试，期望能够成为少数成功者。这些早期赴美"淘金"的先辈，怀着一腔发财梦，把美国加利福尼亚城市 San Francisco 称为"金山"（Gold Mountain）。后来，澳大利亚也发现了金矿，华人就称原来的"金山"为"旧金山"。旧金山也就是三藩市，在五邑华侨书信中，更多地称之为"金山正埠"或"大埠"（见图1-4）。而在五邑家乡，人们把美洲华侨称为"金山伯"，把金山伯的妻子和儿子称作"金山婆"和"金山少"。

在美国西部淘金的人当中，除了美国东部的人外，还有中国人、墨西哥人、爱尔兰人、德国人、法国人、土耳其人等，其中以

---

① 刘进、李文照：《银信与五邑侨乡社会》，广东人民出版社，2011，第8~18页。

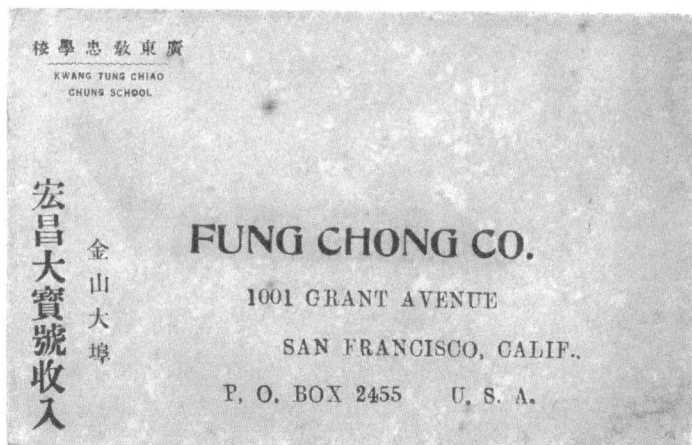

图1-4　中国广东寄美国金山大埠的信封（未使用）

中国人居多。1849～1882年，约有来自广东和福建的30万华人涌入美国，大多集中于西部，这是中国历史上较大的一次移民潮。初期他们中的绝大多数人是为黄金而来，随着黄金开采的难度越来越大，许多华人转而从事如餐饮、洗烫等服务性行业。华人为了把黄金安全地带回家，将黄金熔化，铸于做饭用的锅铲中，几顿饭下来，锅铲粘满油灰，便不引人注意了，带回到中国后，再把黄金取出。

1848～1882年，中国移民以"苦力"开发美国西部，除了淘金（1848～1860年）外，还用血汗筑成美国跨州铁路，这在当时可以算一个奇迹。据记载，有超过1.2万华工远赴美国修铁路，其中九成来自当时广东的五邑一带。故事得从一位叫李天沛的台山人说起。

100多年前，李天沛和他的同族兄弟鼓动了不少同胞漂洋过海，加入筑路大军。

1862年，美国国会通过决议，修建横贯美国中西部地区的大铁路。西部地区不仅要跨越崇山峻岭，而且要穿过沙漠和沼泽地，条件和环境十分恶劣。西段铁路的承包商中央太平洋铁路公司的"巨头"们对此感到十分头痛。由于工程太艰巨，原先所雇用的白人劳

海洋移民、贸易与金融网络

工畏难怠工，甚至纷纷逃跑。动工两年，西段铁路仅修了 40 多英里。

自 1864 年 1 月开始，一些原来从事其他行业的华人，在华人工头的带领下加入铁路建设。工程承包商之一的克罗克看到效果不错，就建议大规模招募华工。但在当时的排华背景下，这样的建议引来很多质疑。克罗克提出："能够建造万里长城的民族，也一定能够建筑铁路。"于是，把"修铁路"比作"修长城"的铁路公司"巨头"们权衡利弊，开始大规模雇用华工，用来修建这段最为艰险、最难以推进的路段，于是，托付包工头李天沛回家乡五邑地区招募筑路华工。

李天沛回到家乡后，对乡亲们描述美国是个富裕的国家，似乎遍地是黄金：你干个一两年，回来就发达了。

在当时，绝大多数想出洋的人根本买不起最便宜的船票。李天沛就提出路费可以先欠着，之后分期连本带利归还。他还承诺说，华工在美国可以随时给家里寄钱、写信。

到达美国的华工，成为建造西段铁路的主力军。随着一批批华工的加入，华工的人数占到了整个筑路大军劳工总数的90%。他们吃苦耐劳，且会动脑筋解决难题。1869 年 5 月 10 日，美国太平洋大铁路东段和西段铁路合拢，这条被称为"19 世纪世界铁路建筑奇迹"的交通大动脉，华工为之做出了重大贡献。

1880 年 4 月，加拿大太平洋铁路开始动工兴建，也吸取了美国大量雇用廉价华工建造铁路的成功经验，同样托付李天沛为其招募筑路华工。于是，李天沛与李祐芹等人，联合组成联昌公司，回到家乡台山及开平、新会、恩平、鹤山等地，为铁路公司招募了大批筑路工人。1880～1885 年，修建加拿大铁路的华工就达 1.7 万人，其中李天沛的公司招募华工大约 1 万人，叶春田招募华工约 7000人。他们中的大多数人来自五邑地区。

三 中国海洋移民主要出入地

由于自然地理及经济环境等优势，广州、香港、厦门、汕头成为清末、民国时期中国人出入洋的主要节点港口。

（一）广州十三行：清代中外移民和贸易的中转地

广州是中国东南沿海的港口城市。自唐代以来，广州一向是中国最重要的商港之一。在清代，从全球视野看，广州是东半球最主要的周转中心以及最主要的移民和贸易中转地。在广州，商人、航海者和传教士来往频繁，商品和文化通过在广州交流，遍及世界各地。

在17世纪后期至19世纪中叶这一期间，广州十三行是中国对外贸易中的一种特殊组织。在清代前期，广州的行商在对外贸易活动中，依靠政府给予的特权，垄断了整个对外贸易，形成了一个"公行"贸易制度，该制度也叫洋行、洋货行、外洋行。公行确立于康熙四十二年（1703年）。据史料记载，1720年11月26日公行众商歃血盟誓，并订下行规十三条。乾隆四十五年（1780年），广东巡抚李湖等奏请明立科条，建议"自本年为始，洋船开载来时，仍听夷人各投熟悉之行居住，惟带来各物，令其各行商公同照时价销售，所置回国货物，亦令各行商公同照时定价代买"，即要复设公行。两年后，经清朝廷批准，公行正式恢复，从此一直延续到1842年中英《南京条约》签订前，再也没有解散过。

清初的诗人屈大均在《广州竹枝词》中有云："洋船争出是官商，十字门开向三洋；五丝八丝广缎好，银钱堆满十三行。"足见当年十三行的兴隆旺景，也反映了清初"十三行"的极盛风光。

到了嘉庆、道光年间，"十三行"开始没落。1822年广州十三行街大火，损失达4000万两白银。随着《南京条约》签订后的五口通商，允许英国商人在各口岸任意与华商交易，广东丧失了在外贸方面的优势。咸丰六年（1856 年）第二次鸦片战争爆发，英军炮轰广州，城内市民怒毁十三行街，建筑物彻底化为灰烬。

（二）香港：海外移民中转港

香港由于地理位置优越和自由贸易港政策等，一直以来就是华人出洋移民的中转地。从 19 世纪中叶起，有成千上万的华人开始移民美国，从事开矿和修铁路的工作，同时，大批华人也开始移民澳大利亚和东南亚，香港就成了华人移民的中转港，黄开物从家乡锦宅南下菲律宾，经香港中转。这些移民为西方列强开发各自殖民地提供了稳定的劳动力来源。

至 1860 年，香港已成为一个成熟的移民出发地。大批华人劳工流水般地从此涌向旧金山、澳大利亚、温哥华岛、英属西印度、孟买、荷属西印度、檀香山、婆罗洲和爪哇。1857 年，24 家雇主与一个名叫托马斯·杰拉德的人签订合约，为英属圭亚那和特立尼达招募 2990 名中国移民。①

西方轮船公司和贸易商行在亚洲的活动日益活跃，从而带动了帆船运输，并为大规模移民开辟了道路。英国的战略是通过控制招募机构来规范移民，而在香港，移民得到了来自中国同一乡村的契约劳工中介的照料。香港作为移民出洋的中转港的地位，也提升了其作为金融中转地的重要性。

新中国成立（1949 年）之前，来自海外的侨汇大部分经由香港转汇至中国内地。1931～1936 年，经香港转汇的侨汇在内地的侨汇中占 59%，1946～1948 年，经由香港转汇的侨汇占内地侨汇的 80%。新中国成立后，经由香港转汇内地的侨汇也不少。② 这些侨汇均是通过海外侨批汇兑局汇来香港的。

---

① 〔日〕滨下武志：《全球史研究视野下的香港》，载国家清史编纂委员会编译组编《清史译丛》第十辑，张俊义译，齐鲁书社，2011，第 113 页。

② 〔日〕山岸猛：《侨汇：现代中国经济分析》，刘晓民译，厦门大学出版社，2013，第 178 页。

（三）厦门：移民东南亚重要口岸

厦门地处福建南部，是一个海岛型港口城市。明末清初因海上贸易而兴起，逐渐发展成为中国东南沿海对外贸易交通尤其是与东南亚贸易的交通中心。自19世纪中叶开始，大批闽南人经厦门移居东南亚各地，厦门便成为东南亚华人移民出入的重要口岸。

1843年11月，根据中英《南京条约》规定，厦门正式开埠，荷兰、西班牙、德国、英国、美国等国家先后在鼓浪屿成立各自的领事馆，一时间，厦门鼓浪屿一跃而成为全国范围内贩卖华工和贩毒的重要据点。码头周围开办起大量的招工所，关押"猪仔"的地方就叫"猪仔馆"，当时主要由德记洋行、和记洋行两家来包揽厦门附近的"猪仔"买卖。

图1-5为1852年（咸丰二年）西班牙驻厦门总领事馆颁发给王粗前往巴西的许可证（西班牙文）和王粗的立约字（中文）。① 其中载明："今在厦门和记行先借出洋银九员半，又衫裤袏仔各二领，估作银式②员（圆），共折十一员（圆）半。"立约全文如下：

> 立约字人中华福建××县姓王名粗，与××国属船欲往佣工，或耕种或牧牛羊或作什事工夫，俱各听从东家使唤，不敢违逆。日作工夫同伊国一体，限八年为满，以外任从自主。每月辛（薪）金银四员（圆），每日牛肉半邦，菜邦半。如遇疾病，有医生调治，以十五日为限，如遇限不能愈者，停止辛（薪）金，只发给医药。每年二次给衫裤袏仔各二领，全年给单被一领。惟凭有收画押字之人就是东家，其水途日食以及船税东家自出，今在厦门和记行先借出洋银九员（圆）半，又衫裤袏仔各二领，估作银式员（圆），共折十一员（圆）半。待

---

① 夏丽清主编《泉州侨批档案：世界记忆遗产》，九州出版社，2015，第3页。原件藏于泉州市档案馆。标点系笔者所加。

② 现代文写作贰，但因原文为此简写格式，不再修改。下同。

至娇把地要还前所借之银项，愿要依厦门所换之银价，不敢少差毫厘，其辛（薪）金亦待到娇把地之日方算起，约逐月扣银一员（圆），如扣明白以外，仍给发足数。此乃两愿，并非抑勒，今欲有凭，立合约字一纸为照。

咸丰式年九月　　日　　　　立约字人

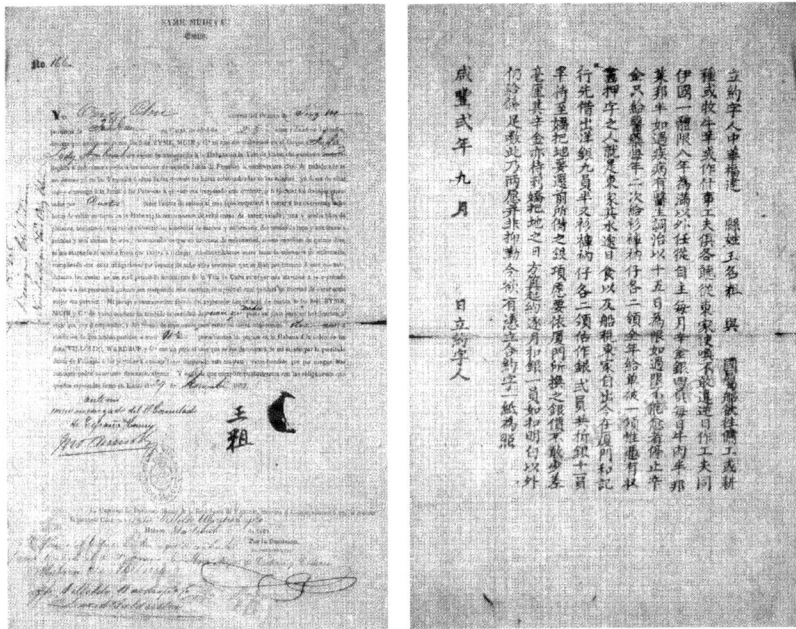

图 1-5　1852 年（咸丰二年）西班牙驻厦门总领事馆颁发给王粗前往巴西的许可证（西班牙文）和王粗的立约字（中文，背面）

在五口通商早期，厦门是西方资本主义列强掠卖华工的主要口岸之一。1845 年，法国率先从这里掳掠了 180 名华工，运往马达加斯加东岸的法属布尔邦岛。此后，西方列强从厦门贩运到古巴、秘鲁和澳大利亚等地的华工人数不断增加，1845～1853 年，共贩出华工 11095 人，其中：（法属）布尔邦岛 380 人，古巴 3510 人，澳大利亚 3546 人，秘鲁 1157 人，檀香山 300 人，加利福尼亚 410 人，

（英属）圭亚那 812 人，山德维治群岛 380 人，菲律宾群岛 600 人。[1] 他们中的绝大多数从事诸如工事、挖矿、种植等艰苦的职业。

据不完全统计，1840～1910 年，经由厦门口岸出国的移民人数为 257 万，回国移民人数为 152 万，净出国移民人数为 105 万。同时，厦门所集散的闽南侨汇数量颇巨，19 世纪最后 30 年，每年平均 600 万～700 万银元；20 世纪头 20 年，每年平均 1800 万～2000 万银元；20 世纪 30 年代，每年平均 4500 万～4700 万元。[2] 大量的华人移民汇款持续不断地进入厦门，再从厦门转入内地，构成了厦门及其周围地区商业和金融业的支柱。厦门也由此成为闽南经济金融中心、华侨出入口岸和国际邮递口岸，闽南侨汇的承转局也都设在厦门。[3]

在鼓浪屿这块面积不到两平方公里的地方，与侨批业有关的人物包括林文庆、黄秀烺、黄奕住、廖悦发、李清泉、陈金烈、许经权等。林文庆参与创办新加坡华商银行、发起创办华侨银行，两家银行在 1932 年并入新的新加坡华侨银行有限公司；黄奕住既创办中南银行，投资华侨银行和中兴银行，也兴办日兴银号；廖悦发办豫丰钱庄；陈金烈办壁丰侨批局；许经权办美南信局（1918 年创办）、顺庆银庄（1929 年创办）、中菲汇兑信托局（1937 年创办）和谦记信局等。这些银行、信局、钱庄都发展到较大的规模。[4]

（四）汕头（潮州）：商人移民要地

第二次鸦片战争之前，汕头就已成为一个颇为繁荣的商埠，西方列强对它早就已经垂涎三尺。汕头为"岭东门户，华南要冲"，地理位置十分重要，自然条件优越。自 19 世纪中期以来，随着樟

---

① 戴一峰：《厦门开埠初期华工出国人数》，《福建论坛》（人文社会科学版）1984 年第 3 期，第 73～74 页。

② 郑林宽：《福建华侨与闽侨汇款》，福建调查统计（永安），1940，第 97 页。

③ 贾俊英：《浅析天一信局的经营、管理制度》，载福建省档案馆编《中国侨批与世界记忆遗产》，鹭江出版社，2014，第 222 页。

④ 王日根：《厦门与闽南侨批业》，《中国社会科学报》2016 年 11 月 17 日，第 5 版。

林港的衰落，汕头港逐渐取代了樟林港的地位，成为潮汕地区的中心港口。

汕头开埠前的咸丰二年（1852 年），西方国家的轮船、帆船就已经开进南澳和妈屿岛海面，从事着鸦片走私和掠夺贩卖人口的罪恶勾当。1852 ~ 1856 年，从南澳和汕头被掠运出洋的潮汕苦力约 4 万人。1858 年 1 月，美国驻华公使卫廉致美国国务卿加斯的函件中是这样描述汕头的："那里进行着大量的鸦片贸易和苦力贸易。……香港的报纸定期刊登汕头的船期。"据悉，仅 1857 年，出入汕头的外国船只就达 120 艘之多。西方侵略者决心要把这个非法的贸易港口，变为"合法"的贸易商埠。

第二次鸦片战争后，咸丰八年（1858 年），《天津条约》修订，划潮州为通商口岸。由于潮州城区民众的强烈反抗，外国人主动放弃在潮州城区贸易，选择了相对安全的汕头为通商口岸，进行贸易。至此，汕头已取代过去的樟林港成为粤东的门户和海运贸易基地。在此之后，许多潮州人纷纷从这里出洋，形成较大规模的对外移民，充实了海外潮商群体。

1860 年代至 1910 年代，移居暹罗的潮商数量和实力均跃居华商前列，而且逐步形成了基础相当稳固、经营领域和行业广泛多样的潮州商帮，其中高楚香、陈慈黉、郑智勇、郑子彬、蚁光炎等都在这期间先后成为潮商的杰出代表人物，也涌现出一批潮帮侨批局以及把商业资本逐步转化为金融资本的企业财团。

第 二 章

侨批业与海洋贸易

"下南洋"之华侨需要与国内亲人联系，在海内外金融、邮政机构尚未建立或极不完善的情况下，一种直接简易的托寄方式，即"银、信合一"的侨批便应运而生了。侨批这一海洋移民的金融产物的创举，体现了移民族群的民间智慧与创造力。侨批载体，在华人移民金融与通信的网络中持续沿用一个半世纪，直至 20 世纪末终结，这在人类金融与通信史上是独一无二的。因此，2013 年 6 月，闽粤"侨批档案——海外华侨银信"入选联合国教科文组织《世界记忆名录》，成为人类的共同记忆财富。

　　侨批亦银亦信，是承载金融和邮政服务的传递媒介。侨批除了邮政功能的属性外，还具备金融属性，包括作为为移民族群服务的信用产品、国际汇兑工具等。

　　在侨批业及侨批的历史贡献方面，其实质在于，借助侨批这一载体，华侨可以将提供劳务及从事各种职业获得的报酬即移民族群的个人财富，或以货币或以商品物资的形态实现跨国转移，[①] 同时实现情感、信息的跨国交流与沟通。

　　在水客[②]时代，水客既可替华侨带物、带现银（外币现钞）、传口信，也可利用侨款进行小额贸易，从中盈利。虽然水客时代的

---

①　笔者将海外华侨华人私人单向转移回国的财富总和定义为大概念的侨汇，这里的财富包括各类物品、金银财宝、货币现金（现银）、汇兑资金等。

②　水客最初只是往返于国内和南洋各地的华人，回国之际顺便帮熟人带批信、带款，一般为老洋客，而后逐渐演化为一门职业。他们替东南亚华人移民带款、带批信、带口信至移民家中，偶尔顺便做些生意，把南洋的土产运回国内销售，或国内货物运往南洋销售。随着带钱、带物的数量与次数增多，生意也做大了，自然就成了职业。这就是最初的"水客"。后来其中一些水客投资办了侨批信局。由于水客大多兼营招募华工，往南洋时带来一批新客出国，因此水客又常被称为"客头"。

传递效率较低，但携入的洋银和物品可以让侨眷感觉颇具"洋气"的享受。

在侨批信局时代，华侨所寄款项的跨国转移需要通过国际汇兑进行，这种汇兑也是借助全球贸易结算网络来进行的，侨批的汇兑业务已融入贸易与金融的大系统之中。

一般认为，享受财富首先在于享用"物"，那是最为直接、最有感触的，并非金钱货币的享受。因为货币与物资之间需要一个时空的转换。在物资紧缺或商品市场不充分的情况下，存物资比存货币更为重要。"货币"是一种"准期权"，它的出现只是为了把今天的价值储存起来，等明天、后天或者未来任何时候，把储存其中的价值用来购买其他有需要的物资。货币解决了价值跨时间的储存、跨空间的移置问题，货币的出现对于贸易、对于商业化的发展是革命性的创新。

海洋贸易就是商业和金融资本的全球流动，海洋贸易促进了全球化。有了贸易活动，必然要有货币资金清算，除非是记账贸易。侨批虽然是一种单向的财富转移方式，用它转移的侨汇属于非贸易范畴，但在整个外汇资金的清算体系中，侨批汇兑与贸易结算之间往往是紧密相关、相互作用的，因而，常有进出口商兼营侨批，或侨批商兼营进出口业务。

第一节　侨批：中国移民的智慧创造

　　有别于中国内陆区域的人口迁徙，近代中国东南沿海民众的海外迁移不仅受到延绵 1000 多年的海外迁移惯性力量的推动，而且与近代全球化大背景和中国的社会转型息息相关。在东南沿海的福建、广东民众自古以来就有出海谋生的习惯，特别是宋元以后，随着陆路对外贸易的萎缩和海洋贸易的兴起，占尽地利的福建、广东沿海地区的居民纷纷进入东南亚地区，从事商业贸易等经济活动，形成了悠久的海外贸易传统。世界航海大通道开辟以后，西方殖民者的东来更为中国东南沿海地区提供了无尽的商机；加之存在人口增长与耕地不足的矛盾，造成一般民众生活贫困，人们漂洋过海找"出路"，同时也是想找"钱路"，从而形成移民移居海外的高潮。由于中国东南沿海民众固有的开放心态，在此情况下，基于经济因素考虑而主动出国移民打拼的为多，中国东南沿海这种以民众自愿行为为主的出国移民潮成为全球化进程中的一个重要组成部分。

　　为了方便让自愿出国的新客顺利地通过海关，老华侨常会给要出洋的新侨民准备一份应付移民局问询的口供纸。图 2-1 是一张菲律宾华侨寄给泉州家乡郑氏的口供纸。

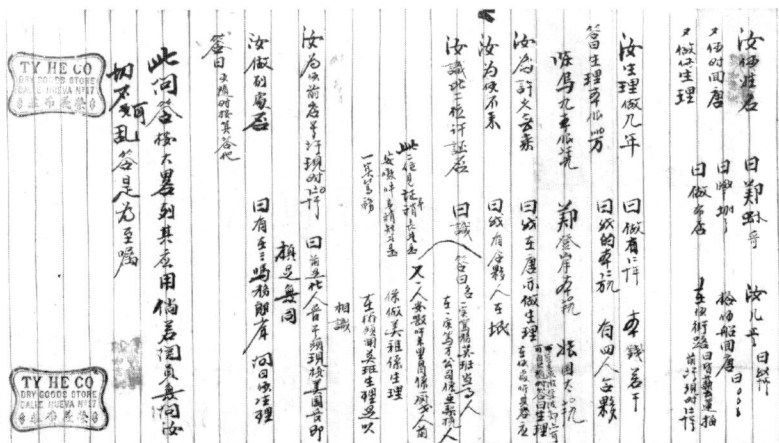

图 2-1 1920 年代，口供纸：新侨民过海关答
移民局官员问询之秘诀

汝何姓名？曰：郑虾哥。

汝几岁？曰：五十四岁。

又何时回唐？曰：一八九九年十月初三。

搭何船回唐？曰：□□□。

又做何生理？曰：做布店。

在何街路？曰：皆艺莲描，前七号现时十七号。

汝生理做几年？曰：做有十二年。

本钱若干？答曰：生理本银三万。曰：我的本一万二。有
四人合伙，陈乌九本银六千元，郑登岸本六千元，张国太六
千元。

汝为（何）许久无来？曰：我在唐亦做生理。可答：在泉
做宁波郊（公司）亦可。可自己随时答曰，生理在何处，听其
答应。

汝为何不来？曰：我有合伙人在岷①。

———————————

① "岷"，菲律宾马尼拉的简称，常写成"岷"字。岷里拉、岷里拉、岷埠、岷埠，均
指菲律宾马尼拉。下同。

汝识此二位签证否？曰：识。答曰：名一实笃务，英班当事人，在一实笃万公司系亚梨挽人；又一人安嗷咔未里昌系厨戈人，前系做美雅系生理，在桥头开英班生理，是以相识。此二位见证身稍长者是安嗷咔，身稍短者是以实笃务。

汝为何前店七号迁现时十七号？曰：前是华人管号头，现换美国管，即换是无同。

汝做别处否？曰：有，在三吗务郎岸。

问曰：何生理？答曰：可随时按算答他。

此问答按大略，列其应用。倘若关员无问汝，切不可乱答，是为至嘱。①

20 世纪上半叶，菲律宾沿用美国的移民法律，限制普通华人移民，华侨为了取得移民身份，常常购买他人的身份进入菲律宾。为了堵住这类移民，菲律宾移民局往往对他们的身份、家庭成员、家庭背景等方面进行问询，如果回答错，则马上遣返。

图 2-1 中的口供纸是初次出洋侨民过海关应答移民局官员问询时必要的口答参考资料。汝何姓名？汝几岁？何时回唐？搭何船回唐？做何生理？在何街路？生理做几年？本钱若干？汝为（何）许久无来？汝识此二位签证否？十多句答词，事先用文字的形式进行一番温习操练，可以缓解新侨民的紧张心情。

出国的华侨需要与国内亲人联系，在当时海内外金融、邮政极不发达的情况下，一种直接简易的托寄方式即"银、信合一"的侨批，便在跨国环境中诞生了，进而产生了跨国运营的业态——侨批业。侨批及侨批业这一形式，虽然草根，但在人类金融与通信史上是独一无二的，体现了海洋移民族群的民间智慧与创造力。侨批最

---

① 原文无标点符号，标点符号为笔者所加。后同。

主要的特征是"银、信合一"或"信、汇合一"，[①] 它的形成是自然而然的，是特殊时期产生的移民金融产物；由水客首创，之后成为侨批信局最主要的汇兑工具。

一 "银、信合一"产生侨批——体现侨民的智慧

早期出国的华侨，既需要与国内亲人取得信息情感上的沟通，也需要取得经济上的联系，因而他们的沟通联系一般都是既寄信又汇银，且银、信并重，因而才会出现"侨批"。当时出国华侨大部分是体力劳动者或小商小贩，所赚无多，每次汇寄只是二元三元而已。水客既收信又收银，最初分别记在账簿上，以便日后回到家乡时登门到家分送。虽然每人汇寄的只是一小笔，但累加起来也是不小的数目。在轮船班次不多的情况下，水客可以慢慢分发。然而随着船次与汇寄人数的增加，银、信分开记账所引起的不必要的麻烦就逐渐显现出来。水客为了便于分发而又不误船期，为了适应寄信汇款业务大发展的需要，就把顾客汇寄的银数记在其托寄的信封左上侧，待上轮船后再慢慢记账核算，设立帮单（这一班次的侨批清单）。这样书信和银数合一记载，很直观，一目了然，对寄批人、水客、收批人之间的交接均很方便，避免了银、信分开记账的一些麻烦。后来，这一形式的侨批便逐渐由汇寄银、信的华侨自己书写，最后定型下来：每位托寄侨批的华侨均在信封左上角写上"外付（附）银（鹰银、英银、洋银、大洋、国币、法币等）××元"，封内仍装家书信函，当然里面也会写所寄金额。华侨汇寄时交信交银，水客据信封上所写金额收银，返回家乡后又据信分银。于是，"信汇"就这样逐渐形成了。[②]

在当时的社会条件下，中国百姓的金融与邮政知识是相当贫乏

---

① 早期侨批由水客经营，从海外带回的是银元，故侨批形式为"银、信合一"。而后进入信局汇兑时代，侨款通过国际银行汇兑转入，故侨批形式为"信、汇合一"。

② 李天锡：《泉州华侨华人研究》，中央文献出版社，2006，第381页。

的。但是，民间智慧来源于劳动实践，水客在传递华侨银信的过程中，基于"下南洋"族群的金融汇兑与邮政需求，创造出"银、信合一"的侨批形式。

在水客时代，侨批书信的物理形式，除了有封、有家书信件这两个物理件之外，华人还探索出一种封与信合一的"侨批信简"（见图2－2），只需一个物理件，通过折叠方法将私密的家书包在里面，外面照样能看到一些如寄件人和收件人的地址、姓名、汇款金额等可以公开的信息，这样，又进一步简便了华侨的侨批汇寄。

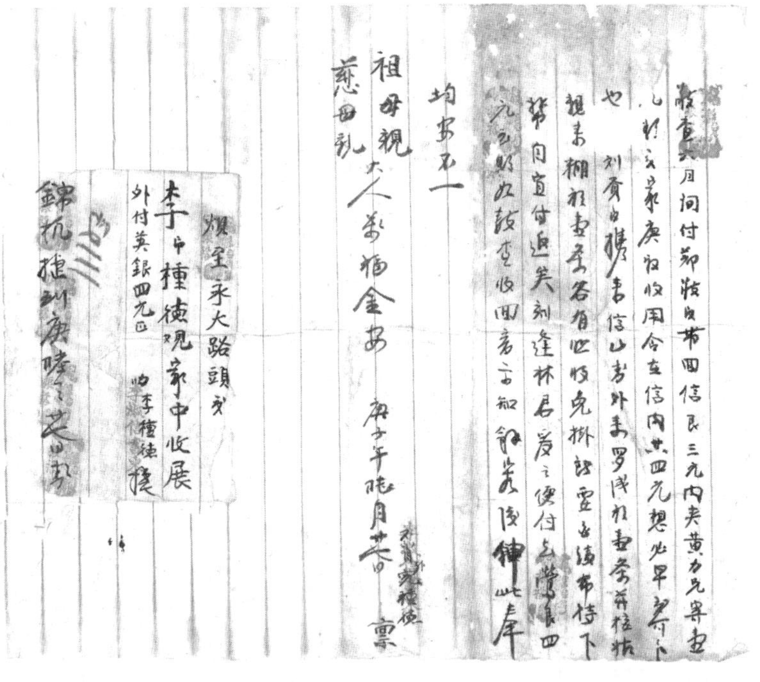

图2－2 拆开后的侨批信简（1900年新加坡寄福建永春）

在侨批形式里，还有一个字帮号和帮单的问题。

在水客时代，水客在向华侨收取银、信时，为了便于记账，便在每枚信封上编号登记。后来，由于侨批信件和汇款金额的增加，必须寻找一个坐标来区分"批次"。同时，侨批又是依靠航船来运送的，所以决定"批次"的关键因素是"船次"或"船帮"。因此，编号登记即以航船班次作为区分"批次"的坐标。于是，"帮号"就这样产生了。"帮号"的编制与应用，也为后来的侨批信局所延续使用。"帮"是闽南话用语，相当于普通话的"批"或"次"。相对固定的定期出洋的航船，由于有成批的货物和银信，因而"船次"也就被称为"帮次"。1900年前后，"泰山"号轮船定期航行于厦门与马尼拉之间，每月二帮船次，即称15天一"帮"。水客最初只是用简单的数字为侨批编号登记，随着业务的发展，登记的方法也逐渐改进为双重至三重编号。最有代表性者是"〇字×帮××号"（参见相关侨批图，在封的背面）。"〇"是汉字，用于表示自己的局名或商号或地名简称，但也有以千字文"天地玄黄，宇宙洪荒……"为序的。"帮"和"号"前一般采用数字，大都使用苏州码（商码）数字表示。"帮"一般以船期编制。"号"则表示该件侨批在这一帮中属第几号，一般以顺序号编写。20世纪初，较大的侨批信局每年有40~50帮，每帮有数百封至上千封不等。

水客在经营侨批时设立了帮号和戳记，即用帮号来管理数量日渐增多的侨批，并盖上有水客名字的戳记和手写帮号；帮号和戳记成为后来侨批信局运作机制建立的基础。

由于"帮号"的编制和登记，各盘局可以进行"抄底"，即把每枚信封所编的"〇字×帮××号"和寄批人的姓名、地址、汇款数目，以及收批人的姓名、地址等一一登记造册，这册被称为"帮单"。然后，依照帮单一盘一盘地进行交接。由是，三盘局才能够查底对照，顺利地把侨批迅速而又准确地分发出去，表现出了工作的高效率。正如1921年交通部邮政总局为纪念中国邮政开办25周年而在《置邮溯源》一文中所云：他们"处理信件以速著称，当轮船还没有下锚停泊前，信件已经搬到小驳船上，边向岸上划去，边由信局代理人在舟中分拣信件，远在正规邮局之前，妥投到收件人手中去"。"由于侨批采用编号的方法，往往有些侨批信件只写'母亲大人收'，没有确切的收信人姓名，或只写收信人姓名，而侨批局则能按'帮号'查底，查明收件人的详细地址和姓名，妥为投递，而且比邮局投递得快。"① 这就是草根侨批业的优势所在，也是现代邮政业无法比拟的。

银、信合一的"侨批信汇"，源于华侨民间社会，它的出现，是侨批业进入发展时期的重要标志，也是侨批业具有较强生命力的根本所在。因为它的一些特点，如登门送批、代写回批等都不是邮局或银行所能取代的，因而它也就成了侨批的主要汇兑形式。"侨批信汇"的定型大约在 19 世纪末 20 世纪初，直至 1990 年代纸质侨批消失为止，历经清末、中华民国、中华人民共和国三个历史时期，历时约一个半世纪。

图 2 - 3 所示为清光绪丙午年腊月初五即 1907 年 1 月 18 日菲律宾华侨黄开物寄锦宅社美头角（时属泉州府同安县，今属漳州台商投资区角美镇锦宅村）妻儿的侨批。封正面左上角写上"外付龙银

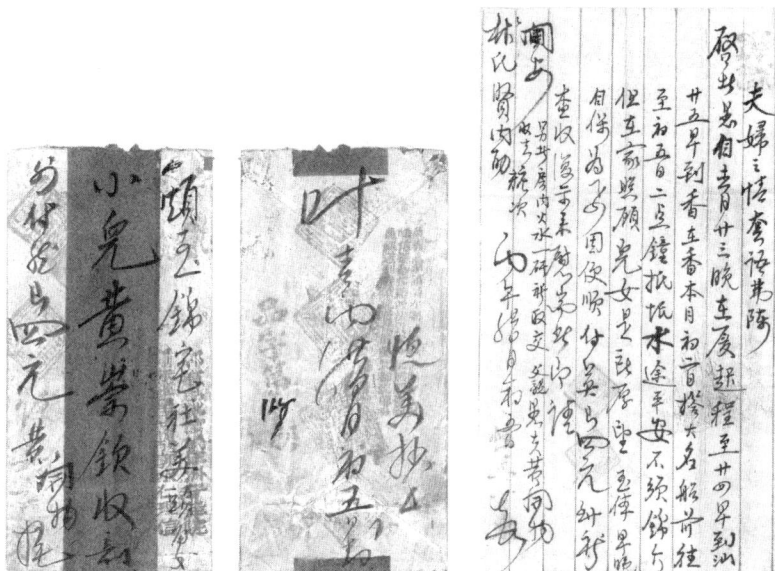

图 2 - 3　清末黄开物记载南下马尼拉经香港中转的侨批

---

① 转引自李天锡《泉州华侨华人研究》，中央文献出版社，2006，第 379 ~ 381 页。

四元"，封背面盖有"品字第（168）帮"章。"品"字代表郭有品批馆。封正背面分别盖有"郭有品批馆垫住洲仔岸院/前朱细里店251号郭水仁理信"和"郭有品批馆设在乡社兼理番关分局如/回信逐帮接续设法异常分批无酒资交/龙银送到贵家免费住龙溪廿八都流传社"章，说明该封收批和派送解付均由郭有品批馆经办。

批信中，黄开物将他南下菲律宾马尼拉的行程告知他的妻子：

> 自去月廿三晚在厦起程，至廿四早到汕，廿五早到香，在香本月初二日搭大名船前往，至初五日二点钟抵垫（今菲律宾马尼拉），水途平安，不须锦介。

黄开物"下南洋"，从家乡锦宅出发，经厦门（1907年1月7日）、汕头（1月8日）、香港（1月9日到香港，1月15日从香港前往马尼拉）中转，到达马尼拉（1月18日）的行程路线等信息在批信中写得十分明了。

在清末，如同黄开物一样，有无数的东南沿海民众在青壮年时期离开家乡，出海"下南洋"。而在之后南洋的数十年间，他们通过一封封侨批，与国内亲人保持着联系，寄钱回家赡养老小。这些遗留下来的侨批实物，成为今天我们研究历史的珍贵文献。

二 侨批信汇基本特征

通过侨批载体将华侨赡家款项和家书或简单附言一起托寄给家乡亲人，这一方式本身就由互相关联的两部分构成，既要寄批款，也要寄批信（即家书或简单附言）。与普通国际函件相比，侨批信汇在一个半世纪以来的社会发展演变中，显示出三大特征或者特点。

第一，侨批一般属于跨国两地的家书，但其最明显的表征是在批封正面左上角写明寄款金额。如"外付英银××元""外付大洋

海洋移民、贸易与金融网络

××元""外付国币××元""外付港币××元"等（参见相关侨批图，在封的正面）；同时一般与内信中提及"附"的款项金额相同。另外，在侨批封背面（或正面）往往盖有或写有侨批信局的戳记、宣传章、字帮号、邮戳等信息。

侨批信汇是侨批汇款最原始、最通用的汇兑方式，这种汇兑方式从清末一直沿用至1990年代侨批消失之前。这表明，侨批信局经营的侨批既有汇款又有家书信件，亦银亦信，"银、信合一"。

图2-4为1937年3月马来亚林茂坡李焕月寄回德化丁墘乡陈和衷先生收的侨批。封上记载了侨批的基本要素，如封正面左上方写有"外附国币壹拾捌元正"，封背面写有"兴1619号18元"（字帮号和汇款金额的内容），加盖"甲坡万振兴信局"章和1937年4月12日"厦门/AMOY"机盖邮戳。

批信还记述了李焕月首次下南洋马来亚的行程，详细记载了他从德化家乡出发，经厦门乘船，途经新加坡中转，到今马来西亚林茂的史实。

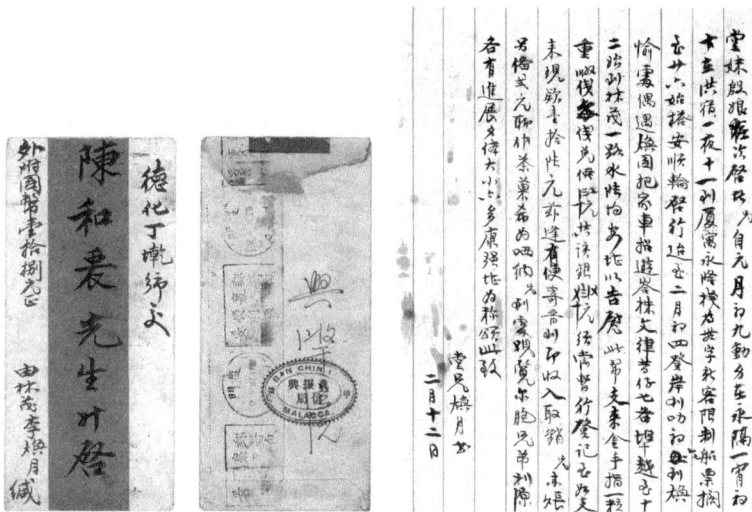

图2-4 1937年李焕月寄回的侨批

堂妹殷娘妆次：

　　启者，兄自元月初九动身，在永（永春）隔一宵，初十在洪（南安洪濑）宿一夜，十一到厦（厦门），寓永隆栈，为无字新客限制船票，搁至廿六始搭安顺轮启行，迨至二月初四登岸到叻（新加坡），初六到焕愉处偶遇焕国，把家车招遊（马来亚）峇株、文律、昔仔七各埠，越至十二始到林茂（马来亚的一个地名），一路水陆均安，堪以告慰。此帮支来金手指一粒，重3.54钱，每钱兑价13.6元，共该银48.14元，须当暂行登记。至如支来现款壹拾陆元，兹逢有便寄晋（进），到即收入取消。兄来账另备式元，聊作茶果，希为晒纳。兄到处观览，尔胞兄弟利源各有进展，身体大小亦多康强，堪为称颂。此致

堂兄　焕月　书

二月十二日

　　从批信内容可以看出，李焕月元月初九从德化出发，至二月十二日到目的地马来亚林茂坡，历时30多天，超过1个月的时间。

　　批信同时记载，为了筹集出洋经费，李焕月用重3.54钱的金手指（金戒指），价值银48.14元作典当，支现款16元，用于出洋费用。此帮侨批付还16元，加上另付2元，计18元，与封外所写汇款金额一致。

　　"下南洋"之人大都是贫苦农民，在家乡谋生困难，选择出洋打拼，因此，许多初出洋的人支付路费都成问题，他们会想出多种渠道筹款，如找资助、民间借贷、典当、向客栈赊欠、向客头赊欠，等等。李焕月便是采取典当借款方式出洋的。

　　第二，有侨批也要有回批。国内眷属、好友收到侨批后必然要有回文回复，以示批信款物收妥，并可通报一些情况。这也是侨批经营上手续完备的要求。侨批类似虎符，有来也有回，一来

海洋移民、贸易与金融网络

一往才成一对。从邮政角度来看，就像寄"双挂号"信件一样，须有返寄给寄信人的"收件回执"，即"回批"信件。也就是说，"回批"是国内侨眷收到侨批后寄给国外寄批人回复的信件，包括回批封及回文。"回批"经信差送回国内口岸侨批局，再通过邮政渠道传递到海外收汇信局，最后返送到寄批人手中。一趟侨批的流程均须有"往返"运作，才算顺利完成。回批封规格一般比较小，封上至少应标写有与侨批封上一样的字帮号和相同的汇款金额。

第三，与传统的邮政局不同，侨批信局系登门服务（犹如当今的快递业务），做熟人熟客业务（不需要详细地址也能送达）。早期侨批多由水客或私营侨批信局参与整个或部分环节的运作经营，后期也由官营银行、邮政储汇机构等参与侨批的登门解付工作。尽管如此，侨批的经营者都能够在侨居地登门收批收款，在侨乡登门派送侨批，为华侨、侨眷提供上门服务。从服务客户的角度看，侨批寄发和接收均由侨批信局登门办理、服务到家。这也是海外侨居地邮局与国内邮政局难以做到的服务。

三　几个相关的概念

包括：侨汇、广义侨汇、侨批、侨信、侨批信局、侨批业。

侨汇（Overseas Chinese Remittance），是华侨给国内所汇款项的简称，属于海外私人汇款性质。它是指居住在国外的华侨华人、港澳台同胞从国外或港澳台地区寄回的，用以赡养国内家属的汇款。[①] 通俗地说是指海外华侨华人、港澳台同胞将工作所得和从事各种职业所得到的收入汇给中国内地的亲属主要用于赡家的钱。从统计的角度看，侨汇仅限于通过（国际）银行（或邮局）渠道汇入的、用途是赡家的海外私人汇款。这一口径易于统计汇总，能得

---

① 吕佳、项义军主编《国际结算》，清华大学出版社，2007，第 253~254 页。

出比较确切的侨汇数据。

广义侨汇，也是通过（国际）银行（或邮局）渠道汇入的款项，属于海外私人汇款，但它不仅是接济侨民眷属的赡家汇款，而且包括一切华侨汇捐回国的义款、赈款，甚至包括华侨回国投资款项，如投资于交通、农业、地产、建筑等方面的资金。因为通过银行（或邮局）渠道汇入，也便于统计和分类。

还有一个大概念的侨汇，则是指海外华侨华人私人单向转移回国的财富①总和，这里的财富包括各类物品、金银财宝、货币现金（现银）、汇兑资金等。其中各类物品、金银财宝、货币现金（现银）这类东西一般是通过携带、邮寄或托运回国的，难以统计，也难能以货币折算统计出这一概念的侨汇数据。因此，大概念的侨汇只能估算。

侨批，是海外华侨华人通过海外民间侨批信局汇寄至国内的附有汇款的家书以及回文（回执）的总称，是一种银、信合一的特殊邮传载体。从动态上看，在一个半世纪的侨批运作中，侨批信局经营的各个时期的侨批形态不尽相同，但都可认为其属于侨批的范畴。

侨信，是指华侨的国际（跨国）家书信函。

侨汇、侨批、侨信之间的简单区分方法如下：

有钱（汇款）无信叫侨汇（狭义）；

有钱（汇款）有信叫侨批；

有信无钱叫侨信（国际信函或家书信函）。

经营侨批业务的私营企业为侨批信局或侨批馆。侨批信局有不

---

① 人们最初认为，对人有价值的东西就是财富。"财"指"储备金""金融积蓄""银行存款"；"富"指"家屋充实"。"财"与"富"联合起来表示"吃、用的东西多，还有多余的金钱"。这是狭义的财富概念。广义的财富效应是指涵盖了所有财富的更为广泛的概念，有物质上的和精神上的。物质上能满足人们各种生产生活需要的物品就是财富；精神上能让人们愉悦舒畅的就是财富。这里用的是比较狭义的财富概念，是指物质财富和货币财富两部分。在货币资金跨国转移中，又分现金（钞）携入和现汇汇入两种渠道。

同名称，如批馆、批郊、批信局、批局、银信局、信局、侨批局、侨汇局、侨汇庄、汇兑局、汇兑庄、民信局等，指的都是同样的办理华侨银信业务的机构。

从19世纪中叶开始至1980年代之前，通过海外侨批业渠道汇入中国的侨汇占大部分，尤其在新中国成立之前，约占全部侨汇的80%～90%。因此，在侨批汇兑时代，我们可以用简单的公式显示三者之间的关系：

侨批（载体）＝银（侨汇）＋信（侨信家书和回文）

侨批是侨汇的传递载体，侨汇是伴随着侨批而来的，但并不是所有的侨汇都通过侨批传递。

与官方邮政的邮差相对应，侨批局的任务除了负邮递的全责外，其最大特点，就是既带信又带银：一方面将华侨的银信送到国内的侨眷手中，另一方面从侨眷那里携带音讯。所以这个特殊的商业机构，可说是华侨特有的专递服务。[①]

侨批业，是经营华侨附有汇款信件的汇兑业，其主体是经营华侨银信的个人（水客）、侨批信局、代理商号，甚至包括银行、邮局等的集合。当然，这一华人特殊的行业在1920年代以后在国内和国外均成立了行业组织，成为规范的、自律的、能维护自身利益的行业。侨批业的主体也包括新中国成立后的"侨汇业"[②]；收汇局、头盘局、二盘局、三盘局、收汇联营处、侨汇收汇服务处、侨汇派送处（站）、侨汇业派送联营处、海外汇款服务处（站），等等，也属于侨批业的范畴。[③]

---

① 〔新加坡〕柯木林主编《新加坡华人通史》，新加坡宗乡会馆联合总会，2015，第498页。

② 1951年3月1日政务院财经委员会公布施行《侨汇业管理暂行办法》，其中第二条指出：凡专营或兼营侨汇之行业（包括水客），除指定银行外，均称侨汇业。其实，在这之前，侨汇除了少部分经由银行经营外，大部分均经由侨批信局经营，因此，民间仍习惯称侨批业。

③ 黄清海：《泉州侨批业史初探》，《八桂侨史》1995年第1期，第53页。

四 侨批业的产生、发展、衰微、转型[①]

伴随着西方国家对东南亚的大规模殖民开发，中国东南沿海人民向东南亚的移民规模逐渐扩大，在东南亚的马尼拉、巴达维亚（今雅加达）、新加坡、槟城等地渐渐形成了华人社区，并不断向其他地区延伸和发展。这些移居东南亚的移民与在家乡的亲友之间保持着密切的联系；汇款和通信是维系这一联系的基本途径和手段，由此形成了一个连接着东南亚华人移民聚居地和中国移出地，为华人移民解送信与款的跨国市场，这个市场的主要参与经营者是华商，有在国内的，也有在国外的，形成庞大的华人侨批的运作网络。

早期华侨银信通过同乡、亲友回国时，或托"水客"或"客头"走单帮（整个侨批、回批运作流程由一人完成）带回。所以，"侨批"是一个与东南沿海人民出洋打拼一样久远的历史存在。

（一）水客时代

水客的产生与中国的海洋文化有着密切的联系。自唐宋以来，中国的海外交通就已频繁，宋元时期的泉州刺桐港是世界著名大港；明朝以降，随着漳州月港的兴起，厦门港被列为"五口通商"之一，跨洋过海谋生者越来越多。男人出海打拼，家中有父母妻儿，须寄钱回家或传递音信，在当时银行、邮政局等机构尚未设立时，代送侨批侨信的水客就应运而生。100 多年前，正是这批漂洋过海谋生的水客，为侨胞捎信、带钱、带物，并开启了侨批业的源头。

水客时期的银、信经营多为"走单帮"的一条龙服务，它建立在个人人脉关系的基础上，受限于个人有限的血缘、亲缘或地缘等社会关系以及经营资本和规模等现实状况，存在很大的局限性，不

① 苏文菁、黄清海：《闽商与侨批业》，《闽商文化研究》2013 年第 1 期，第 18~32 页。

但经营地域范围窄、业务量有限，而且效率也很低，因此难以取得跨越性的发展。目前所见的最早的侨批是咸丰八年（1858年）五月二十六日由印度尼西亚巴城埠（今雅加达）温辛德寄给广东嘉应州松口市温天华的水客封（见图 2–5），① 是一封折叠式侨批信简。

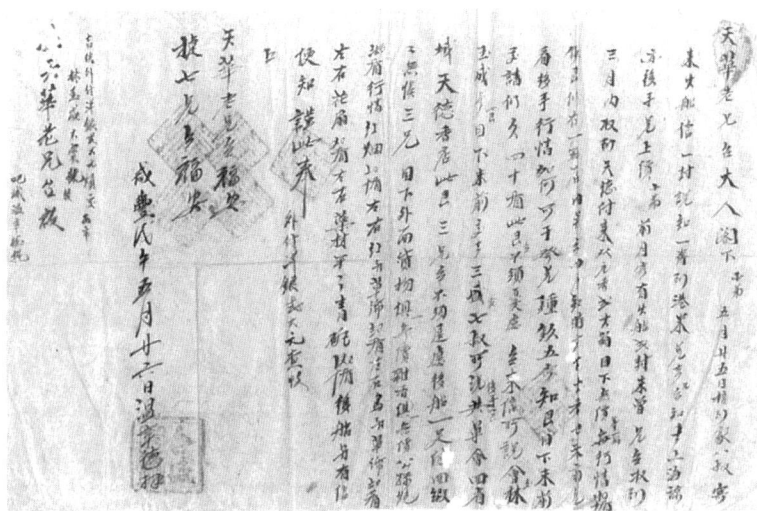

**图 2–5　1858 年由水客从巴城埠递送
的侨批信简**

《华侨民信局小史——星洲华人之小邮政局》记载了 19 世纪中叶新加坡水客经营侨批的情形。

　　百年前（1847 年）星洲商业区市街，每见华人拥挤其间，彼等多系苦力，当甘（柑）密（蜜）或胡椒园工人，其所以集之市街，不外为办理由帆船汇款回乡之手续，彼等寄至故乡银信，多托同乡水客或相识之归侨，或由近日所见之每一帆船专司其职其事之搭客带返，寄款者将其银信交与此辈水客，若系寄现金，则由水客抽出金额之十巴仙为手续费，若许水客投

---

① 许茂春：《侨批的人文与经济文书价值——以侨批实物论证》，载福建省档案馆编《中国侨批与世界记忆遗产》，鹭江出版社，2014，第 32 页。

资经营生意，则无论盈亏，水客必须将原额送交其信托人家乡之家属。此辈常操此项职业互得相当利润，以助其经营比较广泛之生意而止。[1]

1860 年代后，清朝廷对携资回国的华侨采取保护和鼓励政策，水客或客头作为华商从事侨批的个人经营者便大量出现。1848 ~ 1907 年，永春县较有名气的水客有 30 人。[2] 1900 年厦门已有邮轮行走南洋各埠，为水客的往返提供便利，从事水客职业的人数大增。到了光绪末年，永春五里街城关一带的水客，如陈秀亭、陈拱、郑孙江、黄振敏、洪松林、郑同、柯长绵、陈礼书等共有 60 多人。[3] 清光绪年间，"客头"每年均往返南洋数次，当其归国时，即代侨胞沟通信息携带款项，此种"客头"多由老洋客转业，仅闽南数县当以千计。[4]

（二）侨批信局时代

随着银信业务的增加，水客经营侨批发展成为侨批信局是市场需求的一种历史必然。有资料介绍，目前发现最早的有闽帮侨批信局信息的为壬辰年（光绪十八年即 1892 年）葭月，由新加坡寄往鼎美后柯社的侨批，封上盖有名址章"合德信局住厦/太史巷隆德内"。[5]

有别于商人从事的其他行业，侨批商人即从事侨批经营的商人，是兼有两种特殊行业性质的职业，他们所创办的企业就是既可

---

[1] 寒潭：《华侨民信局小史——星洲华人之小邮政局》，载〔新加坡〕《南洋中华汇业总会年刊》第一集，1947 年 4 月刊印，第 59 页。

[2] 洪文洛：《永春侨汇史略》，载黄清海主编《闽南侨批史纪述》，厦门大学出版社，1996，第 91 ~ 92 页，"清末民初永春水客一览表"列出了 1848 ~ 1910 年永春经营侨批较有名气之水客 30 人，表中详细列出水客姓名、地址、开办年份及收汇地域等。

[3] 洪文洛：《永春侨汇史略》，载黄清海主编《闽南侨批史纪述》，厦门大学出版社，1996，第 90 页。

[4] 张公量：《关于闽南侨汇》，民国卅二年八月刊印，第 23 页。张公量时任闽行副经理兼中国银行永春支行经理。

[5] 刘伯孳：《跨越国界、人文和历史的闽南侨批》，广东"侨批档案"申报世界记忆遗产宣传推介会论文，2011 年 12 月。

海洋移民、贸易与金融网络

被称为"华人小邮局",也可被称为"华人小银行"的侨批信局。
这些侨批商人及所创办的侨批信局,在整个东南亚和中国东南沿海
的华人资讯传导与华商资本运营中扮演了重要的角色,他(它)们
把东南亚华人移民聚居地与中国移出地之间紧密地连接起来,形成
一个庞大的跨国网络,沟通海内外信息、传播先进科学技术、传输
侨汇侨资,共享人类文明成果。①

　　19世纪中叶至1930年代是侨批业产生并逐步发展的阶段。随
着东南亚越来越成为以欧洲各工业国为主的全球经济网络的重要一
环,中国东南沿海也融入这股全球化的浪潮,越来越多的中国东南
沿海人民前往南洋,成为建设东南亚的重要力量。在此背景下,华
侨的经济状况有了较大的改善,汇款也显著增加。欧洲各国也在世
界各殖民地范围内设立了现代邮局和银行,它们为银信业务在收
汇、承转与解付上的分工提供了条件。这时,一些富裕的客头或华
商遂组织侨批信局,经营侨批、侨款的递送业务,国内侨批业遂应
运产生。银信业务由个人经营逐步转向信局的企业经营。国内原由
民营批馆兼营,接受水客委托,转解银信业务。例如,早在1871
年前后,厦门、安海已有郑顺荣批馆兼收代转银信。② 1890年代前
后,出现主营银信业务的批馆,如厦门、泉州如鸿信局即以承转水
客银信业务为主,成为福建较早成立的侨批业务经营机构。③ 随后,
一些侨栈兼营银信业务,如厦门的新顺和、晋利及稍后之连春、三
春、捷顺安等信局,都是由客栈发展起来的。还有就是一部分水客
为了招揽业务,获取更大利润,遂自行在口岸设承转局,在内地设
解付派送机构,并进一步扩大代理国外侨批业务。如1892年在菲

---

① 苏文菁:《闽商发展史总论卷近代部分》,厦门大学出版社,2013,第252~253页。
② 中国人民银行福建省分行国外业务处:《福建省侨汇业社会主义改造史料(1949—
　1958)》,1964年编印,1996年中国银行福建省分行国际金融研究所翻印,第1页。
③ 中国人民银行福建省分行国外业务处:《福建省侨汇业社会主义改造史料(1949—
　1958)》,1964年编印,1996年中国银行福建省分行国际金融研究所翻印,第1~2
　页。

律宾的水客郭有品在漳州流传社设立天一信局，成为福建较早的专营侨批业机构。其后王顺兴、恒记、美南等局也相继设立。1901年前后，厦门侨批业包括民营批准兼营在内已达30家。1903年福州也有兼营机构和侨汇庄设立。1905～1919年，福建省侨汇一般保持在每年2000万银元左右。诏安、涵江、东山、永春各地也先后开设侨批机构。至此，福建省侨批业机构已达70家。

厦门是闽南侨批的承转中心。1902～1911年，厦门约有20家民信局经营颇为成功，它们的业务是处理来往于海峡殖民地和荷属东印度群岛的汇款。其间，有3家民信局宣告破产，另有4家新的民信局设立。① 据统计，厦门各时期登记营业的民信局数目如下：1892～1901年30家，1902～1911年20家，1912～1921年64家，1922～1931年64家，1936年登记营业的头、二盘局达84家，占全省110家的76.36%。②

在新加坡，1887～1891年所有专营汇兑店号的华人侨批信局为49家，其中潮州人34家，福建人12家，广州人1家，客家人2家。另有无固定地址之收批人16人。③

1931年后，福建省邮政管理局开始对侨批信局进行正式登记注册和颁发执照，福建全省侨批信局1931年和1932年均超过200家。④ 侨批业发展进入高峰期。

1930年代至抗日战争爆发之前，私营侨批业的发展势头受到了遏制。在侨批业务上，私营侨批业机构与国有邮政局之间存在竞争关系，1933年底交通部邮政总局指令，国内民信局于1934年底停

---

① 海关税务司巴尔（W. R. M. D. Parr）：《1902～1911年厦门海关十年报告》，载《近代厦门社会经济概况》，鹭江出版社，1990，第345页。

② 《厦门金融志》，鹭江出版社，1989，第42页。头盘局、二盘局的名称出现于新中国成立之后的侨批业社会主义改造期间。之后，人们也将它用于对新中国成立之前的侨批信局进行分类。

③ 寒潭：《华侨民信局小史——星洲华人之小邮政局》，载〔新加坡〕《南洋中华汇业总会年刊》第一集，1947年4月刊印，第60页。

④ 林真主编《福建华侨档案史料》（上），档案出版社，1990，第361页。

止营业，而专营国外侨民银信及收寄侨民家属回批者，定名为批信局，准予通融继续营业，但不得兼收国内信件。尽管邮政部门加强了管理与限制，但即使在 1934 年取消了国内民信局，侨批信局也因服务的优越性，得以保存下来。

1937 年 4 月，泉州中国银行成立侨汇组，并由管辖行厦门中国银行承顶合昌信局牌照，招聘原锦昌信局（泉州最大的三盘派送信局，1937 年元旦倒闭）信差，专门办理侨汇派送事宜，打破了侨批派送业务一直由私营信局独办的局面。

因受战争的影响，1938 年福建省侨批业机构减为 67 家，1940 年又再减为 50 家左右，其中闽南地区所受影响较大，1940 年仅有 20 余家。[①] 而合昌信局及邮政储金汇业局的业务有较大发展，1940 年经收海外批信 34 万封，1941 年达 37 万封，约占福建省进口批信的 1/3。[②]

1945 年抗日战争胜利后，交通恢复，海外侨胞纷纷寄信汇款回国，赡家侨汇激增，侨批业随之恢复并迅速发展。据福建省邮政统计，1946 年，仅泉州计有 20 家头、二盘信局，其分号及联号达 683 家，其中国内的 238 家，国外的 445 家。从抗日战争胜利至 1946 年底，仅晋江县侨批业累计经收侨汇达 160.78 亿元法币。[③] 这一时期侨批业最大的特点是进行金融投机，侨批信局的收入已不是靠原来的批佣而是金融投机的暴利，这是造成战后侨批业畸形发展的主要原因。战后由于通货膨胀不断加剧，政府为扭转局面而实行外汇管制，结果使外汇全都趋向黑市，侨批业趁机从事投机活动[④]

在潮汕地区，侨批业从清光绪中叶侨商黄松亭在汕头创办森丰号（与实呦致成号联号）起，到光绪二十二年（1896 年），潮汕地

---

① 中国人民银行福建省分行国外业务处：《福建省侨汇业社会主义改造史料（1949—1958）》，1964 年编印，1996 年中国银行福建省分行国际金融研究所翻印，第 4 页。
② 中国人民银行福建省分行国外业务处：《福建省侨汇业社会主义改造史料（1949—1958）》，1964 年编印，1996 年中国银行福建省分行国际金融研究所翻印，第 10 页。
③ 黄清海：《泉州侨批业史初探》，《八桂侨史》1995 年第 1 期，第 56 页。
④ 林真：《福建批信局述论》，《华侨华人历史研究》1988 年第 4 期，第 12 ~ 22 页。

区首批被列为邮政代理的民信局有 19 家。到 1932 年，汕头侨批局增至 66 家，占广东侨批局总数的 70%；抗战前汕头和潮州所属各县联号和分号达数百家，仅汕头市专营侨批业机构就有 55 家。抗战胜利后侨批业得到迅速发展，汕头市和潮属各县共 131 家，计汕头市 73 家，潮安 6 家，潮阳 13 家，揭阳 10 家，饶平 9 家，惠来 1 家，澄海 13 家，普宁 5 家，丰顺 1 家；而潮州帮在海外（主要是东南亚）各地商埠的侨批业机构共 451 家；侨批业开设较多的埠头和国家有：香港 22 家，新加坡 80 家，槟城 28 家，暹罗 118 家，越南 29 家，坤甸 43 家，日里 25 家，沙捞越 17 家。潮汕解放后，1951 年在汕头市邮政局注册登记的侨批业机构达 60 家（甲种侨批局），下辖内外分号 775 家，其中内地各县（为乙种侨批局）427 家，港澳及南洋 348 家。①

中华人民共和国成立后，私营侨批业归属国家银行管理，主要侧重于管理外汇方面。对经营侨汇、侨批的行业（包括水客），除指定银行外，均称为"侨汇业"。人民政府对侨批业进行社会主义改造，国家银行根据私营侨批业的特性，以《共同纲领》规定的"便利侨汇，服务侨胞"为方针，在贯彻党和国家制定的"外汇归公，利益归私""团结与管理相结合""维持保护，长期利用"等政策时，采取了既积极主动，又慎重稳妥的办法，在各地党政领导下，因地制宜地对私营侨批业进行团结、管理、教育、改造，引导私营侨批业逐步地纳入社会主义轨道。

1949 年 8 月 17 日，福州解放，1949 年 11 月中旬，福建省召开侨汇工作扩大会议，明确对侨汇业"团结与管理相结合"的政策。同年年底各地银行开始办理侨汇业临时登记。1950 年 1 月 15 日福建省人民政府颁布了《福建省管理侨汇业暂行办法》和《福建省侨汇暂行处理办法》。根据两个"暂行"办法，鼓励私营侨汇业尽

① 罗则扬：《侨批文化与海洋文化》，载《首届侨批文化研讨会论文集》，2004，第 211 页。

海洋移民、贸易与金融网络

快办理企业登记，引导其纳入国家管理轨道。至 1950 年 3 月，全省侨汇业第一次登记家数共 185 家，其中：厦门 86 家，泉州 30 家，福州 26 家，涵江 14 家，其余在石狮、福清、永春、同安、仙游、石码等地 29 家。登记家数中，头、二盘局 135 家，实际营业的 123 家。① 其中，泉州地区年底经核准有营业的 16 家（独立核算局），从业人员 300 多人。1950 ~ 1957 年，泉州市区 6 家收汇局共收汇 1487.6 万美元。②

根据 1975 年 2 月中国人民银行福建省分行转发中国人民银行总行《关于对侨汇业几个问题的处理意见》和 1975 年 6 月福建省革命委员会批转省财政局《关于对侨汇业处理问题的请示报告》的精神，自 1976 年 1 月起，福建各地收汇局的机构和名称取消，人员归当地国家银行，侨批业务一律由银行接办。1979 年，闽南侨批业全部归入当地国家银行，侨批的汇款功能由银行接替，而其交流情感之书信渠道则由不断发达的电信及邮政所替代，至此，国内侨批业基本结束。③ 而继续经营的国外侨批局仍然以侨批方式通过委托国内中国银行等渠道解付，直到 1990 年代末纸质形态的侨批才逐渐消失。

侨批业从产生、发展到终结，大体经历了以下几个阶段，但各阶段有混合经营的情况（参见图 2-6）。

（1）清末，"水客"个人"走单帮"经营侨批；

（2）个人经营规模扩大，使用个人名章宣传，商铺兼营或代理；

（3）1890 年代后，水客或商家创办侨批信局，在一个国家经

① 中国人民银行福建省分行国外业务处：《福建省侨汇业社会主义改造史料（1949—1958）》，1964 年编印，1996 年中国银行福建省分行国际金融研究所翻印，第 50 页。
② 黄清海：《泉州侨批业史初探》，《八桂侨史》1995 年第 1 期，第 57 页。根据"1950 ~ 1957 年泉州市区侨汇业收汇局收汇情况表"统计。
③ 参见李良溪主编《泉州侨批业史料》，厦门大学出版社，1994，第 277 ~ 299 页，第五章"侨批业的取消"。

营侨批（单帮）；

（4）侨批信局发展自己的分支机构，经营多个国家侨批（杂帮），1920年代后开始兼营汇兑业务；

（5）开始建立以自家局为主、代理局为辅的经营网络；

（6）以代理局为主、自家局为辅的代理网络迅速扩大；

（7）汇款业务逐步由银行所取代，家书批信由电信所替代，侨批运作网络衰退，侨批局转型，有的变为银行；

（8）1970年代至1980年代初，国内侨批业取消，从业人员、业务归入国家银行。至此国内私营侨批业结束。

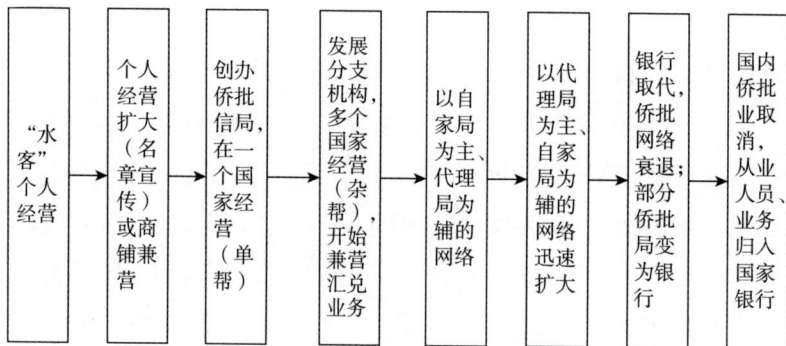

图2-6 侨批业发展阶段

第二节　侨批的金融属性

就侨批的起源及一般定义而言，侨批并非一般意义上的华侨家书，其更重要的一层含义是华侨汇款。侨批业能生存发展百年的原因，不仅在于其为海外华侨传递书信，而且更重要的是在于其办理汇兑业务。借助于侨批，华侨以劳务收入为主的报酬能够以货币（或物资）的形态实现跨国的转移，以及实现情感、信息的跨国交流与沟通。侨批不仅蕴含着政治、经济、文化、邮政、移民等历史信息，而且蕴含着国际货币、国际汇兑等重要的金融业务沿革的历史，更是记载着中国现代银行史前的国际金融的宝贵资料。[①] 侨批的金融属性包括：国际汇兑工具、流通货币载体、个人信用产品、现代银行的基础以及侨批信用文化价值。

一　国际汇兑工具

侨批业属于邮政、金融业范畴，侨批业务涵盖了金融汇兑的三种方式，即信汇、票汇和电汇。侨批局的跨国经营属于国际汇兑业务。从保留下来的侨批信封、侨批汇票及侨批电汇单等实物丰富的侨批档案来看，侨批真实地记载了各个历史阶段的经济金融和时事政治等信息，全面地反映了邮政、交通、金融的技术进步和发展，

---

① 侨批研究小组：《侨批的金融属性溯源》，《福建金融》2014 年第 5 期，第 54 页。

是研究交通史、邮政史、金融史、商业史等的重要史料①。由于侨批业的产生早于中国人自己创办的商业银行，② 所以侨批也是研究中国国际汇兑历史的重要依据。

（一）侨批信汇

侨批信汇是侨批汇兑的主要方式，汇兑信息主要通过侨批封反映。侨批封由正面和背面两部分构成。侨批封正面，首先，包含普通信函的基本要素：收信人的地址、姓名，寄信人的地址、姓名；其次，左上角要标明汇款的币种和金额。侨批封背面，除了贴有邮票、盖有邮戳（以总包邮寄的侨批除外）外，还盖有侨批局的印戳、宣传广告和"苏州码"③ 字的图案。侨批信汇显现了银（汇款）、信合一的基本特征。

在 1948 年菲律宾怡朗寄福建晋江的侨批封（见图 2 - 7）上，包含了上述各种信息。信封是友联信局专用于寄发侨批而印制的，印有宣传文字：

> 本局接收闽南各属，及香港，广东各内地汇款，电汇，票汇，信汇听便，侨胞惠顾，请到下列各地总收发处……

这里印明了侨批的三种汇兑方式。

（二）侨批票汇

侨批票汇就是汇款人到侨批局汇款后，由侨批局签发一张汇

---

① 参见黄清海《闽帮侨批信局汇兑方式探讨》，香港大学人文社会研究所主办、香港历史博物馆协办"华商资本：历史和文献研讨会"，香港历史博物馆，2011 年 7 月 2 日。

② 中国人最早创办的商业银行是中国通商银行，成立于 1897 年 5 月 27 日。而目前发现的最早的侨批水客封是咸丰八年（1858 年）五月二十六日。然而在 1845 年，英国的丽如银行就在香港和广州两地设立分支机构，1847 年在上海设立分行，成为第一家进入中国的外国银行。

③ 苏州码，也称花码，系中文数字，在阿拉伯数字传入前广泛使用。现时东亚地区书写支票时仍会使用，因笔画繁复较难做假。

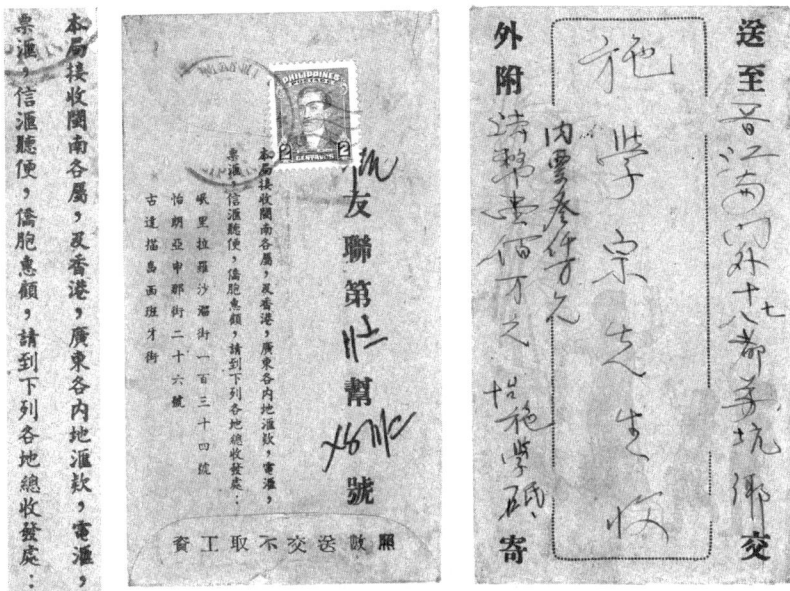

图 2-7 1948 年菲律宾怡朗寄福建晋江侨批封（友联信局封）

票寄到国内指定地点交票领款的汇兑方式。这种票据通常是与书信一并装在侨批封内，在侨批封正面写明"内票××"（详见图2-7右图左侧文字）。有时汇票也由回国侨胞带回。票汇与信汇的主要差别是，信汇的信和款由信差登门送达，票汇是由收款人持票到指定的侨批信局具保领款；信汇手续费较贵，票汇相对便宜。因此，华侨汇款金额较大时，通常外付小额"信汇"，内夹大额"汇票"。

图 2-8 所示为1941年11月11日菲律宾马尼拉东方汇兑信局开出的1953年人民政府清偿的911号支票。文字：（蔡功焙）先生/宝号交（本人）先生/宝号或（持票人/保认人）法币（伍佰元正），照数备交，收回原票存据。同兴汇兑信局支理（加盖："泉州中山南路二百壹十三号三楼"地址章）。

从票面看，该票开出局为马尼拉东方汇兑信局，兑付局为泉州同兴汇兑信局，两个局系代理关系。侨批票汇可约定在国内非直属局（即委托代理局）代理兑付，不仅扩大了侨批局的经营地域，而且大大地方便了客户。

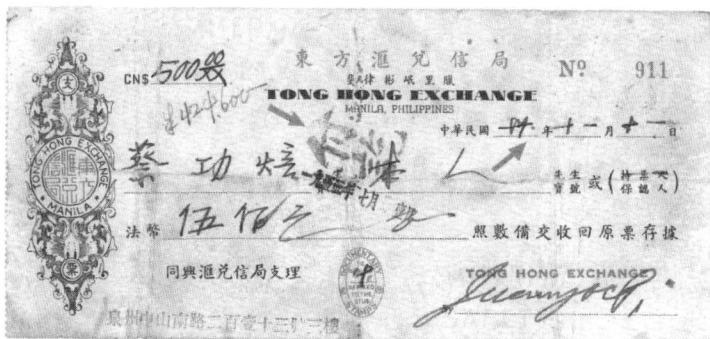

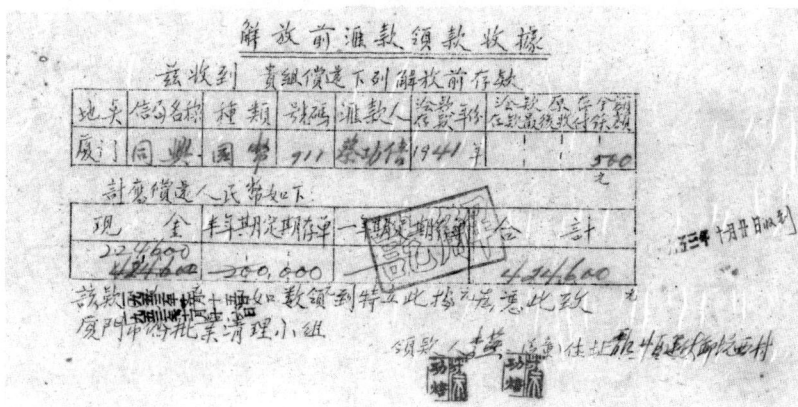

图 2 - 8　1941 年菲律宾马尼拉东方汇兑信局支票及
1953 年清偿时领款收据

（三）侨批电汇

电汇即用电报汇款，国内侨批局接到国外侨批局或委托局发来的电报要求交款时，不管款项是否到达，都要立即解付给收款人。电汇比其他汇兑方式快捷，但收费也贵。1950 年代后菲律宾侨批多以此种电汇方式汇款，这主要是菲律宾禁汇所致。

图 2 - 9 所示为 1952 年 9 月菲律宾马尼拉发福建石狮新民信局的电汇单。

图 2 - 9　1952 年 9 月菲律宾马尼拉发福建石狮新民信局电汇单

　　侨批信局经营侨批就汇款方面除了早期携带原币现银（或现钞）外，有信汇（批外汇款）、票汇和电汇三种方式。与现代银行的汇款比较，两类存在相当的雷同。表 2 - 1 所示为侨批汇兑与银行汇款方式在传递方式、客户服务等方面进行比较，从中可知其差异情况。

表 2 - 1　侨批汇兑与银行汇款方式比较

汇兑方式	传递方式	客户收到的情形	是否回复	盛行时期
侨批信汇	批信的传递方式：水客时期直接携带银信；信局时期采用邮寄批信，而侨汇头寸调拨，信局可采用银行汇款的 3 种方式	就收批客户来说，信、银（汇款）合一，一般同时收到；在批封左上角标明汇款币种和金额，既有经济联系又有家书联系	需要按照来批字号"回批"	清末到 1950 年代

汇兑方式	传递方式	客户收到的情形	是否回复	盛行时期
银行信汇	银行汇款单据的传递方式:采用邮寄付款委托书	就收款客户来说,只收到汇款,只有经济联系,没有家书联系	否	20世纪,现今基本不用
侨批票汇	邮寄汇票及单据,单笔签票主体是侨批信局。汇总的侨款头寸另通过银行汇付	一般汇票夹在侨批封里。汇费比信汇便宜。信局汇票要到指定的信局领款	同侨批信汇一样"回批"	20世纪20~40年代
银行票汇	邮寄汇票及单据,签票主体是银行	客户收到银行汇票,到指定银行领款	否	20世纪,现今越来越少用
侨批电汇	信局通过电信局采用电报传递客户汇款信息。1950年代后,菲律宾采用暗码电汇,侨汇头寸另通过银行第三地汇付(电汇)	收到电汇款,由信局派送。书信另通过邮政信函传递。信、款分离	需要寄回单(文),可通过信局或邮局回复	1950年代起
银行电汇	电汇款,如采用SWIFT、TELEX、银行局域网(LAN)、远程网等系统电子汇款	收到电汇单,到银行领款。现今为电子汇款,直接入收款人账户	否	20世纪,现今广泛采用电子汇兑

二 流通货币载体

侨批是银、信合一的产物,货币是侨批的主要组成部分,是寄收批款的主要依据。侨批业及其侨批从产生、发展直至终结,所历经的三个历史阶段,均处于国际和中国社会动荡时期,各时代的货币使用情况均体现在侨批封上。侨批封上所标注的货币名称,即是当时人们使用的货币,最能反映当时货币流通的实际情况。侨批上的币种和货币单位伴随着社会发展和政治变革而不断变化,我们可以从不同时期侨批封上的货币信息来观察各个时期的政治、经济、科技等的社会情况。大体可分为三个时期:一是1935年以前的银本位时期,二是从1935年国民政府实施法币政策至新中国成立前夕的纸币流通时期,三是 1949 年新中国成立后至 1990 年代侨批终结之前的时期。

（一）银本位时期侨批封上的货币

明代对外贸易的发展使外国白银大量流入中国，推动了我国银本位制的确立，白银成为主要的流通货币，采用"银两"称量制度。从清乾隆时期到近代的中国货币金融领域，侨乡流通货币大多为外国银圆，特别是西班牙银圆和墨西哥银圆。到清代后期，各省以银锭改铸为银元。1910 年清朝廷颁行《币制则例》，正式采用银本位制，以"元"为货币单位，重量为库平七钱二分，成色是90%。但银元和银两仍然并用。1933 年 3 月 8 日，国民政府颁布《银本位币铸造条例》，将银本位币定名为"元"，每枚银元总重26.6971 克，含纯银 23.493448 克。同年 4 月，国民政府实行"废两改元"，发行全国统一的银币——"孙中山头像"银元。1935 年国民政府又实行币制改革，宣布废止银本位制，实行法币政策。

银元时期侨批上呈现的货币名称（其中也包含俗称、俚语），具体包括"龙银""大龙银""龙""大龙""英洋""大英洋""大鸳洋""光洋银""光洋""光银""大光银""中光银""大光洋""大银""洋银""大洋银""银""洋""国银"等名称。

"龙银""大龙银""龙""大龙"是指清末光绪年间铸造的龙银，俗称光绪龙，也指日本国发行的专为在中国沿海各商埠购买物资使用的，主图案为"龙"的银元。"英洋""大英洋""大鸳洋"，指的是墨西哥银圆。"光洋银""光洋""光银""大光银""中光银""大光洋"的"光"，是一个相对于"粗"而言的金属货币品相的限定语，意即货币表面光洁，不受损、成色足。在这些货币名称中使用定语"大"，意在将银元区别于同样是金属货币、硬通货但处于辅币地位的"毫银"。银元及银角总称为洋银或洋钱，银元相对于银角谓之大洋钱、大洋、大银圆等。[①] 图 2-10 所示为银本

---

① 侨批研究小组：《侨批的金融属性溯源》，《福建金融》2014 年第 5 期，第 53 页。

位时期在侨批封上常出现的货币名称。

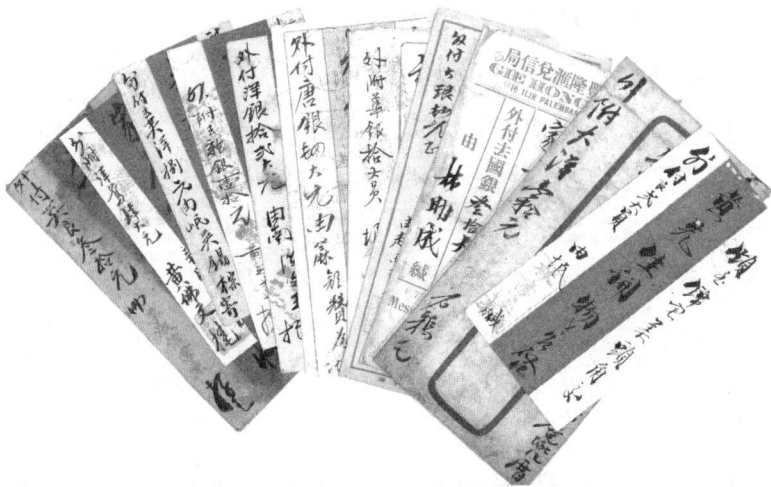

图 2 - 10 侨批封上的货币名称 (1935 年之前的银本位时期)

(二) 法币与金圆券流通时期侨批封上的货币

1935 年 11 月 4 日，国民政府规定以中央银行、中国银行、交通银行（后增加中国农民银行）发行的钞票为法币，禁止白银流通，发行国家信用法定货币，取代银本位制的银元。1948 年 8 月 19 日，法币被金圆券取代。期间，由于国民政府超发货币，法币急剧贬值。法币发行总额从 1937 年的 14 亿余元，猛增至 1947 年 4 月的 16 万亿元以上。1948 年，法币发行额竟高达 660 万亿元以上，相当于抗日战争爆发前的 47 万倍，物价上涨 3492 万倍，法币信用彻底崩溃。1948 年底至 1949 年初，国际市场汇率变动频繁，国家法定货币贬值一日百变，大批美钞、港币流入侨乡市场。

(三) 新中国成立后侨批封上的货币

1949 年新中国成立后，国内侨批业归属国家银行管理，海外侨批信局一般将批款调入香港后转汇国内，批款交付以"港币"和"人民币"为主。新中国成立初期，针对人民币币值不稳定的情况，中国人民银行规定以侨汇原币存单解付侨汇，分美元与港币两种；各侨批信局将接到的委托书汇总后交中国银行，由中国银行发给相等金额的侨汇存单解汇。存单签发地多为广东、福建等侨汇较多地区。1955 年 3 月 1 日，中国人民银行发行新版人民币。之前旧版人民币一律换算为新版人民币，新旧币换算比例为 1∶10000。币制改革反映在侨批封上首先是"汕头中国银行核盖侨批之章"的变化，该章中格的港币与人民币兑换率从 1955 年 3 月 1 日起由之前"港币一元合人民币四二七〇元"变更为"港币一元合人民币〇·四二七元"。[①]

图 2－11 所示为 1935 年之后的纸币时期侨批封上的货币名称。国币、法币、金圆券、美汇、港汇、人民券、人民币等均有出现。在潮汕地区，侨批封上出现短暂的解放区币"南方券"。

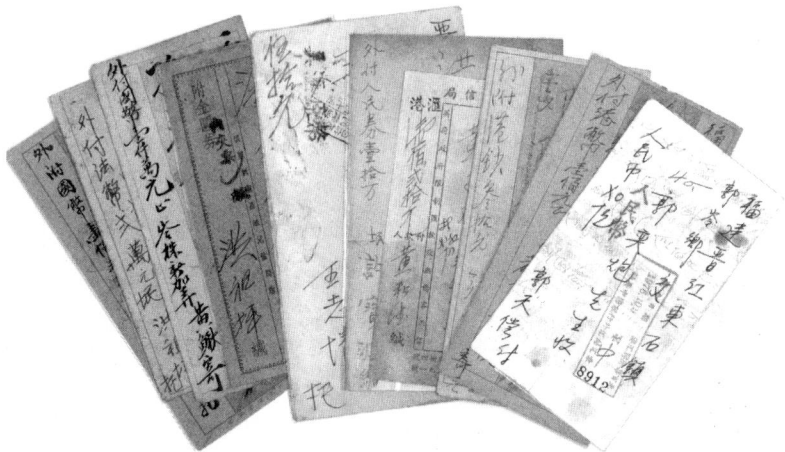

图 2－11　侨批封上的货币名称（1935 年之后的纸币时期）

以上这些货币名称都是随着历史的变迁而出现在不同时期的侨批封上的。侨批档案堪称一部中国近代货币流通史，对研究中国近代经济金融的开放历史具有重要的实物价值。

三　个人信用产品

侨批是典型的个人信用产品，侨批经营者依靠个人信用展业经

---

① 侨批研究小组：《侨批的金融属性溯源》，《福建金融》2014 年第 5 期，第 53～54 页。

营。侨批业始终服务于华侨与侨眷，是他们之间经济和感情的桥梁。从"水客"到"侨批信局"，所提供的都是"个人金融"服务。

"诚实信用"是海外华侨事业成功的基础。华侨以严格的产品质量和一诺千金的信誉，逐渐积累了诚实守信的信用资本，侨批业即是建立在这个基础之上的。侨批业的主要服务对象是海外华侨社区与国内侨乡的闽粤方言人群。相同的人文环境，使侨批经营者与服务对象之间的信用信息基本对称，侨批业因此而发展壮大。可以说侨批业是"草根金融"，以诚信为发展基石。天一信局创办者郭有品的诚信故事就是一个例证。"郭有品天一批局"始终秉承"诚信经营"的信条，得到了海内外华侨的信赖和支持，由此发展成为中国历史上最大的民间侨批信局之一。

四　现代银行的基础

随着 19 世纪末 20 世纪初东南亚华侨经济发展及侨汇款额的逐年递增，侨批业务量也显著增加。为提高侨批的汇转速度，侨批信局开始借助不断完善的现代邮政和银行系统来开展侨批业务，侨批的经营进入分工协作时期。侨批经营网络参与者除了有数目众多的侨批信局外，还新增了与侨批相关的钱庄、店铺、邮局和银行等。特别是侨批信局通过与银行加强协作，其网络得以延伸至东南亚以外的国家和地区。在清末民初，中国的国际汇兑业务为外国银行所控制，侨批信局办理"头寸"调拨往往依靠外国银行。因此，"天一信局"等侨批信局纷纷将分号开设在国外银行集中的国际性大商埠，如上海、香港，以便进行头寸调拨。

图 2 - 12 所示为 1935 年 11 月 18 日马来亚彭亨州淡马鲁县城镇文德甲盛益汇兑信局通过新加坡华侨银行向厦门开具 500 元（厦门流通货币）的汇票，该笔汇票直至 1939 年 7 月 11 日才由鼓浪屿中国银行兑付。华侨这笔 500 元的汇款需要经过盛益汇兑信局、新加

坡华侨银行、厦门华侨银行、鼓浪屿中国银行、新加坡中国银行等
机构的协作才得以办结。

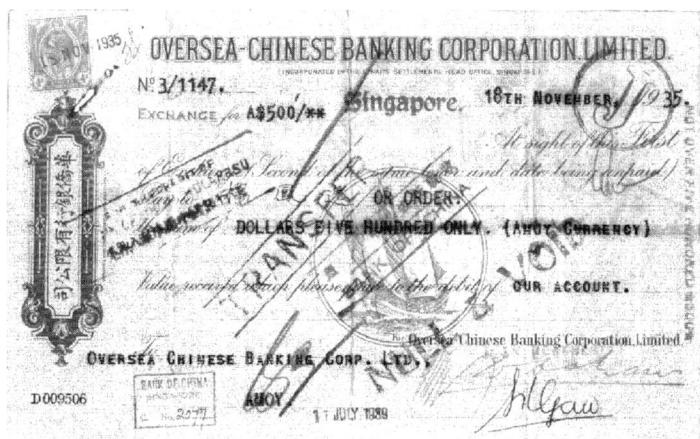

图2－12　1935年文德甲盛益汇兑信局向新加坡华侨银行开具的汇票

1937年起，福建厦门、泉州中国银行直接参与了侨批的登门派
送业务，直至侨批终结之前一直参与其中。其间，邮政储金汇业
局、福建省银行等官方机构也曾参与侨批的派送业务。

侨批业的发展和实践，首先，形成了强大的跨国服务机构与技
术网络；其次，培育了广大的客户群体；最后，造就了一批熟悉国
际汇兑业务和管理的人才。侨批业为后来在海内外兴起的银行业奠

定了基础，不少侨批经营者也成功转型为银行经营者。建南信局发展为建南银行就是一个很好的例证。陈慈黉家族企业也是从侨批汇兑庄做起，进而发展为开设黉利银行的。

五　侨批信用文化价值

金融产品给人们的印象是冰冷的钱钱交易。而侨批，由于其"银、信合一"的特征，使其不同于一般的金融产品，它是富有情感的金融工具，蕴含着中华传统文化的价值。

一是顾家养家。侨批深刻地体现了华侨保留中华传统文化，有很强的家庭责任意识，勇于承担家庭重担，是对家庭孝道信义的中华传统文化价值观的写照。

二是爱国爱乡。侨批中的"信义"还表现出华侨"爱国爱乡"顾"大家"的情怀。侨批档案中记载了中国近代史，即从辛亥革命到抗日战争这段时期，广大华侨抗战救国的热忱和捐款捐物、共纾国难的贡献，"关心家乡的发展，捐资家乡慈善公益"。在华侨捐资慈善公益事业中，捐资办学最为突出。著名的厦门大学和集美学村就是爱国华侨陈嘉庚捐资兴办的。据统计，1915～1949年福建省华侨捐资兴办的中学48所，小学967所；1949～1966年福建省华侨捐资办学达5494万元人民币。当时许多侨批信局都有捐资办学的善举，如王顺兴信局等。此外，华侨在造桥铺路、赈灾、医疗方面也有很大贡献。[①] 侨批档案充分反映了华侨为祖国、为家乡做出的历史贡献，更表达出中华文化中"有国才有家，有家才有我"的忠孝信义价值观。

三是信义经商。侨批曾被国学大师饶宗颐教授誉为"侨学前导""侨史敦煌""海邦剩馥"，被国内学术界称为"海上洋务运动的产物"，被日本商人称为"经济魔鬼"。侨批的"规模集约""守

---

① 福建省档案馆编《百年跨国两地书——福建侨批档案图志》，鹭江出版社，2013，第118～119页图文。

诚笃信""跨国""多元"等文化因子沉淀成为信用文化重要的部分。侨批业得以繁荣发展离不开闽粤商人固守的商业信用：无论是创办侨批信局、拓展代理网络还是建立同业组织、合资经营，处处都显示出"逐利不忘义、灵活要守信"的信义经商精神。[①]

---

① 晏露蓉、黄清海：《侨批：中国信用文化之珍品》，《征信》2013 年第 10 期，第 4 ~ 5 页。

第三节　移民财富转移：物资与资金的选择

　　欧美殖民者为了追求财富梦，往往采取海洋掠夺的手段，他们经过几个世纪的殖民扩张，主导了全球的海洋贸易体系，而与此相伴的是金融业的发展，使得商品货币化、贸易结算货币化达到相当高的程度。海洋贸易的繁荣带动了跨国金融汇兑网络的发展，使海洋移民个人财富的跨国转移显得十分容易。这其中，以殖民者在殖民地与宗主国之间的财富转移为主，包括金银财宝、货币资金、重要物品等。

　　然而，在中国与东南亚地区，中国移民的个人财富转移有其特殊性。首先是移民财富积累以劳苦所得及合法收入为主，其次是转移方式以原始的草根的侨批形式进行。

　　鸦片战争之前，在中国，以传统的农耕文明为标志，仍然处于原始的易货经济时代。在广大农村，人们停留在自供自给、以物易物的交换形式，经济活动受到巨大的制约。在货币金融相对落后的情况之下，人们缺乏商业思想，金融意识淡薄。鸦片战争之后，西方列强的入侵，中国国门被迫打开，东南沿海民众"下南洋"，东西方文明在东南亚殖民地碰撞。水客在代理移民财富传递的实践中创造了侨批形式，满足了移民个人寄汇银信"额小量大"的需求，而之后的侨批信局建立起华人金融汇兑网络，并不断地吸收西方先进理念、先进技术，促进这一网络的不断完善。

华人因受儒家思想的影响，以家为中心，出国挣了钱，就想将其托寄回家，养老抚幼，让家人过上好日子。赚到钱汇回家成为远渡重洋的华侨们的共同心愿。

早先出洋的华侨，从封闭的中国走到海外殖民地，他们接受了殖民地和西方国家的新生事物，而在当时，国内物资特别是日用工业品较为贫乏之时，华侨常常会通过水客带去海外物品（舶来品），以物资（品）的形式将个人财富托寄回家。这是华侨的主动托寄行为。

作为侨批经营者的水客，当华侨选择只寄家费款（货币：银元）或者既寄家费款又托寄物品时，他们自然会想如何利用这笔款项做些商贸生意，赚取跨国的货物差价。

华侨个人财富跨国转移方式的选择，有货币资金或物资形式，也可能两者兼有，在不同历史时期是不一样的，它受制于时局需要、国家政策、华侨和侨眷利益、侨批经营者经营方式等因素的影响。

一　水客时代华侨委托直接带物回家

水客时代，水客为华侨带钱带物的经营方式是一条龙服务。华侨在海外直接购物，主动委托水客，将原物直接带回家乡。这是跨国商品的流通，当然，也可认为是一种小额的海洋贸易，只是交易地在国外。在当时的交通条件下，水客经常远渡重洋，历尽艰辛，对于从海外递运华侨物品回国起着举足轻重的作用。

由菲律宾马尼拉寄给时属泉州府同安县锦宅社黄开物的 400 多封侨批，记载了 1902～1923 年黄开物及其家人的家庭生活情形。除了通过侨批信局外，还有 120 多封通过水客寄出。其中 37 封水客侨批中，除了寄款项之外，还附寄了洋布（乌西洋、花仔、乌麻子粒等多种）、椰油、白吧巾、玻璃瓶、童子鞋拖、金铜鸟仔、日本扇、白手巾、洋缎、金玳瑁梳、吧涂、番饼、童子毛纱袜、工艺物台、影像、鳖鱼油、大小影镜、者吧、芽栟刀子、针、毛巾、铁桶、雨伞、正白铜汤匙、铜锁、雪文等生活用品。这些物品各种各样，均为当时国内未有的或稀缺的物品。表2－2所示为水客转驳并附寄物品的侨批一览表，详细记载黄开物侨批中1907～1921年的37封水客封所寄的物品名称等信息。

表2－2　水客转驳并附寄物品的侨批一览表

序号	寄批人	收批人	信外款额	附寄物品	寄批时间	水客姓名
1	黄开物	（小儿）黄崇钦	龙银4元	什布1大包（白水铒4.2丈、色水铒1.2丈、白吧力条、零布3件）、玻璃瓶2个、童子鞋拖1对、金铜鸟仔1匣、日本扇1支	元月十八日（1907年）	正润
2	黄开物	（小儿）黄崇钦	龙银2元	什布1包	六月初十（1907年）	正润
3	黄开物	（小儿）黄崇钦	龙银2元	乌西洋布2块、大块白手巾10申	桂月念日（1907年）	家平
4	黄开物	（拙内）林氏	龙银4元	什布1大包、椰油1小箱	腊月初四（1908年）	正润
5	黄开物	（拙内）林氏	龙银2元	什布3件、瓷花瓶1个、洋吹琴2个、小钟3个	三月十七日（1909年）	平轩
6	黄开物	（小儿）黄崇睿	龙银4元	乌点斑柔1申	蒲月十四日（1909年）	
7	黄开物	（小儿）黄崇睿	龙银2元	什布1包	腊月十五日（1909年）	
8	黄开物	（小儿）黄崇睿	龙银4元	乌洋布10包	元月廿三日（1910年）	庄串
9	黄开物	（小儿）黄崇睿	龙银4元	雪文1小箱、什布1包	正月初十	正润
10	黄开物	（拙内）林氏	龙银4元	鳖鱼油1杆	二月廿三日（1911年）	徐和德

序号	寄批人	收批人	信外款额	附寄物品	寄批时间	水客姓名
11	黄开物	（拙内）林氏	龙银4元	洋布1包	三月初七（1911年）	平轩
12	黄开物	（小儿）黄崇睿	英银2元	大影镜1座	四月廿七日（1911年）	黄正润
13	黄宗衡	黄（相公）开物	英银6元	影像，者吧各1件	十月十五日（1911年）	平轩
14	黄新冀	（族叔）黄开物（官台）	银4元	芽栟刀子2支	梅月初六（1912年）	黄赐存
15	黄宗衡	黄开物（君）	洋银4元	白铁梳1个、甲枇纱袜10申	五月廿一日（1912年）	四存
16	黄宗衡、黄以敨	黄开物（先生）	英银4元	雪文1箱、日本花布1包、洋针1匣	八月六日（1912年）	徐和德
17	黄开冰	（吾弟）黄开物	英银4元	白纱衫1申	十二月十三日（1912年）	平轩
18	黄开物	（小儿）黄崇睿	银4元	布1大包、放足皮鞋1双、上好燕窝1只、花仔布3块	六月廿二日（1913年）	赐存
19	黄开物	（小儿）黄崇睿	银4元	雨伞大小2支	七月廿八日（1913年）	正润
20	恒美书柬	黄开物（君）	银5元	毛巾2申、铁桶2个		
21	黄开物	（小儿）黄崇睿	银4元	雪文1箱、番饼1铁匣、什布1包	九月初二（1914年）	正润
22	黄开物	（拙内）林氏（妆次）	银4元	布1包	十一月初六（1914年）	正润
23	黄开物	（拙内）林氏	银4元	什布1包、番饼1盒、童子袜1申、工艺物1木匣	正月初四（1915年）	

序号	寄批人	收批人	信外款额	附寄物品	寄批时间	水客姓名
24	黄开物	（小儿）黄崇睿	龙银4元	花布1包、白手巾10申、番饼1匣、工艺物1小木匣、挂空童子毛纱袜10申	正月十四日（1915年）	正润
25	黄开物	（小儿）黄崇睿	银6大元	铁桶1个	三月初六（1915年）	
26	黄开物	（小儿）黄崇睿	银4元	乌咀布1块	八月廿五日（1915年）	
27	黄开物	（小儿）黄崇睿、纯	银4元	小儿鞋拖2双、乌布伞1支	十二月十八日（1916年1月22日）	林彬
28	黄宗集	黄（君）开物	银2元	布2包	六月十五日（1921年）	徐和德
29	黄宗集	黄开物（君）	银2元	雪茄烟2箱	六月十三日（1921年）	徐和德
30	黄开鏴	黄开物	银4元	小影镜2个、七月份结册2纸、出口字1纸	六月廿九日（1921年）	陈振吉
31	黄开鏴	黄开物	银4元	什物数件、雨衫1包、大镜2个、出口字1张、皮带1条、袖口纽2付、臂束2付	七月初二（1921年）	陈振吉
32	黄开鏴	（舍弟）开物	洋银2元	报纸1束、布1包	九月初二（1921年）	张友仁
33	黄开鏴	（舍弟）黄开物	洋银2元	雪文1箱、报纸1捆、布1包、学校公函2纸	七月廿日（1921年）	徐和德
34	黄宗衡、黄以敖	黄（相公）开物	英银5元	影像5张	十月初八（1921年）	黄宵暖

序号	寄批人	收批人	信外款额	附寄物品	寄批时间	水客姓名
35	黄开物	（小儿）黄崇睿	银 4 元	乌洋布 2 块 8 丈，白底幼花布 2 块，红花甘唻布 4 块，铜锁大小 4 个，正白铜汤匙大小 12 支，钉子锤 1 支，白木耳 1 包，小儿黑皮鞋 1 双，红绒鞋拖 1 双，洗口罐 2 个	四月廿六日	
36	黄以敖、黄宗衡	黄开物	英银 4 元	影像 2 则	十一月初二（1911 年）	（山坂）陈监
37	黄开冰	（舍弟）黄开物	银 4 元	针 1 匣	念日	陈咸赛

资料来源：刘伯孳《从跨国经验到民族主义的跨越：以黄开物的侨批、侨信为参考》，《闽商文化研究》2011 年第 1 期，第 32～34 页，"水客转驳并附寄物品的侨批一览表"整理，依据黄开物侨批实物上信息辑录。

　　从水客转驳附带物品的侨批中，可以看到在那个物资缺乏及物资交流相对落后的年代，水客除了与侨批信局一样带来生活费用（银元）外，还给他们带来了家乡购买不到的生活用品和具有异域风格的艺术品，令他们的生活充满异国情趣。

　　通过侨批信局汇兑的侨批只能寄款但不能寄物品，而通过水客包括侨批信局雇用的水客既能寄钱款家书也能附寄物品，还可以传口信。因此，在 20 世纪初侨批信局主导菲律宾与闽南之间汇兑市场的情况下，依然存在部分个体水客经营侨批的一定生存空间。

　　图 2-13 所示为一枚 1910 年菲律宾寄漳州龙海的侨批水客封及内信（参见表 2-2 序号 8）。封正面从右到左文字为："烦至锦宅社美头角交/小儿黄崇睿收入/外附龙银四元/乌洋布 1 包/黄开物托"，封于"庚元月廿三日"（即 1910 年 3 月 4 日）托寄，时间写在内信及封的背面。内信第二排文字"兹逢庄串兄之便，顺付龙银

四大元，并乌西洋布一大疋（匹）……"。"庄串"是带银信、带物的"水客"。封背面另写有"191"（苏州码），是该封的编号。

收信人地址"锦宅社美头角"，写得简单，照样可以送到，这是现代邮政难以做到的。同时也说明"水客"与寄托者、收件人都是熟地熟客的关系。该封侨批除了银、信外，还有物品（包裹）等，与现代邮政相近。此封所写货币是"龙银"，"龙银"是清末清朝廷铸造的，因此，所寄龙银四大元要么是在菲律宾已换算后汇回国内的，要么是庄串带回货物到国内变卖后换为龙银的。

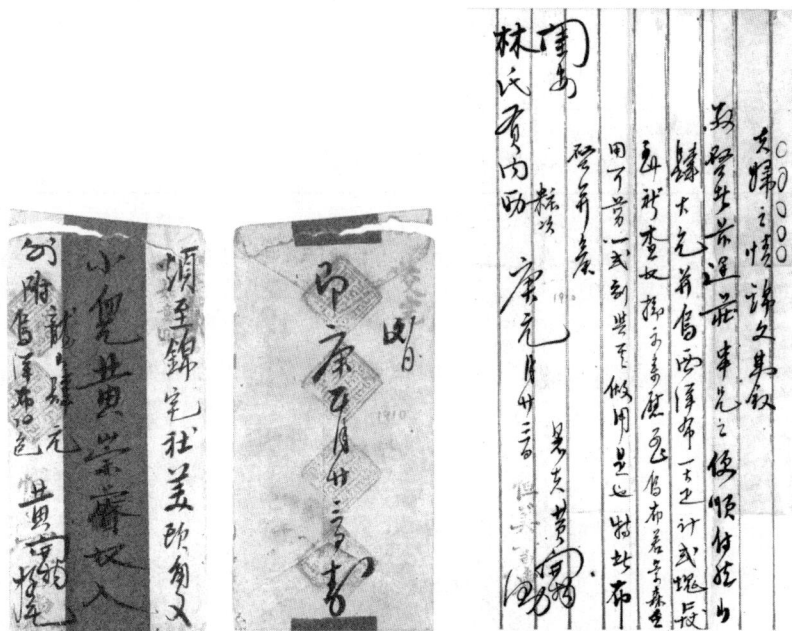

图 2-13 1910 年菲律宾带至福建龙海水客封及内信

二 水客可利用侨款贸易赚取价差

经营侨批的水客又称"走水"，在帆船时代是浮海贩易的"商人"，他们从事着中国与东南亚国家之间跨国商品贸易的经营。因熟悉海外和家乡的情况并经常来往于两地之间，海外华侨便托其携带家书和钱物给国内亲属。当华侨选择托寄款项时，水客便利用钱款就地采办当地物品，回家乡后以物易款后分发侨批，并从中获利。当然，这也是一种最原始的对于小额钱款的跨国转移办法。至于侨款头寸的调拨办法详见本章第四节。

水客经营是信用与盈利并存的。首先是信用，水客依靠良好的个人信用和各种人脉关系，以及对侨居地和家乡两地环境的熟悉，使这种以个体经营的侨批方式从18世纪延续到了后来侨批信局经营为主的时代，才慢慢式微。其次是盈利，水客经营当然也是要盈利的，他们奔波在海面上，艰辛是可想而知的。他们的经营不会只做侨批，还更多地参与贸易和金融货币的汇兑业务，因为后者也许利润更为丰厚。他们利用侨款进行小额的海洋贸易，把当地的土特产、货物等带回国内，再把国内特产商品带到侨居国，从中获取货物的价差。在当时的海洋运输条件下，虽然单一水客从事的是小额的海洋贸易活动，但"下南洋"的移民潮带来巨量的侨批款物要求水客传送，那么，众多水客参与经营，足以形成一个沟通海内外的华人商贸网络。

水客为了拓展业务也需要在报纸上刊登启事。当时在南洋的报纸上经常有水客刊登的启事，如"本人定于本月十日搭乘海轮返穗，如有托带银货两物，请于九日前驾临敝寓，或请通知，即登访请教，此启"。启事中明确水客可带"银货两物"。

关楚璞《星洲十年》中记载了南洋尚未有汇兑信局之时，水客带新客和开展跨海贸易的史实：[①]

> 侨胞欲寄款回乡，多委托以来往南洋汕头间代客运送银信、物件或引导新客南来为专业之水客，此等水客往返，每年计分六期，正月、五月、九月三期为大帮，二月、七月、十月三期为小帮；每期返乡，行前均至同乡常有往返还之商店收取

---

① 李志贤：《华侨特有的专递服务——各帮信局及其行业组织》，载〔新加坡〕柯木林主编《新加坡华人通史》，新加坡宗乡会馆联合总会，2015，第508页。

银信，收齐后即趁轮回汕转乡，按址分派，及取回收据或回信，继即在汕购办各种侨侨应用货物，南来推销。同乡中有新客南来者，以程途不熟，又多托其沿途照料……

"水客"既是最早为华侨递带侨批和物件回乡的业务，也是指从事此业务的人，又因为他们也"引导新客南来"，故又称"客头"。他们大多依靠一些小杂货店铺为华侨收取侨批，也有些深入矿山、园区和农场等去招揽生意。他们所收到的批款皆是当地货币，在国际汇兑业还未发展之前，水客须用收到的批款购买商品，到了家乡后将货物变卖换为现款送达收批人。我们从上文关楚璞的叙述中，也可知"水客"的运作和业务，已经不止于通过递送侨批和引带新客过番来赚取佣金，由于他们谙熟"番畔"和家乡两地情况，对运带途中各地的水陆车船托运工作也有丰富的经验，遂逐渐兼营各种土产跨国的买卖，以赚取更高的利润。这不只是汇兑条件的客观因素使然，也是可供赚取更高利润的主观诱因所驱动。因此，这种早期由侨批所衍生的递带行业本身已包含跨国域的贸易的商业性质。[①]

与闽南和潮汕地区不同，在广东五邑地区"水客"原指来往于城乡之间，受人之托传送信函或实物的行商。由于他们经常挑着箩筐或者背着布袋走街串巷，犹如一匹巡城的马，所以又称为"巡城马"。据估计，清末民初年间，五邑地区"巡城马"达千余人之多。民国时期，五邑地区"巡城马"的主要作用是为港、澳、省城广州与五邑乡间之间递送银信、物品等，亦有极少数来往于南洋与五邑之间。他们同样会利用侨批款进行商贸运作，以获取更多的利益。随着华侨数量的增加，侨汇数量急剧增加，五邑地区的"巡城马"与银号、金山庄、商号、银行、信托公司等组成了完整的民间侨汇运营

---

① 李志贤：《华侨特有的专递服务——各帮信局及其行业组织》，载〔新加坡〕柯木林主编《新加坡华人通史》，新加坡宗乡会馆联合总会，2015，第508～509页。

体系。

　　我们举一案例，分析东南亚侨批邮路与国际信函邮路之不同，以期看出海外侨批个体经营者（相当于水客）利用侨批款进行贸易的情形。

　　图 2 - 14 所示为戊午五月初十（1918 年 6 月 18 日）印度尼西亚坤甸黄世剑寄南安十四都楼下乡古思脚厝交家母黄门潘氏收展的侨批。经新加坡中转，侨批封加盖"新加坡梁永吉信局／不取工资／专交大银"红色章。基本邮路：荷属坤甸—新加坡—中国厦门—南安。

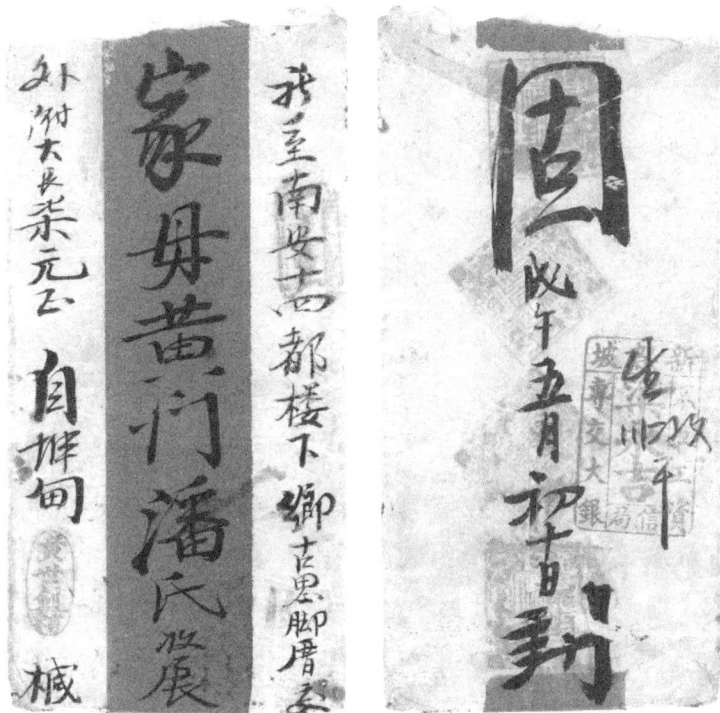

图 2 - 14　戊午（1918 年）五月初十坤甸黄世剑寄福建南安侨批

　　图 2 - 15 所示为 1918 年 10 月 8 日坤甸黄世剑寄福建泉州南安县千金庙下虚街交瑞兴大商号转交家母黄门潘氏亲收展国际挂号封（邮票已脱漏）。

基本邮路：坤甸（1918 年 10 月 8 日）—新加坡（1918 年 10 月 17 日）—香港（1918 年 10 月 26 日）—厦门（1918 年 11 月 3 日）—泉州（1918 年 11 月 4 日）—南安。

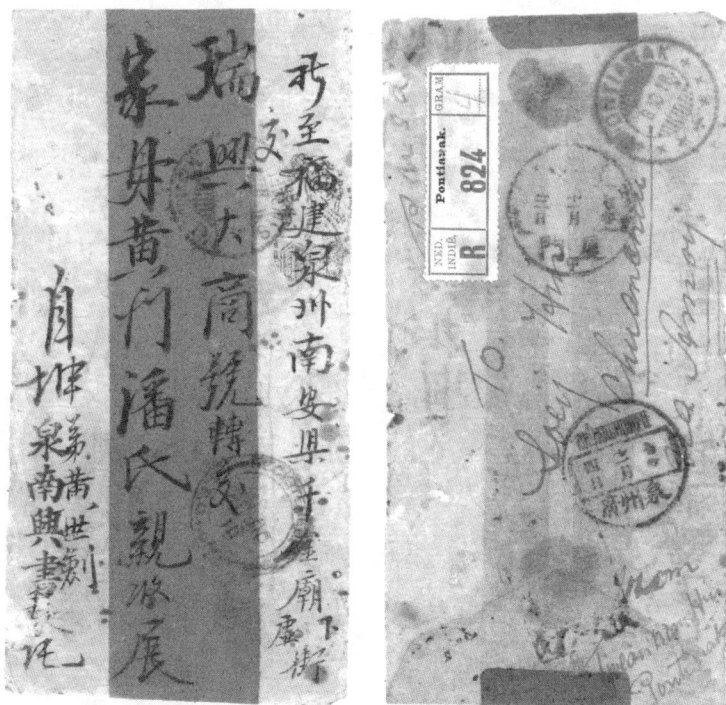

图 2 - 15 1918 年 10 月 8 日坤甸黄世剑寄福建南安国际挂号封

两封的寄件人、收件人均相同，只是一封为侨批封，另一封为国际挂号封。从收信人地址详略看，侨批封简单，国际挂号封所写地址较详细。不管是侨批封还是国际挂号封，均经过新加坡中转。这可以说明坤甸寄中国的国际信件以新加坡为中转的中心。其实，不仅是国际邮件，而且包括国际贸易、航运、金融等均以新加坡为中转的中心。尤其要说明的是侨批封上没有留下坤甸侨批经营者（信局或水客）的信息，我们可以推测，坤甸侨批经营者，应该是常常往返坤甸和新加坡的贸易商人，可能常住坤甸，也可能常住新加坡，在坤甸将侨批汇总后从坤甸乘船携带至新加坡再邮寄中国的可能性比较大。我们推测，在这其中，侨批经营者常会携带两地的商品做些买卖，赚取货物价差。①

三 东兴汇路：既是特殊侨汇线，又是战时贸易线

虽然时代不同，但"东兴汇路"的艰辛与危险，实际上不亚于水客时代的批路。东兴汇路不仅仅是特殊的侨汇线，更是抗日战争时期中外交流的贸易线。

1941 年底，太平洋战争爆发，侨批海路线完全中断。1942 年初，以陈植芳为代表的潮帮侨批业者不畏艰难险阻，积极探索，绕开日寇封锁线，终于寻找到中越边境附近的一处时属广东管辖的东兴镇，开辟出一条蜿蜒曲折的侨汇生命线——"东兴汇路"，该路线成为在抗战战火中开辟的一条疏通侨批的秘密通道。

"东兴汇路"的开辟，既显示出侨批业顽强的生命力，又成为战时中国融入世界体系的一个切入口，成为中国保持与世界联络的活跃渠道。②"东兴汇路"开辟后，大量侨批、物资流经东兴市场，银行、钱庄等金融机构及从事各种经营和服务的商铺店家在东兴镇如雨后春笋般涌现。在此期间，广东省银行、中国农民银行、交通银行、中国邮政储金汇业局以及民营的光裕银行、华侨联合银行等金融机构纷纷在东兴设立办事处，大力发展侨汇业务。在三年半时间里，东兴镇有着战时跨国金融中转枢纽的地位，使得东兴被冠以"小香港"之称。

在东兴汇路开通之后，东南亚一带特别是越南、柬埔寨、泰国、老挝等中国周边国家的侨批信局的人员纷纷携带金银、外钞、贵重物资从芒街镇进入东兴镇。其中的一部分在当地的商贸市场中

---

① 黄清海：《印尼坤甸及"兰芳共和国"——从两枚坤甸封说起》，《闽商文化研究》2016 年第 1 期，第 59～67 页。

② 程希：《华侨华人与中国的关系：侨批业之视角》，《东南亚研究》2016 年第 4 期，第 90 页。

被变现（或兑换）为法币，通过当地的银行被转汇至潮汕地区附近的国统区，一部分由侨批信局直接送达潮汕地区。

东兴汇路不但运送了大量侨批款物，而且将友好国家和海外爱国侨胞捐献和援助的抗战物资及商品，如汽油、煤油、布匹、橡胶和名贵的中西药品，源源不断地从越南芒街镇运进东兴镇，年贸易额竟达数亿元以上。当时的东兴港常有二三百艘船舶停泊在我方一侧码头，年货物吞吐量超7万吨。这些战略物资的输入间接地支援了中国的抗战。

"东兴汇路"其实也是战时华侨将救济家人、支援国家抗战的钱款、物资，交由侨批信局通过商贸与货币互换的形式，历尽艰辛，辗转运送，最终输入中国，送到潮汕侨眷手中的路线。一方面从经济上拯救了上百万潮汕地区侨属和民众的生命，另一方面以民间的渠道为抗日战争输送了急需的外汇资金和战略物资。

四 "以物代汇"——币物互换的特例

侨汇原来是海外华侨华人及港澳台同胞因与国内亲属的地缘、血缘关系而对家乡的汇款，用途是赡养眷属。所谓赡养就是首先保证生活必需的粮食和一些必要的日用品的供给。新中国成立后，在国家物资贫乏的情况下，为了鼓励华侨汇款，保障紧缺物资优先供应给侨眷，国家实行了侨汇物资供应制度，发行侨汇物资供应券。侨眷凭供应券到华侨特供商店购买所需的商品。

然而，在1958年开始的"大跃进"期间，由于受"左"的思想影响，提倡共产主义社会即将来临的"共产风"，不少侨乡也刮起"强迫命令风"，向侨户筹集黄金和外汇，伤害了华侨、侨眷的思想感情和破坏了侨乡习俗。在1960年起的3年困难时期，出现自然灾害等引起的大饥荒及缺粮状态，国内物资十分紧缺。1960年代后，国家先后实行优待华侨携带行李物品进口免税办法和放宽粮副食品进口免税办法。在这一时期，政府考虑到侨卷的生活，允许海外华侨华人和港澳同胞免税向国内亲属寄送粮食、食油等食品，鼓励侨批业经营进出口业务，为侨户进口生活必需品。因而，有相当一部分赡家汇款被用于购买进口粮副食品。由于政府鼓励"以物代汇"，因此该时期的侨汇大为减少。其实，在困难时期，相比于汇款，寄物对于侨眷来说能使他们得到更好的赡养。

一封于1962年6月由马来亚芙蓉寄给福建南安码头刘林乡泉龙典当厝刘敦填先生的家书（见图2-16），书信（原文见如下引文）里明确写有所寄食品的名称。

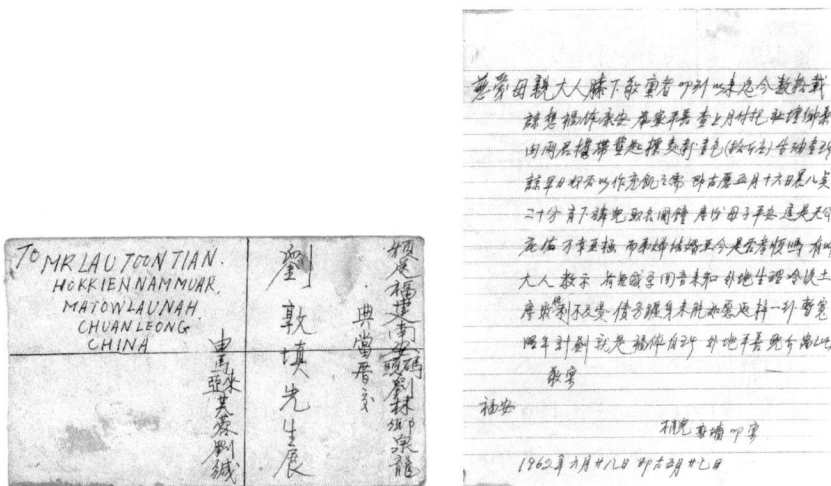

图2-16　1962年6月马来亚芙蓉寄福建南安刘林乡挂号家书

慈爱母亲大人膝下：

敬禀者，叩别以来迄今数拾载，谅想福体康安，举家平善。查上月付托社坛乡叶由雨君携带蓝匙标麦粉壹包（拾斤庄）、生油壹珍，谅早日收否？以作充饥之需。即古历五月十六日晨八点二十分育下麟儿，取名国钟。产后母子平安。这是天公庇佑，万幸至极。而弟媳结婚至今是否孝顺吗？有听大人教示，有无成孕，回音来知。外地生理冷淡，土产败价，利不及费，债务

缠身，未能如愿返梓一行，暂宽明年计划就是。福体自珍，外地平善，免介。耑此，敬禀

福安

不肖儿　敦墙　叩禀

1962 年 6 月 28 日即古五月廿七日

　　这封家书寄发在国家困难的时期，国内物资十分贫乏，华侨汇款改为寄粮食副食品。信中明确写上"麦粉壹包（拾斤庄）、生油壹珍……以作充饥之需"。可见，依靠侨汇生活的侨眷在国内物资缺乏时期生活也是十分困苦的，他们感到此时收到食物比收到钱更好。1963 年以后，国内经济逐步好转，市场、物资供给状况也有了改善，海外也就停止了向侨属侨眷寄送食品。

　　随着公社化农业生产的恢复，国内急需的是化肥。此时，国家鼓励华侨用要汇款的侨汇在海外购买化肥寄回，国内侨眷再将化肥让售给国家，以收取人民币作为家费。[①]

　　根据《中国国情丛书：百县市经济社会调查·晋江卷》，1961年晋江利用侨汇进口粮食、食油、副食品的数量是 1211 吨（价值人民币 171 万多元），1962 年进口这类物资 4143 吨（价值人民币 653 万多元）。另外，根据 1991 年 9 月 29 日《福建日报》报道，在 1960 年代初期，晋江市利用侨汇进口了 1143 吨化肥。[②]

　　改革开放后，随着计划经济向市场经济的转型以及商品经济的发展，国内物资充足，只要有钱，谁都可以买到所需的食品、消费品，一些侨供票证被取消。但在对外开放后，回乡探亲的海外华侨华人、港澳同胞大量增加，加上海关放宽了对携带物品入境的限

海洋移民、贸易与金融网络

---

① 2016 年 12 月 2 日笔者采访亲历者陈意忠（1949 年在菲律宾出生）。他说，他是华侨家庭出身，他十几岁在香港，目睹家族人通过侨批业购寄肥粉的情况，肥粉每吨 300 元港币，有苏联的，也有欧洲的。

② 〔日〕山岸猛：《侨汇：现代中国经济分析》，刘晓民译，厦门大学出版社，2013，第 54 页。

制，以及外汇市场上存在官方和黑市牌价的差异，直接带入外钞比汇入款项合算，因此，他们大量带进如电视机、冰箱等耐用消费品，以及携带外币现钞回国。侨汇的输入渠道方式转变了，"以钞代汇""以物代汇"形式增多。从晋江来看，进入 1980 年代，每年回晋江探亲的海外华侨华人、港澳同胞的总数约 5 万人次，以每人次带入港币 5000 元计算，每年带给晋江侨眷的港币就有 2.5 亿元。①

此后，由于中国经济的发展，不需要赡家汇款的国内亲属增加了，而侨汇的用途已有转变，侨汇汇回境内转用于经济活动，包括投资、创业等情况增多了。

"以物代汇""以钞代汇"导致狭义侨汇减少，但实际上说明了在国内物资市场不充分的情况下，侨汇与物资之间的转换互动关系。从华侨华人转移个人财富（大概念的侨汇）来讲，在其转移总量一样的情况下，华侨会从有利于个人利益的因素考虑，采用最合适的、最有利的渠道转入。

---

① 〔日〕山岸猛：《侨汇：现代中国经济分析》，刘晓民译，厦门大学出版社，2013，第 54 页。

第四节　侨汇与贸易互动：资金头寸跨国转移

侨批信局转移外汇资金的方式主要有：现金、汇兑（汇票）和与商品贸易互换。这里主要讨论汇兑问题。侨批的货币资金如何转移到中国，外汇头寸如何从海外银行调入国内银行，是侨批运作的一个关键问题，需要侨批信局与国际银行互动配合。

关于侨批信局如何进行侨汇头寸的买卖与调拨，郑林宽在《福建华侨与闽侨汇款》① 一书中做了较为详细的阐述。

一　侨批信局调拨侨汇头寸一般情形

在南洋的侨批信局收进了汇款，国内（如厦门）的侨批信局支付了汇款之后，两地之间就产生了一种债权债务关系。这种债权债务关系的清结，假使不依赖其他可能的方法如商业上的账款，或不借金银运输实现，则只有以汇兑来实现。华侨汇款或是直接由银行汇回或是由侨批信局汇回。但海外侨批信局收进的是侨居地当地的货币，它们也必须经过外汇市场间接经由银行折成本国货币汇回来。国际汇兑市场本身所受的影响因素极多，而汇款所经过的汇路不同，会对汇兑市场产生不同的作用。

假定南洋与厦门侨批信局间最简单的清结汇款办法，就是当南

---

① 郑林宽：《福建华侨与闽侨汇款》，福建调查统计（永安），1940，第82~84页。

洋侨批信局方面发出一笔侨汇时，它在账面上等于欠了厦门侨批信局方面同一数额的债务。假使厦门侨批信局在汇兑之外还兼营进出口，恰巧又预备在南洋办货，那么它就可以委托南洋的侨批信局采办一些南洋土产运回厦门，并以侨汇账面的款额抵账，这期间发生的只是"无形的汇兑"，相当于厦门侨批信局也对南洋侨批信局发出了等额的汇票。可是这种事情，并不常有，有时也没有这么简单，因为货款未必就等于侨汇款额，时间也未必能同步。假若南洋侨批信局方面不即时清结这笔款项，而将其拿来生利，厦门侨批信局方面就坐失了一笔利息；或是由南洋侨批信局方面给厦门侨批信局方面相当息金，作为存款收益。

第二种可能的清结方法就是厦门的侨批信局也兼营对南洋汇兑，即在厦门出售南洋汇票。这种侨批信局不多。

如果侨批信局本身不能经营直接汇兑，那么它只有通过银行汇兑方式清结相关债权债务。

银行的汇兑有好几种方式。其中的一种是南洋的银行收进南洋货币计量的侨款，卖出国内货币计量的厦门汇票，持票人即以之向南洋银行的厦门分行或代理银行（代理店）支兑国内货币计量的侨汇款；同时厦门的银行也可以用直接卖出南洋货币计量的汇票，收入国内货币来应付侨汇支出。

但是因为厦门一地对南洋汇票的需求并不多，所以侨汇还须经过香港、上海两个外汇中心方能兑现。侨批信局方面有时不将款直接汇到厦门而先汇到香港，这是因为有利可图。因为福建各地订购的洋货多数来自香港，在港付出货款，故其对港汇总是求过于供，港汇的申水总比较折价高些，侨批信局即利用此种套利方法在汇价上谋取利益。

经营汇款的银行也可运用同一方法将它们在南洋收到的外币在上海或香港脱售出去，它们在厦门收到侨汇，也须立时在市场上出售港、沪两地的汇票，以便在厦门收回国内货币，应付持票人来银行提取侨汇款；不然，它们在港、沪两地出卖南洋外汇的所得，就不能得到及时利用，这会使它们周转不速，蒙受无形损失。这就是南洋、香港（上海）、厦门之间的三角汇兑方式。

厦门侨批信局并不直接发售南洋汇票，不过有时它也可以卖出一部分南洋侨批信局的汇票，以应付侨汇支出，其余一部分则借港、沪两地转汇冲账，所以福建各侨汇收款地也会对沪转汇。

此外，还有银行间互相购买彼此汇票的事情发生。例如，甲、乙两行同在南洋，甲行的汇水较乙行低，那么乙行向甲行购买汇票汇回国内比它自己在厦门抛售南洋汇票而收回当地货币反而合算得多，于是乙行就购买甲行的汇票，让其在国内的分行向国内中国银行内地分行提取汇款，以应付自己签发的侨汇汇票，因为两行都把这笔款项当作侨汇，以致重复。这是在侨汇估计上常遇到的困难。

二　国际外汇市场汇兑情形

对于汇兑而言，资金流动不分贸易的与非贸易的。在国际贸易市场上，国际商品贸易需要通过外汇进行清算，对于单一进出口业务来说，进口商收入货物，汇出外汇资金；出口商输出货物，收入外汇资金。但国际贸易市场是由众多的进出口商、众多的进出口业务量构成的。在开放的国际金融市场上，对于银行来说，它是经营货币生意的，只要按照客户的要求和相关规定办理客户资金的划拨或汇出汇入即可，对于客户的资金用途，一般不太关注。

在调拨外汇头寸时，侨批信局与国际银行密切配合，一方面可提高汇款效率，另一方面可从中获取汇兑利润。当一名顾客汇寄一定数额的中国银元时，侨批信局并不是将它立即汇出，而是等到个人汇款积攒到足够大的数额或汇率有利时才向银行开票。有些交易用中国的银元来核算，有些经由香港的交易以港元来核算，但在中国侨乡的侨眷最终收到的是银元。在国际贸易、金融资本和投资中采用不同币别计算，可能会产生差价，但是，在中国与东南亚的绝大多数商业活动中，港元是主要的结算货币。经过香港的巨额汇票要经过两次兑换，先换成港元，然后再换成中国的银元。对于兼营进出口贸易的侨批信局来说，有时也用手中的资金冲销在香港从事进出口贸易的账款；有些侨批信局则从新加坡与香港间的金银差价、汇率波动中获取利益。① 这样，贸易、非贸易（侨汇）与外汇交易协同进行和相互作用，从而完成侨汇头寸的调拨。

图 2-17 所示为 1921 年 5 月 31 日马尼拉黄开鍒致锦宅黄开物的侨批。批信内容提及天一信局汇票和单水，单水是指汇水。其原文如下。

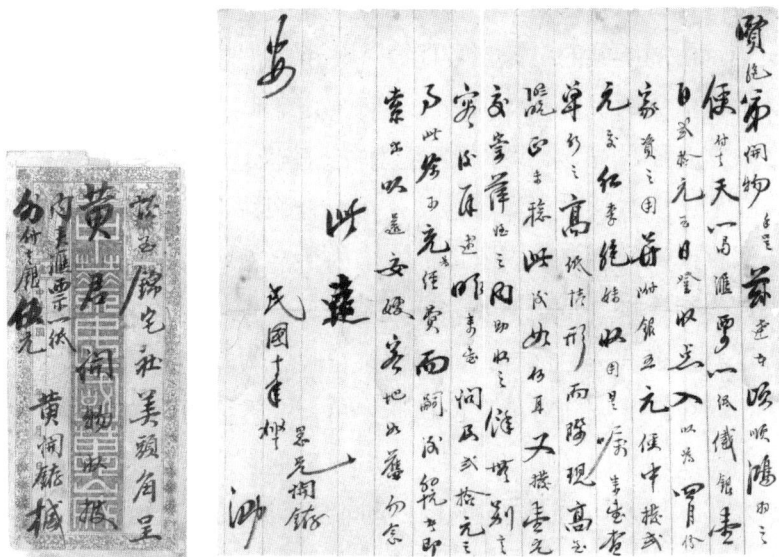

图 2-17　1921 年 5 月 31 日菲律宾马尼拉黄开鍒致锦宅黄开物的侨批

贤胞弟开物手足：

兹达者，顷顺鸿羽之便，付去天一局汇票一纸，俵银壹百式拾元，至日登收点入，以为四月份家资之用，并附银五元，便中拨式元交红李胞妹收用，是嘱。来书查单水之高低情形，

---

① 〔日〕滨下武志：《全球史研究视野下的香港》，载国家清史编纂委员会编译组编《清史译丛》第十辑，张俊义译，齐鲁书社，2011，第 116~117 页。

而际现高至壹佰零捌元正,未稔此后如何耳?又拨壹元交崇萍侄之内助收之,余无别言,容后再述。昨来书问及式拾元之事,此条可充为经费,而嗣后伍拾元者,即索出以还安嫂,客地如旧,勿念。此达

安

愚兄 开鋳 泐

民国十年四月廿四日（1921 年 5 月 31 日）

对于寄侨批的华侨来说,他们会关注汇水的高低,以选择有利时机寄汇侨批款项。而对于侨批信局来说,它们更会关注汇水的变动,毕竟信局所做的汇款量要比单一华侨的汇款量大得多。

侨批信局的资金头寸调拨与银行有所不同,侨批信局解付批款时会根据各国的贸易和习惯区别对待。例如,在新加坡买港币汇单,在汇出地付新币买港币汇单,在中转调拨地的香港收港币,再转托银行或银号折算中国货币汇往国内侨乡银行。国内银行根据香港银行的委托按《侨汇解款表》逐笔托汇、逐笔解款,或付给侨批信局以便其登门送达侨眷,或直接付给收款人。还有就是采用比付方式,即在新加坡向香港发汇款通知单,在香港再向广州发汇款通知单,在广州卖出新加坡汇票,然后在三地之间进行汇款抵销。而南洋大部分地方的侨批信局往往是向银行买汇单直接寄回国内化解。泰国等地的侨批信局则在南洋购买大米等容易赚钱的货物运到香港,卖货易款,再将款项转回内地进行解付。安南等地的侨批信局则将外币现钞运至香港,在外汇市场上抛售,所得款项用于解付批款。①

在这里,我们选择新加坡《叻报》上的广告信息,从更为宏观的大众化、市场化的视角来考察新加坡的贸易、航运、金融汇兑,

海洋移民、贸易与金融网络

---

① 蒙启宙:《侨批业:一条由亲情串起来的海上金融丝绸之路》,《广州城市职业学院学报》2015 年第 4 期,第 10 页。

以及新加坡的经济发展及对外交往的基本脉络。

《叻报》是新加坡发行和行销最久的中文日报，是研究"二战"前新加坡以及那时期华人的珍贵历史资料。由薛有礼于 1881 年 12 月创办。从创刊日起至 1932 年 3 月停办为止，该报总共刊行了 52 年。我们可以在网址 http://www. lib. nus. edu. sg/lebao/1887/lp001725. pdf 上查询到 1887 年 8 月 19 日到 1932 年 3 月 31 日大部分日期的《叻报》资料。这里，笔者从其中选出 3 份加以说明。

图 2-18 所示为 1887 年 8 月 19 日（丁亥年七月初一）《叻报》刊发的《本月廿九日汇票行情》和《轮船开行》。《本月廿九日汇票行情》记载的是农历六月廿九日，也就是报纸出版前一日（1887年 8 月 18 日）的汇票行情信息。内容包括商品价格、货币兑换价格、汇价行情三个方面。一是商品价格，包括旧烟土、新烟土、上甲锡、叻甘蜜、叻岛椒、白椒的价格。二是货币兑换价格：金盾行情，金盾一个六元三角；印度盾，一百元兑二百二十六盾；爪亚盾，一百元兑一百九十盾零五。三是汇价行情，如：汇香港，银行现银票银行贴出一角二占半，商人三十日期票一百元贴银行一元二角半；汇厦门，银行现银票壹百元贴银行一元，商人三十日期票一百元七角半；汇上海，银行现银票一百元值七十二两，商人三十日期票一百元值七十四两半；汇仰光，银行现银票一百元值一百二拾三盾；等等。

以上信息涉及的地域以东南亚为主，但汇兑行情也涉及中国香港、厦门和上海，未涉及欧美地区。有趣的是，汇香港和厦门的以银元计价，而汇上海的则以银两为单位计价。在 1933 年中国废两改元之前，官方采用的是银两制，但香港和厦门系贸易与华人出洋和回国的主要口岸，受外洋金融货币的影响，民间和官方已普遍使用银元作为流通货币。因而，在国际汇兑时，香港和厦门均使用银元作为计价单位。

在国际市场中，贸易、航运、金融三者有着紧密关联，贸易离

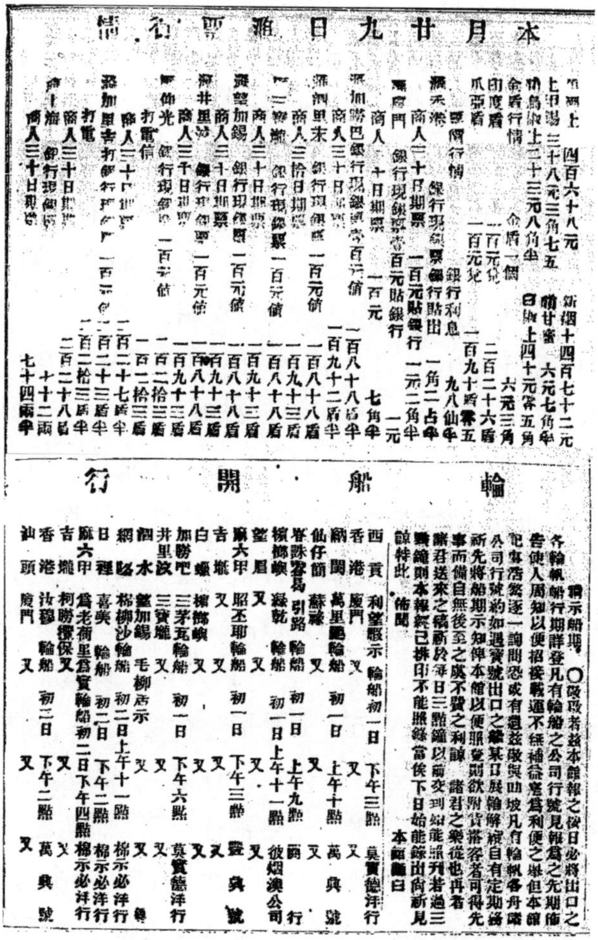

本月廿九日滙票行情

輪船開行

图 2－18　1887 年 8 月 19 日《叻报》记载的汇市行情和轮船开行信息

不开航运和金融，金融的繁荣需要有贸易作为基础，而贸易也需要有航运来推动。因此，《叻报》在刊发这方面信息时均将其集中在一起，以便读者阅读。

不管是侨批局、水客还是进出口商，只要需要对外汇款，均可按照当时银行公布的汇市牌价兑换汇款，且不区分贸易结算款或是侨汇汇兑款。

图 2－19 所示为 1928 年 2 月 10 日《叻报》刊发的《汇票行情

一览表》《轮船入口》《轮船出口》等。其中《汇票行情一览表》
列出了全世界 20 多个地方的汇票行情，除东南亚外，包括中国的
香港、厦门、汕头、福州、上海，澳大利亚的雪梨（今悉尼），英
国的伦敦，美国的纽约，等等。很显然，新加坡与中国的金融往来
越发密切，同时也与欧美的金融中心有了往来关系。

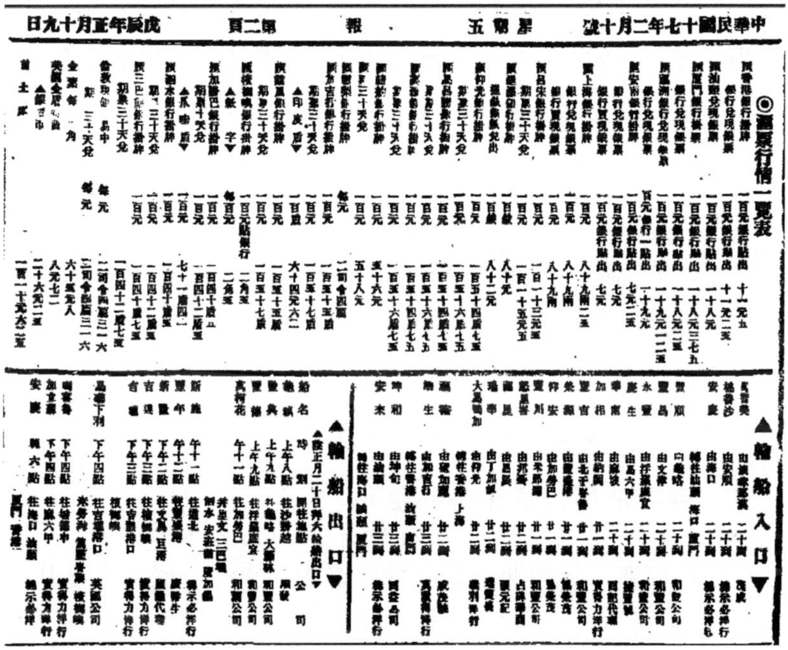

图 2-19　1928 年 2 月 10 日《叻报》刊发的《汇票行情
一览表》等

　　图 2-20 所示为 1932 年 3 月 31 日《叻报》（最后一期报纸）
刊发的《市况一览表》。《市况一览表》列有金融类和 20 多类食品
物品行情信息。金融类信息分为汇各国、汇中国、汇南洋、汇爪哇
四项。其中，汇各国排在最前面，包括伦敦、纽约、巴黎、日本、
旧金山、纽（新）西兰等 13 处地方。汇中国项中，增加了广州。
可以看出，那时新加坡与欧美的经济金融联系更加紧密，同时与中
国也一直保持着紧密的往来关系。

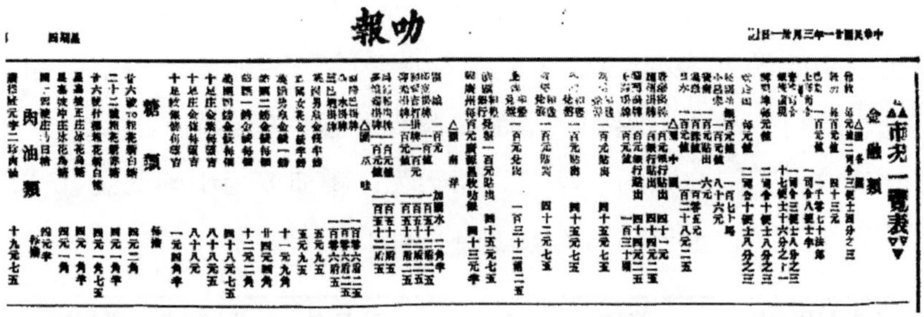
叻報

市况一覽表

金融類

糖類

肉油類

图 2－20　1932 年 3 月 31 日《叻报》刊发的《市况一览表》

上述所列的香港、厦门、上海、汕头、广州均为中国的主要贸易口岸，借助于这些口岸银行的外汇结算业务，侨批信局将侨汇资金源源不断地从东南亚转移到国内。

然而，侨批信局和银行在实际操作时，为了在汇兑市场上赚取汇差，常常会采取三角汇兑、多角汇兑，包括套汇炒汇的方法将侨汇汇回国内。当然，这其中也隐藏着风险，不少侨批信局因为炒汇亏损而倒闭。

三　侨批信局兼营业务的便利

侨批信局兼营其他业务是一种普遍的现象。一者，这是从商业利益出发的；二者，这有利于侨批业的发展。兼营进出口业务，有利于侨汇资金被调拨回国内；兼营其他各行业，有利于揽收从事各行业华侨的侨批汇款。

从侨批信局的产生来看，在国外，早期有不少侨批信局是由进出口商或洋行兼营侨批而成立的，到了后来，也有不少侨批信局从商业利益出发，兼营进出口业务或其他业务。在东南亚，兼营进出口业务的侨批信局一般规模较大，如侨通行、黉利栈汇兑庄等。

在国内，1890 年代以后，一部分船头行和与华侨有联系的出口商、进口商，以经营国际贸易为主，但也代理银信业务。它们利用自身的优势，通过贸易结算，代理海外侨批信局的资金承转（外汇资金调回国内）业务，如有侨批的解付工作，则委托给内地批馆或派送局办理。①

图 2-21 所示为 1928 年 2 月 15 日菲律宾宿务中华学校校报
（英文版）刊登的宿务同兴公司中文广告，其内容如下。

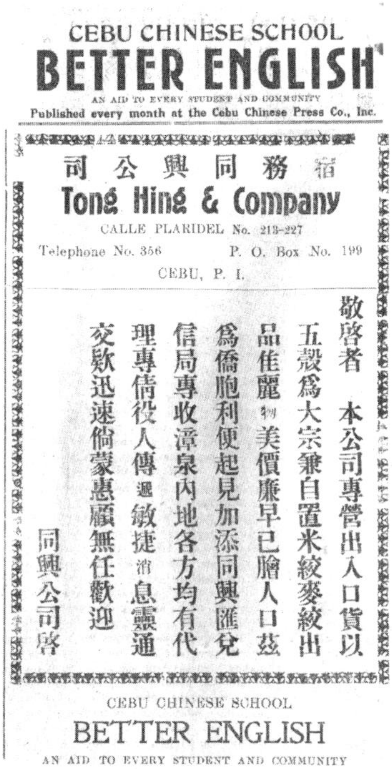

**图 2-21　1928 年 2 月 15 日菲律宾宿务中华学校
校报刊登的宿务同兴公司广告**

注：1928 年 2 月 15 日菲律宾宿务中华学校校报（英文版），共 16 页，只有这则
广告用的是中文（系笔者收藏品）。

敬启者　本公司专营出入口货，以五谷为大宗兼自置米绞麦
绞，出品佳丽，物美价廉，早已脍人口。兹为侨胞利便起见，
加添同兴汇兑信局，专收漳泉内地，各方均有代理，专倩役
人，传递敏捷，消息灵通，交款迅速。倘蒙惠顾，无任欢迎。

同兴公司启

---

① 中国人民银行福建省分行国外业务处：《福建省侨汇业社会主义改造史料（1949—
1958）》，1964 年编印，1996 年中国银行福建省分行国际金融研究所翻印，第 2 页。

从广告中，我们可以看出，同兴公司是一家进出口商，现在要兼营侨批业务。

新加坡成源公司汇兑信局位于源顺街四十号，也是一家兼营银信业务的进出口企业，在厦门自设有铭成公司分局，专营树胶、土产、杂粮买卖，九八出入口商，兼营祖国汇兑银信。①

根据对新加坡南洋中华汇业总会于1947年出版的年刊里的侨批信局广告做统计，刊登广告的52家潮州人侨批信局中，兼营的就有31家，占了近六成（59.6%），31家兼营其他业务的侨批信局中有8家是兼营进出口生意的。没有兼营其他业务的侨批信局中，有多家是属规模较大且兼营其他业务的侨批信局的分号，如"有信庄汇兑信局"就是"有信庄"的分号。从这些广告中可见潮州人侨批信局兼营的业务广泛多元，从矿业到橡胶业和药业，从进出口、船运业到汽车行和脚车行，从广告业到文具制造业和印刷业；所涉及产品从茶叶到酒和蔬果，从土产到化妆品，从中西布匹到中外杂货，可谓琳琅满目、应有尽有。②

图2-22所示为1948年新加坡金龙泰茶行汇兑信局在《南洋中华汇业总会年刊》第二集上刊登的广告。新加坡金龙泰茶行汇兑信局分为茶行部、什货部、汇兑部。其中，汇兑部可办理电汇、信汇、票汇，汇兑范围为上海、厦门、漳泉、广州、广东、潮汕、广西、琼州。分行代理点所在地区有：小坡、香港、台湾、晒郎依土登茶厂、沙捞越、马六甲、吉隆坡。

侨批信局采取以一业为主、多种经营的方式有其传承性因素和其他现实的需要。如早期水客递送侨批，便是以兼营的方法赚取更多的利润，并为汇兑批款的客户提供其他采购服务，后来与之合作

---

① 新加坡或源公司汇兑信局广告，载《南洋中华汇业总会年刊》第二集，新加坡1948年6月刊印。

② 曾旭波：《东南亚侨批信局经营方式初探——以潮帮批信局为例》，载赖宏主编《第六届潮学国际研讨会论文集》，澳门潮州同乡会，2005，第552~553页。

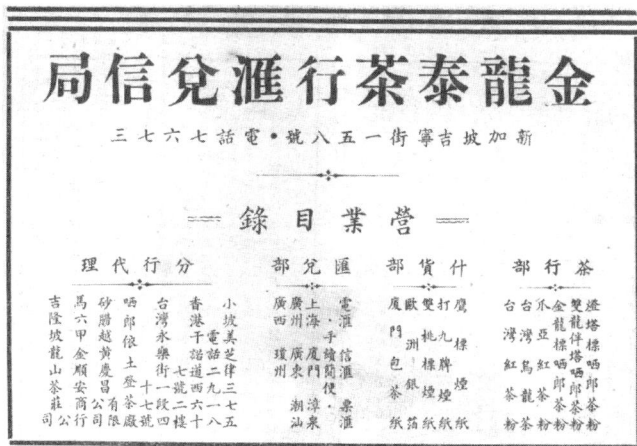

图 2-22　1948 年新加坡金龙泰茶行汇兑信局的新加坡广告

资料来源：《南洋中华汇业总会年刊》第二集，新加坡 1948 年 6 月刊印，第 24 页。

收批的小商店，即是侨批信局的前身，它们一开始更是以售卖杂货和其他商品为主业，收取侨批只是它们增加收入和充实资金的副业。延续之前的做法，后来发展起来的侨批信局继续采用这种有利可图的兼营形式是顺理成章的。收到的侨批款，正是它们兼营和投资其他业务的主要资金来源之一。[①]生意做大，门路多，各方资金交集流动，有利于侨汇头寸的调拨。

四　典型案例：古巴侨汇与记账贸易

华人移民古巴的历史颇为曲折而富有沧桑感，而古巴的华侨汇款同样是艰辛而具有典型性的。1960 年起，古巴华侨汇款与中古记账贸易，便是一个侨汇与贸易紧密关联的典型案例。首先介绍一下古巴华侨与侨汇的历史。

中国人聚居古巴源远流长，超过一个半世纪未曾中断，这可说是古巴华侨的一个独特之处。古巴华侨与侨汇有着悠久的历史。

---

① 李志贤：《华侨特有的专递服务——各帮信局及其行业组织》，载〔新加坡〕柯木林主编《新加坡华人通史》，新加坡宗乡会馆联合总会，2015，第 515 页。

1847 年 6 月 4 日，首批中国移民共 206 人作为"契约华工"，从厦门乘船抵达古巴哈瓦那港。1492 年 10 月，探险家哥伦布发现了古巴，而这个美丽的加勒比岛国从 16 世纪起就沦为西班牙的殖民地。古巴盛产蔗糖，在 16 ~ 17 世纪，西班牙庄园主都是靠从非洲买进黑奴来经营甘蔗园和糖厂的。

19 世纪初，英国率先发起废奴运动，西班牙在英国的压力下只好停止买卖奴隶作为劳工。在这种情况下，为弥补劳动力短缺，西班牙人接受英国的建议，开始从亚洲移民。那时，中国移民都是被人贩子转卖到古巴和其他加勒比国家的。

在此后的几十年里，从中国东南沿海特别是五邑地区前往古巴的华工不断增多。1870 年，古巴政府宣布废除华工的"契约"，在古巴的"苦力"都成了自由人。勤劳节俭的中国人在古巴的境况随之日益改善，成了餐馆、旅店、咖啡馆等的主人。

1874 年，在古巴的华人已达到 10 多万人，在当时的桑哈街上除了各种中餐馆和中国商店外，还有好几家电影院、戏院和麻将馆；华人区建立了中文学校、医院和养老院，并在哈瓦那国家公墓买下了墓地——中华总义山。

1893 年 5 月，古巴华侨建立了自己的组织——中华总会馆，以维护广大华侨自身的合法权益，它是拉美国家中历史最悠久、规模最大的侨团之一。20 世纪初，古巴独立，在中华总会馆的影响下，古巴各类华侨组织纷纷出现。

自 1902 年古巴独立后，中古两国随即建立了外交关系。古巴经济在美国的控制下迅速发展，城乡经济持续繁荣，很多就业机会吸引了大量的华工，古巴成为美洲华侨华人聚集的中心。据有关资料记载，20 世纪初，在古巴的华人有二三十万人，其中来自广东台山的就有两万多人，古巴成为华人赚钱的天堂，哈瓦那华人区成为美洲最大、最繁荣的华人区。

1925 年，古巴自由党独裁者格拉多·马查多·莫拉莱斯在担任总统后，推行新政，导致华人主导的行业走向萧条。1929年，古巴被卷入资本主义经济危机，古巴经济走向衰退，加上排外风潮迭起，针对华侨的苛政百出，华侨华人赚钱越来越艰难。

1943年，美国废除《排华法案》，此后，第二次世界大战结束，美国经济快速发展，古巴华侨大量移居美国，古巴华侨逐年减少。据古巴政府统计，1943年古巴有华侨两万余人。据《台山县志》记载，1953年古巴的台山华侨有6833人。这两个数字都比最高峰时期减少了很多。

1959年，在卡斯特罗领导的古巴革命胜利后，古巴推行公有制，古巴华人社区成为革命的对象。从1960年代初的国有化到1968年的"革命攻势"，善于经商的华人，无论是巨商还是小贩，财产全被收归古巴政府。同时，古巴又推出禁止华侨汇款的政策，极大地伤害了华侨的心。古巴由于实行单一蔗糖经济政策，一直无法让经济走出困境，华人陷于无处容身的境地。为求生存，华人掀起一波波的出走潮。据记载，1959~1960年，成百上千的华人离开古巴。1961~1962年走的人更多。1980年哈瓦那发生1万多人到外国使馆寻求避难的事件，卡斯特罗宣布想离开的人都可以离开古巴，立即就有12.5万多人到迈阿密去，其中就有不少华人。[①]

随着时间的流逝，老侨逐渐去世，又没有新的中国移民到来，古巴华人的数量越来越少，华人社会日趋衰落，目前全古巴的华侨华人总共才有1000多人，华人区现在的居民大多数是华裔。[②]古巴华人社区不再充满生命力。

1960年之前，古巴对华侨汇款未设限制。古巴华侨汇寄五邑地

---

① 黄卓才：《鸿雁飞越加勒比——古巴华侨家书纪事》，暨南大学出版社，2011，第255页。

② 黄卓才：《鸿雁飞越加勒比——古巴华侨家书纪事》，暨南大学出版社，2011，第297~298页。

区的汇款和银信早期大多经过香港中转。在汇款方面，华侨先在古巴买担保信（仄纸）寄到香港的金山庄，由金山庄兑现后交由来往于五邑与香港的"巡城马"（水客）带到五邑地区交收银人；或者华侨直接在古巴买担保信（仄纸）寄到五邑地区的银信机构，银信机构直接付现给收银人，然后再由银信机构自行或是通过"巡城马"（水客）到香港从银行处兑回现款。① 新中国成立后，古巴华侨汇款大多数由银行办理，但汇路须经过香港或广州中转。

　　1960 年代初，古巴受到美国的封锁压制，实行严厉的外汇管制政策，禁止华侨汇款。古巴是中国的友好国家，中古贸易采取易货方式，华侨汇款被限额汇出。这是一个特例，说明侨汇不仅是经济问题，而且是涉及政治的问题。从这一案例中，我们可以看出国与国之间贸易与侨汇汇兑结算的互动关系。下面是一封 1965 年 10 月 25 日古巴华侨李维亮寄往广东台山的家书②。

　　　　……再说表明，每年侨汇非是通汇。凡属社会主义国家币制不能通流国外，乃系市面通用币，出国不值（无使用价值，不能流通），凡出口货品需定金价放（方）能转换。只因我中华人民共和国政府援助古巴物质浩大，应有尽有，将货替代每年侨居古巴侨汇古币（古巴货币）壹（一）百萬（万）元赡养亲属之故。除中国之外无一国做则（得），目前居留古巴侨民好多有款项不能寄，多（的）是，可知也。

　　1960 年 9 月中古建交后，两国关系非常友好。1960 年 11 月，中古签订第一个经济技术合作协定，该协定规定中国向古巴提供6000 万美元无息贷款。1961 年 9 月古巴总统访华，中国同意购买100 万吨古巴蔗糖。正如信中所说："中华人民共和国政府援助古

---

①　李柏达编著《古巴华侨银信：李云宏宗族家书》，暨南大学出版社，2015，第 10 页。
②　李柏达编著《古巴华侨银信：李云宏宗族家书》，暨南大学出版社，2015，第 197 页。

巴物质浩大，应有尽有。"在古巴政府实施禁汇政策后，包括美国在内的其他国家在古巴的侨民一律被禁止汇款出国，古巴唯独允许华侨每年汇寄不超过 100 万比索的侨汇回国。但这种华侨汇款和以往的华侨银信的寄送方式不同，因为古巴比索无法在中国兑换，它不是真正意义上的通汇。根据 1964 年 12 月 31 日中巴两国签订的《中华人民共和国政府和古巴共和国革命政府贸易协定和支付协定》，两国贸易以货物相互交换的方式进行，且应遵循双方进出口平衡的原则。根据该协定书，中巴两国相互供应货物的支付，将由中国人民银行委托中国银行和古巴国家银行根据该支付协定和《关于执行中、古贸易和支付协定的技术细则和记账办法的银行协议》，以及有关换函的规定办理。即中古贸易先以美元对货物进行定价，然后进行等值交易。中古之间的国际贸易采用记账式结算方式，同时实现了贸易与侨汇的平衡结算，也就是说，古巴华侨每年 100 万比索的汇款，要用中国进口古巴 100 万比索的贸易商品来补偿（或是用中国无偿援助的外汇额度来补偿），即中国对古巴贸易逆差100 万比索，用于填补古巴华侨的汇款额度。这是特定历史时期产生的特殊侨汇结算方法。[①]

1961 年 4 月，中国银行广州分行根据中侨委和总行的要求，与古巴政府和国家银行进行了多次会谈，并达成共识：旅古华侨汇款回国可向古巴"中华总会馆"进行登记，每月汇总一次，将汇款清单送古巴国家银行汇交中国银行广州分行解款。至是年底，古巴国家银行先后向中国银行广州分行汇入侨汇 2277 笔，折合人民币1300 万多元。[②] 古巴侨汇的畅通不但对当时广东的经济建设发挥了重要的作用，而且使北美洲的侨汇可直汇广东省。

---

① 参见李柏达编著《古巴华侨银信：李云宏宗族家书》，暨南大学出版社，2015，第198 页。

② 蒙启宙：《侨批业：一条由亲情串起来的海上金融丝绸之路》，《广州城市职业学院学报》2015 年第 4 期，第 13 页。

第 三 章

侨批局与其跨国经营网络

近代中国的历史是一段跌宕起伏的历史，在中西方文明冲突、碰撞、交融之中，中华民族经历了一系列的巨大变革，经受了严峻的考验。侨批及侨批业正是在这种历史背景和自然地理环境下产生、发展和演化的。它源起于民间"草根"个体的金融与通信活动，进而发展为近代中国的移民金融与通信行业，并以民间渠道将中国与世界连接起来，为中国近代的社会变革与经济转型注入了新活力。在这里，我们分析几个典型的侨批局案例，加以说明。

在近代中国海洋移民的群体中，有这样一部分人，他们面对海洋，甘冒风险，诚实守信、爱拼敢赢；他们所做的事业，是一种兼有跨国金融与国际邮政业务的特殊行业——侨批业；他们承载着国外侨民与国内眷属之间的经济与情感的桥梁；他们在芸芸众生的海洋人物中是佼佼者；他们就是侨批商人。

郭有品与其天一信局、王世碑与其王顺兴信局，这两节讲述了侨批业的两位前辈，信义、勇敢、开拓、开放、富有海洋特质的人格品行，以至于他们所创办的信局持续经营几十年，成为侨批业的典范。两位前辈都是从水客单干发展到经营侨批企业的，虽然同样都富有中国传统的家族式的管理色彩，但均能根据侨批经营的特点，结合个人信用、人脉关系（血缘、乡缘、友缘等关系）、资本大小等情况扩展自身的经营网络，以现代跨国企业的理念来经营管理侨批业务。天一信局作为杂帮信局①，以发展自身网点为主，兼以发展代理而形成网络；王顺兴信局则是专营宋帮侨批业务，除在马尼拉、泉州、厦门有三家自有机构外，均以代理的方式形成自身的业务网络。两家信局最终都因炒汇亏损，触发资金链断裂而告终结。

新加坡侨通行与厦门侨通批信局，分别设在东南亚华侨集散地的新加坡口岸和闽南侨乡的厦门口岸。两家侨通企业形成一个大的侨批运行网络，以新加坡与厦门之间海路连接为主线，以两个口岸为基点，各自向业务区域扩散，形成了两边呈喇叭形状、中间由海路主连线连接的侨批运行体系。

正大信局综合兼有头、二、三盘业务，是一家在闽南地区较具代表性的杂局，经营网络十分庞大，鼎盛时期在国内设有分号 31 家，联号 2 家；在海外设有 37 家机构；营业网络覆盖英属和荷属殖民地以及菲律宾等地，共计 20 多个地区。正大信局以分号、联号方式相互建立委托和代理关系，从而构建了区域广泛的侨批跨国传递运营网络。

---

① 杂帮信局，也简称"杂局"，是指宋帮和洋帮业务均经营的信局。东南亚侨批分"菲帮"和"洋帮"。菲帮又称"宋帮"，系指菲律宾侨批业务；"洋帮"系指除菲律宾外的其他东南亚国家的侨批业务，包括新加坡、马来西亚、印度尼西亚、泰国、缅甸、越南等的侨批业务。

第一节　郭有品与其天一信局

天一信局是闽南地区最具代表性的信局之一，它是一家杂帮信局，即宋帮和洋帮业务均经营，机构网点遍布东南亚的主要华侨聚居地和闽南的主要侨乡，业务涉及收批收汇、银信承转、头寸调拨、登门派送、回文处理等环节，形成了为侨民提供寄信汇款一条龙服务的体系，建立起以自身设立网点为主延伸代理业务为辅的庞大跨国运营网络。

在如今的福建漳州台商投资区角美镇流传村，有一座中西合璧的历史建筑，其规模及建筑风格，从侧面见证了天一信局昔日的辉煌。2006 年天一总局遗址被列为第六批全国重点文物保护单位。图 3－1 为邮政部门发行的个性化邮票图案，展示了天一信局现存的相关文物。

天一信局创办人郭有品于 1880 年开始经营侨批，至 1928 年 1 月天一信局停业，历时 48 年。郭有品的天一信局作为中国的民间国际邮局、国际汇兑局，是规模最大、分布最广、经营时间较长的早期民间侨批信局，其信誉之卓著、影响之深远、创办年代之早，在福建华侨史乃至中国邮政史、中国金融史上占据重要的地位，创办人郭有品成为闽商诚信的典范之一。①

---

① 参见《闽商文化研究》2010 年总第 1 期（第三届世界闽商大会会刊），第 17 页。

有关天一信局的研究，已有郭伯龄、林南中、苏通海、李英杰、贾俊英等学者从不同角度进行了探讨。① 这里，在介绍天一信局简史之后，重点阐释其信用典范、经营之道、经营管理网络等。

图 3 - 1 邮政部门发行个性化邮票图案展示
天一信局现存的相关文物

一 郭有品与天一信局

郭有品（1853～1901 年），字鸿翔，清代福建省龙溪县流传社（今漳州台商投资区角美镇流传村）人。父亲郭振宁英年早逝，遗

---

① 郭伯龄：《天一批馆的历史浮沉》，载泉州市侨联等编《回望闽南侨批》，华艺出版社，2009，第 123～131 页；林南中：《品读"天一"侨批》，载泉州市侨联等编《回望闽南侨批》，华艺出版社，2009，第 32～35 页；苏通海组编的《天一侨批信用戳》邮集荣获 2007 年福建省集邮展览一等奖；李英杰：《闽南天一信局简史》，载黄清海主编《闽南侨批史纪述》，厦门大学出版社，1996，第 175～177 页；贾俊英：《传统与现代：近代侨批局的信用嬗变——以天一局为个案》，载世界海外华人研究与文献收藏机构联合会会刊《华侨华人文献学刊》第一辑，社会科学文献出版社，2015，第 29～54 页；贾俊英：《浅析天一信局的经营、管理制度》，载福建省档案馆编《中国侨批与世界记忆遗产》，鹭江出版社，2014，第 212～232 页。

有四子，郭有品排行第四。他童年时聪颖好学，深得塾师器重而多学多识。同治八年（1869年），年仅17岁的郭有品在开店铺的长兄郭有德的资助下随客头漂洋过海，前往吕宋经商。由于他忠厚老实、尊老敬贤且乐于助人，深得同乡华侨、侨眷的信赖。同治十三年（1874年），郭有品受一些富庶侨商的委托，开始充当水客，初时，他专门替吕宋侨商及其雇用乡族的华工携带银信回国。到家乡之后，他亲自登门将银信送交给侨眷，并传口讯，收取回文，待下帮南下时带回马尼拉交给寄批人。这种水客或客头单干的"一条龙"服务，深受当时华侨、侨眷的欢迎，因为侨眷除了收到银项和家书外，还可从水客或客头的口中了解到海外亲人的近况信息，感觉十分的可信和亲切。

郭有品在几年的客头生涯中领悟到经营侨批盈余的丰厚，便在家乡龙溪县流传社创办了漳州首家侨批局——天一批郊，总局设在龙溪县流传社，分号设在厦门及安海，投送范围遍及闽南各侨乡；海外设分号于菲律宾马尼拉洲仔岸。郭有品创办天一批郊后，自己在马尼拉收取华侨银信后，将信款带回国，到家乡后便雇请同乡族人作为固定信差投送，并不准信差苛求工资、酒资或小费。

从客头发展成信局的企业经营，这在侨批运作过程中，便开始实行了适当的分工。侨批业务要做大，收批收汇是源头，是业务的关键，因此，郭有品本人在海外负责收批收汇并亲自运送到国内，而派送工作则雇用他人去做。分工提高运作效率，才能进一步做大业务量。

1896年大清邮政局成立，1897年，郭有品的天一信局向大清邮政局登记注册。随着业务量的增加及国际汇兑业务的发展，1912年改称为"郭有品天一汇兑银信局"[①]，1928年1月天一信局倒闭。

---

① 该局名曾在《厦声日报》刊登广告，见苏通海《漳州侨批史话》，福建人民出版社，2016，第32页。印章用字有"郭有品天一汇兑银信局""郭有品天一汇兑银信总局""郭有品天一汇兑信局""郭有品天一银信局"等多种。

天一信局鼎盛时期在东南亚 7 个国家设有 24 家揽收银信机构，在国内设有 10 家机构，包括在香港、上海设立侨汇转驳机构；雇用职员数百人。郭有品从做"水客"走单帮（整个运作流程一人完成）的原始单干形式开始，创办天一信局，到专业化分工的商业运作，进而发展为跨国金融汇兑和跨国函件的网络化经营。一步一步走来，从民间草根的乡村信用到民间跨国信用，而这其中，随之相伴的是个人信用扩张的过程，即从个人信用发展为企业信用，再到进一步扩张的过程。

二 民间信用之典范

在清朝末年的乡村，人们的活动范围较为局限，乡里乡亲交往讲究的是朴实的信用。个人信用的形象在民间树立，需要个人平时的信用积累，然而，有了突现的信用案例，通过民间宣传与传播，便能促使一个信用典范的树立。郭有品的个人诚信故事便是一例。

（一）郭有品的个人诚信故事

郭有品起初作为一名"水客"往返于家乡福建闽南与菲律宾马尼拉之间，其中有一个最著名的故事。郭有品在一次运送侨批的途中，遭遇台风而轮船沉没大海，所带洋银深埋浩瀚大海，他险些与侨批一并沉入海底，葬身茫茫大海之中。他在被同乡救出后，深感责任重大。海上遇险，所带侨批深埋浩瀚之海，可以说，这是遇到了天灾。可是，郭有品为了解送侨批款项，他毫不犹豫地变卖了自己的房产田物，兑换成洋银，凭借自己衣袋中一同幸存下来的几张名单及款项，一一赔偿给侨眷。此事传到华侨们的耳中，瞬时使得"天一批郊""郭有品批馆"名声大噪，美誉远传东南亚各地及闽南侨乡。天一信局的生意也由此与日俱增，兴旺繁荣，乃至发展为中国历史上最大的民间侨批信局之一。这不得不把大半功劳归功于郭有品个人诚信的品格以及将此精神融入天一信局的经营之中的结果。天一信局诚信经营是闽南私营侨批业中信用的典型代表，是中华民族民间信用之典范。

（二）个人信用的延续与扩张

1901 年（光绪二十七年），天一信局创办人郭有品染疫逝世，其长子、时年 17 岁的郭用中（又名郭行钟）在堂兄郭行端的辅助下，接管了天一总局。郭用中主理天一信局期间，在承接之前郭有品信用的基础之上，继续扩张信用，侨批的业务量锐增。

虽然郭有品已去世，但他的诚实守信已融入于天一信局的企业精神里，其诚信依旧延续，其后代仍然借助于先辈的信用作宣传。为了更好地利用"郭有品"个人信用的金字招牌，1902 年天一信局名称前面加上"郭有品"三字，天一信局改称"郭有品批馆"或"郭有品天一信局"，并刻制印章在侨批或回批上加盖宣传，这样，郭有品个人信用在天一信局企业信用中得以延续。在 1901 年之后经营并留存下来的天一侨批实物封上的信用戳记，印证了上述的史实，让我们一并看看早期在菲律宾、厦门、流传、安海等地天一信局印章戳记。[①]

在菲律宾马尼拉的天一信局使用"郭有品"三个字的信局名址章：

> 岷洲仔岸铜簧边 138 号/大门内郭有品信局（见图 3-2）
> 郭有品批馆岷住洲仔岸/院前灼店 259 号郭水仁理信（见图 3-2）
> 郭有品批馆岷住洲仔岸院/前朱细里店 251 号郭水仁理信（见图 3-2）
> 郭有品批馆岷住洲仔岸街/朱细里门牌 209 号郭水仁理信（见图 3-2）
> 郭有品信局/岷洲仔岸布店/138 号/郭曲沃林仰理信（椭圆形章，见图 3-2）
> 郭有品天一银信局住/岷洲仔岸朱细里畔门/牌第式佰壹拾

---

① 笔者至今未发现 1901 年之前的天一信局印章戳记。

九号内（见图3－2）

郭有品天一银信局住
牌坮第式佰壹拾九號内門
坮洲仔岸朱细里畔住

大門内郭有品信局
坮洲仔岸銅簧邉囍
院前灼店⑩⑨號郭水仁理信
郭有品批館坮住洲仔岸
前朱细里店⑪號郭水仁理信
郭有品批館坮住洲仔岸院
朱细里門牌⑫號郭水仁理信
郭有品批館坮住洲仔岸街

坮洲仔岸布店 郭有品信局 郭曲沃林仰理信 ③⑧

图3－2 郭有品天一信局在菲律宾马尼拉使用的部分印章戳记

资料来源：录自黄清海编著《菲华黄开物侨批：世界记忆财富（1907～1922）》，福建人民出版社，2016；黄清海主编《闽南侨批大全》第一辑，福建人民出版社，2016。

天一信局在厦门的部分印章也有"郭有品"字：

郭有品天一银信局住厦门水仙/宫理发分批无取酒资概交大银（见图3－3）

郭有品/天一局/住厦门水仙宫理信专分大银无取酒资/第帮（见图3－3）

郭有品/天一局/住厦门大史巷理信专分大银无取酒资/帮（见图3－3）

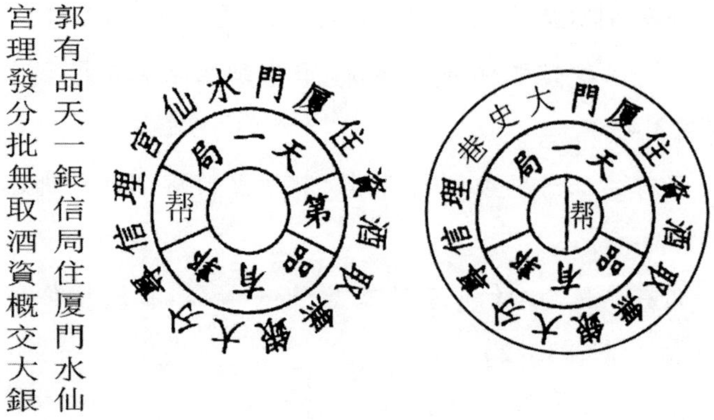

郭有品天一银信局住厦门水仙宫理發分批无取酒资概交大银

住厦门水仙宫理信專分大银无取酒资第帮郭有品天一局

住厦门大史巷理信專分大银无取酒资帮郭有品天一局

图3－3 郭有品天一信局在厦门使用的部分印章戳记

资料来源：笔者侨批收藏品的印章戳记。

海洋移民、贸易与金融网络

郭有品批馆设在乡社兼理番关分局如/回信逐帮接续设法异常分批无酒资交/龙银送到贵家免费住龙溪廿八都流传社（见图3－4）

郭有品天一汇兑银信总局兼理邮政分/局要信逐日发付设法异常专分大银无/取酒资无甲小银住龙溪廿八都流传社（见图3－4）

郭有品天一总局住龙溪流传社理信分大银无酒资/第　　帮（见图3－4）

图3－4　郭有品天一总局在流传使用的部分印章戳记

资料来源：录自黄清海编著《菲华黄开物侨批：世界记忆财富（1907～1922）》，福建人民出版社，2016，第4、55、187页。

在安海使用的郭有品天一批郊印章戳记：

郭有品天一批郊晋南惠等处/信银设在安海石埕街理发分/批交大银无取酒资无甲小银（见图3－5）

郭有品天一批郊晋南惠等處
信銀設在安海石埕街理發分
批交大銀無取酒資無甲小銀

图3-5　郭有品天一批郊在安海使用的印章戳记

资料来源：笔者侨批收藏品的印章戳记。

这些"郭有品"印章从清末一直使用至1920年代，表明郭有品个人的信用魅力在天一信局中一直发挥作用。

（三）继承人对天一信局信用的管理

天一信局作为一家跨国的信用企业，信用管理显得十分的重要。郭用中主理天一信局之后，侨批业务蒸蒸日上。究其原因，固然与海外华侨社会这一时期经济较为稳定且呈上升势头的利好因素有关，但另一重要的因素，还是要归因于郭用中善于运用父辈的信用关系，精心经营，且与他建立起一套完整的信用管理制度有着密切的关系。一方面他继承了其父"信誉为首，便民为上"的经营之道；另一方面他加强了制度化管理，各项工作井井有条、有章可循。

1. 通过加盖在侨批载体上信用戳，树立公众信用形象

树立公众信用形象，除了需要自身做好外，还需要大力宣传。对于信局来说，侨批实体本身就是一个很好的宣传载体，信局刻制信用戳在侨批上加盖宣传，便利又省钱。信用戳作为看得见摸得着的实物，是侨批局制度信用的一个重要体现，天一信局在不同时期、不同地区所使用的印鉴和印戳，形式和内容上也有所区别，但信局章戳将侨批局的口头约定以物的形式确定下来，以实物的形式

作为信用行为的承诺，其中的内容则可看作侨批局与华侨、侨眷所定的契约。从图 3-2、图 3-3、图 3-4、图 3-5 可以看出，天一信局在不同时期、不同地区所使用的章戳各异，即使同一地方的天一信局，也因经营场所的改变，名址印章也会改变，如菲律宾马尼拉的天一信局，至少使用过 6 枚不同的章戳。

天一信局注重利用信用章戳进行信局业务宣传，一般章戳是连同局名、信用文字、地址为一体刻制的，盖在侨批封、回批封或信纸上，公布传递信局信息，公开透明，信息对称，既为宣传业务拓展而更新，也便于社会的监督，并可防止社会上的假冒。例如：

> 本局分批现交银议酒资分毫／无取交大银无甲小银若有被／取或甲小银祈为注明批皮或／函来示本局愿加倍送还贵家／决不食言　乙巳年天一再启（见图 3-6）。

乙巳年即 1905 年，使用"再启"，说明天一信局在 1905 年之前就有此布告或已使用过类似的信用章。天一信局明确告示，信差要讲信用，不允许额外索取小费等。从落款看，此枚信用章是天一总局所刻制的。

在一份 1910 年 7 月 10 日回批封上盖有安海天一信局的红色信用章：

> 本馆交大银无工资若／是被取或甲小银祈注／批皮来示本局愿加倍／坐还贵家决不食言／戊申　安海天一局启（见图 3-7）。

戊申即 1908 年，说明该章刻制于 1908 年。

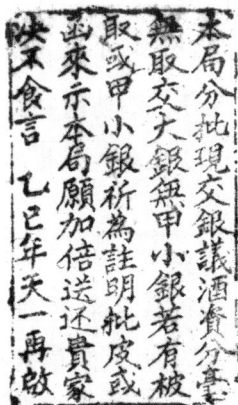

图 3 - 6　1905 年天一信 　　　　图 3 - 7　1908 年安海天一信
　　局信用章 　　　　　　　　　　局信用章

　　我们注意到，在流传社的两枚信用戳（见图 3 - 4，左和中）中分别有"兼理番关分局""兼理邮政分局"文字。经分析，天一信局作为民间企业在戳记上直言地宣传兼理番关、兼理邮政业务，证明了天一信局在当地的实力与信用度，因为要能代理邮政分局的商家必须遵循光绪廿七年六月十五日大清邮政官局《殷实铺户代邮政开设分局章程》。① 反之，如果没有足够的信用基础根本不可能成为番关代理机构和国家邮政局的代理机构。

　　1914 年 11 月 22 日菲律宾华侨黄开物寄给其在家乡锦宅社黄振昌的侨批（见图 3 - 8），由天一信局转驳。该封的背面盖 5 枚印章，其中一枚天一信局信用章文字：

　　　　本局无写批之例贵客须知
　　　　谁敢假冒本局之伙/向批家回信勒取工/资天厌之偈有此情/请注明批皮来知此/佈　流传天一主人。

　　① 吴宝国：《王顺兴信局代办"邮政分局"之研究》，载泉州市侨联等编《回望闽南侨批》，华艺出版社，2009，第 30 页。

海洋移民、贸易与金融网络

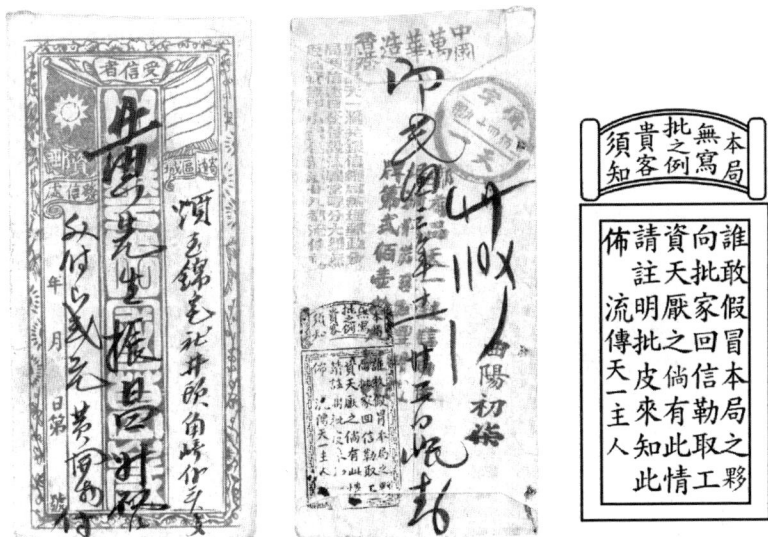

图 3 - 8　1914 年 11 月 22 日菲律宾马尼拉寄锦宅社侨批

资料来源：录自黄清海编著《菲华黄开物侨批：世界记忆财富（1907 ~ 1922)》，福建人民出版社，2016，第 32 页。

1921 年（民国十年）菲律宾寄漳州龙海锦宅乡侨批封，盖有流传天一代理局南兴民局章，文字：

　　本局无写批之例贵客须知

　　谁敢假冒本局之伙向批/家回信勒取工资天厌之/倘有此情请注明批皮示/知以便究办此佈/庚申流传天一局再启

　　南兴民局分信（见图 3 - 9）。

"庚申"即 1920 年。又如：

　　本局分信送到批家专交大银/不取工资並无代写回信之例/如有等情请函告当究办此佈/流传郭有品天一汇兑信局启（竖排

4 排字）①

　　天一批郊泉安势信银设在／安海石埕街理发分批交大／银概
无取酒资又无甲小银（见图3-9）

　　天一批郊泉城势信银设在／泉城新桥头理发分批交大／银概
无取酒资又无甲小银（见图3-9）

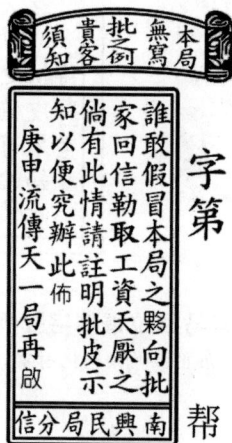

图3-9　流传、安海、泉州天一信局信用戳记

资料来源：笔者侨批收藏品的印章戳记。

　　上述列举的天一信局的信用戳，使用时间为1903～1926年，
印章中除了名址外，戳记的文字常有"交大银，无甲小银，无取酒
资"等字样，说明当时侨眷十分重视汇款足额问题。"交大银，无
甲小银"可减少兑换差价损失，"无取酒资"说明汇兑费用已由海
外汇款人支付，国内不必付资费。天一信局针对当时华侨、侨眷最
关心的汇款足额问题，在侨批或回批上加盖相关章记，规范操作，
并提醒华侨侨眷监督，以赢得华侨、侨眷的信赖。在侨批上加盖
"无取酒资，无甲小银"字样的信用戳，从侧面反映了当时社会上
存在邮差索要小费现象，信局加盖信戳告示，意在规范投递行为，
树立信用。

① 苏通海：《漳州侨批史话》，福建人民出版社，2016，第37页。

海洋移民、贸易与金融网络

天一信局的两枚戳记（图3-8右和图3-9左）写明不代人写回批，这是因为，若是由天一信局代写回批，则内部工作人员容易相互勾结，写出错误信息，监守自盗。由此可见，天一信局在内部监管方面也做得十分规范。1918年，天一信局还特别刊登紧要广告对此进行重申：

> 天一局不会代写回批，所有代写回批者都是不合规矩的。如果有批伙勒写回批，请指名告诉天一局，将送官严惩。因为若批伙代写回批多次，就会摸清顾客底细，久而久之就能够以多报少。[①]

有些信用戳不但完整记录了侨批局在国内或国外的详细地址，还让人了解到侨批局的经营风范。这种信用戳的使用，便捷又省钱，在彰显侨批局金融诚信的同时，也达到了良好的广告效应。这种独特的宣传方式，既规范投递行为，也树立公众信用，体现了侨批局经营者的智慧。

2. 信用制度化管理

郭有品创办的天一信局很注重信用，经营上井井有条，管理上不仅有严格的规章制度，而且还有许多便民措施，例如，侨民寄批，信局必发给寄批者"票根"，以备查询；每次批信均配有"回批"纸，以供侨眷回复侨批时使用；收解侨汇手续正规，明确汇款费率，雇用固定信差，严禁向侨眷索取小费，等等。

严格管理信差的制度。信差直接与侨眷接触，信差的个人

---

① 贾俊英：《传统与现代：近代侨批局的信用嬗变——以天一局为个案》，载世界海外华人研究与文献收藏机构联合会会刊《华侨华人文献学刊》第一辑，社会科学文献出版社，2015，第40页；转引自《郭有品天一汇兑银信局紧要广告》，载全国图书馆文献缩微复制中心编《民国珍稀短刊断刊——福建卷》第5卷，2006，第2191页。

信用直接影响信局的信誉。一是为防止信差向侨眷索取小费，批封上常盖有告示章，以时刻告诫信差不许索要、不准勒索。二是千方百计提高派送效率，为及时将侨批送出去，信差常常是昼夜不分地工作，各派送局平时做好各项准备工作，船一到口岸，即从邮局领出，分拣侨批，迅速派送，日夜赶工，减少解付环节，缩短解付时间。三是做好侨汇保密工作，因凡寄来大批款项时，有的侨眷就要掘地埋藏，只怕大批额的侨汇风声一传出，倒霉的事就会随之而来，因此，信差对侨汇保密是责无旁贷的。

严格的收发交接制度，这是侨批局制度信用的另一体现。为了保证海外侨胞的辛苦钱能够万无一失，侨批局建立了一整套严格的收发交接制度。批款和回执都具有统一的规格，按此规格印发表格。寄批人在表格中填明收批人姓名、地址、批款数额和寄批人的姓名、地址，由侨批局的工作人员将表格中所填写的内容，照抄到账簿，然后将其编号，逐日移交司柜汇入总账。最后，经理会逐件查核，在批封背面盖上侨批局印章。凡是有侨民寄批，信局必须发给寄批者票根，以备查询。

图 3-10 所示为马六甲天一信局经办代理商号怡成号发给寄批人陈玉坑的票根。文字：

> MALACCA（章）天一信局。兹列第（135）帮在（马六甲）收过（陈玉坑）官来信（乙）封银（四元），立即关缴进，到厦本局，派伙亲送，银批齐交，不支工资并无甲盾，寄客家中，毫免邮费。此据。
>
> 天运（乙）年（十）月（廿九）日
> 怡成号住马六甲吉灵街收信（章）

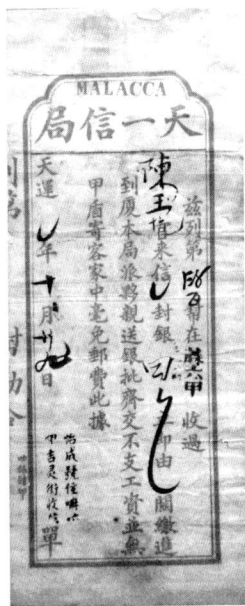

图 3 - 10　1925 年（乙年）天一信局发给寄批人陈玉坑的票根

资料来源：侨批收藏家苏通海藏品。

天一信局在经营上很注重信用，而它提升信用的方式也是从最初的个人人格信用上升到企业制度信用。随着业务的拓展，天一信局逐步建立起一整套制度信用。通过制度化管理，不但规范自身信用行为，而且保障它在市场交易中的利益不受侵害。

三　贴近需求，便民至上

下南洋移民族群寄信汇款的强烈的市场需求催生了由水客为侨胞捎信、带钱、带物的初始形式，"开启了侨批业的源头"。清末郭有品充当水客，既带钱带物带信，也可传口信，贴近华侨民生需求，贴近侨乡基层社会的实际，倍受华侨、侨眷的欢迎。贴近需求，便民至上，这一做法在天一信局一直沿用着。

（一）字号响亮，贴近民心

"天一"亦可解释为"天下第一"之意，寓有服务质量天下第

一、信誉天下第一、经营规模天下第一、传递速度天下第一、通信质量天下第一等。天一批郊的"天一",取自汉儒董仲舒的《春秋繁露·深察名号》中的"天人之际,合而为一",即"天道与人道、自然与人为"合二为一,天一徽志是用"天"字周围用"一"字呈圆形包围着,顶部留一空白,寓意天下一家,表达了郭有品创办侨批局的仁爱之心,对于海外华侨与万里之隔的故乡眷属来说,"天一"拉近了彼此之间的距离,使他们身感亲近之情。① 由此可见创办人用心之精明。

(二)讲求信誉,树立品牌

天一信局开办后,始终以"信誉第一,便民至上"作为座右铭,创始人郭有品早期对华侨的每批银信均亲自收取并押运回家乡。有了"海难诚信"的故事,郭有品的名望誉满南洋,华侨深为信赖。郭有品病逝后,其长子郭用中延用郭有品的人格信用,将天一信局改名为郭有品天一汇兑银信局,分设信汇部和批馆,实行专业化经营与管理。为满足海内外华侨、侨眷汇寄银信的不同需求,又在南洋华侨较多的地方设立分局,进一步拓展市场空间。

(三)严格管理,应对竞争

天一信局有一整套严格的规章制度,包括交接手续、汇率、佣金等。对于容易造成不良影响的信差派送侨批时索取小费、代写回文之事,更是采取多方面措施加以管理。所有侨批均由汇款华侨自定汇费,严厉禁止信差向侨眷苛求汇费;为防范信差向侨眷索取小费,批封上常盖有"概无取酒费,又无甲(搭配)小银""理批信,专发大银,无取酒资无甲小银""照批分银,概无取酒资,无甲小银"等告诫戳。由于天一信局严格内部管理制度,注重信用,所以,也成为大清邮政的代理机构,方便了侨乡民众,满足了人们

---

① 郭伯龄:《天一批馆的历史浮沉》,载泉州市侨联等编《回望闽南侨批》,华艺出版社,2009,第124页。

对当时邮政的需求。

（四）服务周到，便民至上

天一信局为客户服务也有其独到之处。如每次批信均配有"回批"纸，以供侨眷回复家书时用；海外收寄信款时一般在船期前二至四天就预先通知寄款人，并派人挨户询收；汇款时如款项一时未便（没有现款），信用可靠者均可以先垫款汇去，待回批到时再向其收回垫款；每批侨信到达天一信局，天一信局就在楼前升"天一旗"，附近几个村庄远远便能望见，侨眷互相传告及时领取，对于未领取的，天一信局于次日分别投递；遇到远途前来寄信往海外者，天一信局还专设休息房提供休息之便或招待食宿。

（五）提高侨批运作效率

天一信局的另一重要举措便是提升送批的速度。侨批业如同今日的快递业一样，递送的速度也是企业制胜的关键，天一信局深懂其中道理。

1920 年以后，天一信局购置了南太武、正太武、鸿江 3 艘汽船，经营卓崎—厦门、石美—厦门航线的客货渡运业务。尔后，漳州、石码船商陆续建造汽船和机帆船，航行于石码—厦门、石码—金门、漳州—石码—厦门、漳州—石美等航线。

内行航运的增加一定程度上提升了国内侨批的递送速度，更加方便侨眷，也促进了侨批业的发展。

（六）热心公益，树立公众形象

信局所做的是熟人熟客的业务，有信誉、有熟人、有公众形象才有更多的业务。天一信局及其主人通过兴资办学，树立公众形象，扩大社会影响力，反过来又可促进业务的发展。天一信局创始人郭有品富裕之后不忘家乡父老，于 1898 年兴办义塾，聘请塾师任教，村里学童免费入学，塾师的食宿、薪金由天一信局提供。郭有品还在流传社创办"唤醒堂"，为贫苦乡人施药施棺、周济族亲，逢每月十五日请塾师在唤醒堂传孔孟之道，讲忠孝故事等，教育后人克己复礼，忠孝勤俭，并同族人共订村规，严禁族人吸鸦片、赌博，清除村内娼馆，对一些不务正业、屡教不改者，资助船费遣往南洋谋生，深得乡人称赞。

郭有品病逝后，其子郭用中秉承父愿，仍致力于村民教育事业，捐献水田作为尚田，改义塾兴办"私立流传高、初两等小学"，扩聘教师，兴建教室及教员宿舍。天一信局除免费为教师供膳外，对已婚生育的女教师还雇保姆替其看管孩子，一时成为佳话。1921年天一信局又拆旧办公楼扩建教室，成立龙溪县七区第一私立流传女子国民学校。1928年，天一信局宣布停业后，仍为流传小学提供每年2400银元作为办学经费，直到新中国成立后公立流传小学建立才停止。

四　跨国网络，遍布东南亚和侨乡各地

从水客郭有品到郭有品的天一信局，随着侨批业务的发展，天一信局除了发展自身机构外，还通过发展代理局扩大网络，提高运作效率，以满足业务的增长需要。

随着国际贸易增长与国际金融的不断创新，天一信局为适应时代需求，除做传统的侨批业务外，还增设上海、香港机构，增办"国际汇兑"业务，并改名为"天一汇兑信局"，进而涉及国际汇兑的金融领域，成为收批、传递、送批及侨款汇兑等全功能的汇兑信局。

（一）机构扩张，网络覆盖东南亚主要侨居地

郭有品在流传社建立了天一信局之后，1891年，又在厦门、安海、马尼拉设立三处分局。郭有品的长子郭用中子承父业之后，协同弟弟行乐、行廉，精心经营，兢兢业业，使信局发展得很快。

天一信局开办早期，在国外，以菲律宾马尼拉为据点，向东南亚各国辐射；在国内，以厦门、安海、流传为据点，向闽南各侨区开始辐射。

表 3 - 1　郭有品天一信局海外机构一览表

国家（局数）	局名	地址	主持人（关系）
菲律宾（7）	吕宋天一局	马尼拉（Manila）洲仔岸朱细里	郭水仁（郭有品友人）/郭尚本/郭曲沃
	宿务天一局	宿务（Cebu）	黄雅焱（石尾人，今为石美）/郭尚联（郭用中长子，生于1897年）/蔡兆庆
	怡朗天一局	怡朗（Iloilo）	蔡兆庆/黄雅秋
	三宝颜天一局	三宝颜（Zanboanga）	郭尚钟（郭有品的孙子辈为尚）
	苏洛天一局	苏洛（Sulu）	
	怡六岸天一局	怡六岸（Ilagan）	郭景蓝
	甲答育天一局	甲答育（Calbayog）	
印度尼西亚（7）	巴城天一局	巴达维亚（雅加达、Batavia）	郭元中（郭有品侄子）
	井里汶天一局	井里汶（Ceribon）	
	垄川天一局	垄川（三宝垄、Semarang）	
	泗水天一局	泗水（Soerabaia）	郭芩生
	巨港天一局	巨港（Palembang）	郭尚变（郭有品的孙子辈为尚）
	万隆天一局	万隆（Bandung）	
	把东天一局	吧东（Padang，西苏门答腊省首府）	郭尚联
马来西亚（4）	吉隆坡天一局	吉隆坡（Kuala lumpur）	郭时中
	槟城天一局	槟城（Penang）打铁街	郭诚中（郭有品次子）先负责槟城，后到香港
	大吡叻天一局	大吡叻（霹雳、Perak）	郭尚伟（郭有品的孙子辈为尚）
	马六甲天一局	马六甲（Malacca）吉灵街	

国家 （局数）	局名	地址	主持人（关系）
泰国 （2）	暹罗天一局	曼谷（Bangkok）Siam	
	通扣天一局	通扣（宋卡、Song Khla）	
越南（1）	安南天一局	Hue（顺化）	
新加坡 （1）	实叻天一局	新加坡（Singapore）源 顺街	黄琼瑶
缅甸（1）	仰光天一局	仰光（Rangoon）猫礼蓬	
柬埔寨 （1）	金塔天一局	金边（Phnom Penh）	

资料来源：1. 天一总局 1911 年各分局联合奉送的贺礼西洋镜上所刻各分局名称；2. 笔者收藏品及所见藏友收藏品；3. 已发表的及相关文献记载的资料。

表 3-2　郭有品天一信局国内机构一览表

序号	局名	地址	主持人
1	天一总局	流传社（今属漳州台商投资区）	郭用中（郭有品大儿子郭行钟）
2	厦门天一局	厦门镇邦路/水仙宫/大史港	郭和中（郭有品三儿子郭行乐）
3	安海天一局	晋江安海石埕街	郭炳坤
4	香港天一局		郭选魁 郭诚中（郭有品二儿子郭行廉） 郭尚本（郭有品的孙子辈为尚）
5	马銮天一局	马銮（今厦门集美区）	郭选魁
6	漳州天一局	漳州南市泰来	郭叔尔
7	浮宫天一局	龙溪浮宫（今属龙海市）	丁必恭
8	泉州天一局	泉州南门新桥头	郭元助
9	上海天一局		郭安甫
10	港尾天一局		蔡慈清/郭志千

资料来源：1. 天一总局 1911 年各分局联合奉送的贺礼西洋镜上所刻各分局名称；2. 笔者收藏品及所见藏友收藏品；3. 已发表的及相关文献记载的资料。

海洋移民、贸易与金融网络

至 1921 年，天一信局的国外局达 21 家：菲律宾（7 家）的吕宋（今马尼拉）局、宿务局、怡朗局、三宝颜局、苏洛局、怡六岸局、甲答育局；印度尼西亚（7 家）的巴城（巴达维亚，今雅加达）局、井里汶局、垄川（三宝垄）局、泗水局、巨港局、万隆局、把东（吧东）局；马来西亚（2 家）的槟城局、大吡叻（今霹雳州）局；泰国（2 家）的暹罗（今曼谷）局、通扣局；越南（1家）的顺化局；新加坡（1 家）的实叻局；缅甸（1 家）的仰光局。国内局达 8 家：流传总局、厦门局、安海局、香港局、马銮局、漳州局、浮宫局、泉州局。

天一信局鼎盛时期，在海外设有机构 24 家（见表 3 - 1），在国内有 10 家（见表 3 - 2），雇用员工数百人。1921～1926 年，每年收汇 1000 万～1500 万银元。表 3 - 1、表 3 - 2 所列只是天一信局自身的机构，但实际上在海外各地的天一信局均有众多的代理机构或代理人。如图 3 - 10 所示，住在马六甲吉灵街的怡成号就是代理天一信局的收批机构。

在侨批的经营中，海外收批是源头，海外信局的设立是关键。天一信局海外网点设立，一般基于市场运作考虑，主要有如下几个方面：一是业务资源，是不是闽南籍华侨聚居地；二是人脉关系，是否有合适的负责人；三是能否运作，航运、邮政、银行是否设立，运作成本如何；四是该网点在整个侨批运作网络中是否发挥作用。

（二）批路、汇路的运作流程

对于侨批的运作方面，它是不同于管理层级的。图 3 - 11 表达的是天一信局的管理网络，代表机构内部的管理层级。管理层级一般在于投资的关系，按照投资的份额是否有控制企业的关系，总局与分局有上下级关系，总局、分局与代理局则是相互委托代理关系。

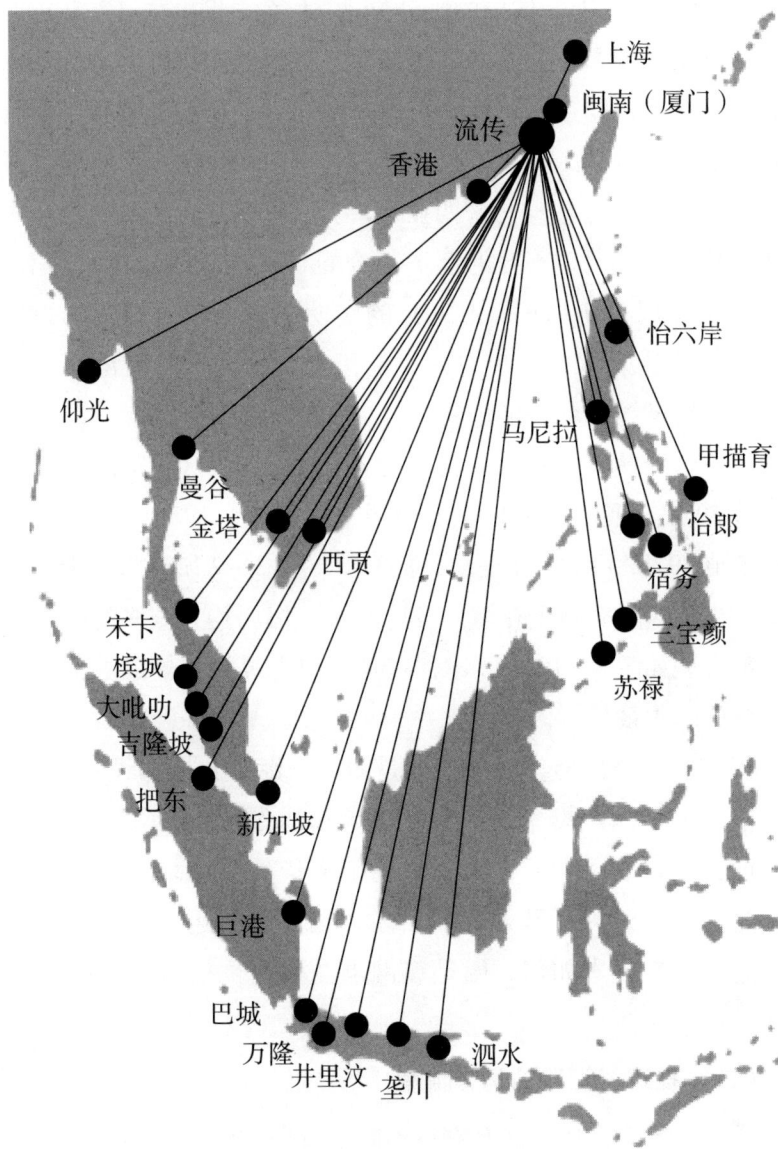

上海
闽南（厦门）
流传
香港
仰光
怡六岸
马尼拉
甲描育
曼谷
金塔
怡郎
西贡
宿务
宋卡
三宝颜
槟城
苏禄
大呲叻
吉隆坡
把东
新加坡
巨港
巴城
万隆
井里汶
垄川
泗水

图 3－11　天一信局的管理网络分布示意

我们认为，侨批有三大事，对于国内侨眷来讲，是接到海外来信，收到随信的款项、接信银后写回批；对于华侨来讲，是写批信，附上要寄的钱款，收取回批；而对于信局来讲，则是批路、汇路以及如何规避风险增加盈利。

天一信局的经营网络与管理网络是交叠的，并非完全一致。天一信局的经营，包括批路、汇路的选择，虽然具有草根性，但也必须按照当时的国际邮政、国际金融、国际贸易等实际情况进行，必须借助于更强大的邮政、金融、贸易、航运等大的网络系统进行开展业务，并且必须因时而变、因地制宜。

1. 批路

批路就是侨批信件的国际传递线路。批路在海外的主要节点口岸，以马尼拉、新加坡、巴达维亚、曼谷等地为主；在国内以厦门口岸为主。当然，这些海外口岸与厦门要有通航、通邮才可借助传递侨批。不过，只要海外口岸与厦门有通邮关系的均可能作为侨批运送的邮路。但在具体的侨批运转过程中并非都是直接，在没有直航的情况下，常常需要中转或中间停靠。如厦门—新加坡航线，也可能经汕头、香港中间停靠。这种情况，侨批的邮程就会更长了。

在海外侨居地，信局利用亲友、熟人的亲缘、血缘、地缘的关系，利用个人人脉、华侨开设的商铺，撒开网络，广收侨批，然后集中到口岸，以信局的名义，将侨批汇集封包，通过国际邮局寄往厦门邮局。

侨批总包到达厦门后，由厦门天一信局领回，按照收批人的地域按厦门、安海、流传等地进行分类，对于泉州片区和漳州片区的侨批封包，由信差（交通差）分别运送安海局和流传总局。这两个局收到侨批总包后再将侨批区分派送线路，分给各自的信差连同信款一并进行登门派送。信差同时向收批人收取回文，派送信局汇集后，原路寄发海外，转交寄批人。

由此可知，侨批的批路以"南洋口岸—厦门"之间的海路为主连接渠道，双向运行，而在两头以南洋口岸、厦门为节点，各自扩散形成扇形的跨国通信网络。

天一信局收侨批、送银信都有一定的规范程序，以方便华侨和侨眷为原则，服务周到，用现在的话来说就是"比较人性化"，因此，深得华侨、侨眷的喜爱和信赖。

随着侨批业务的不断增加，天一信局作为透局，为提高侨批的汇转速度，逐步改变"单打独斗"的状态，构建了收汇局、承转局、派送局三个层次的业务流程，实现了侨批业务的分工协作体系。而在这其中，"帮号制度"发挥了积极的作用。帮号是侨批用以管理登记的办法，侨批局依照侨批封背面的帮号编码登记造册，连接整个传送过程，成为连接侨批快速周转的纽带。顾客寄发侨批时，海外收汇局的人员会当面依照"账本码"编好号数，使用"苏州码"或繁体数字戳印或书写在批封上，及时登记造册，副册随批封同时寄出。根据这个副本，收汇局、承转局、派送局之间据以交接。每个侨批局都有其相对固定的客源，承转局、派送局可以根据已有的登记，查询获得具体的地址。侨乡派送局的批差在收到回批后，都要按帮号分别进行销号，然后送到厦门承转局，厦门承转局按照海外帮号销号整理后再汇总寄到收汇局销号。这样就是信差到派送局销号一次，派送局到承转局销号一次，收汇局送达寄批者后最后销号，一共三次。虽然在实际操作过程中耗费了大量的人力、物力，但是这样的操作流程基本保证了不出差错，不会丢批、漏批，增加了企业的信用。对于此种做法，在当时的邮政局是无法可比的。

苏通海先生收藏的一本 1918 年天一信局账册[①]，记载了 1917～1918 年天一浮宫分局的详细账务，全年一共有 108 帮，接收批信 13264 封，涉及金额为大银 153671 元，平均每天 426.86 元。天一

---

① 苏通海：《年终结账——解读天一局浮宫分局一本流水账》，载《漳州侨批史话》，福建人民出版社，2015，第 47～50 页。

海洋移民、贸易与金融网络

厦门分局从海关（邮政）领回邮件总包后，须把侨批按区分拣，重新编号，登记造册，即使单枚侨批也是如此，所以，从正月开始直到腊月（农历十二月），一共有108帮，一帮不漏。回批的流程应该也是如此，派送员把侨批分发到侨眷家中，把款项、家书交接清楚，侨眷写好回批；汇拢之后，按原来的帮次，编号发回厦门天一分局，再发往国外。

2. 汇路

汇路就是将海外的货币如何调回国内的汇兑办法。在水客郭有品时代一般是带回原货币，即侨居地国家的货币，一般是银元（洋银）。在侨批信局时代，侨批款项属于侨汇，是一种非贸易外汇，受制于国家的外汇收支管理，但在整个国际金融汇兑体系中，国际银行不分贸易与非贸易款项，统一作为货币兑换与资金划转的业务进行处理。因此，信局必须借助于国际金融汇兑体系将侨批的资金头寸调回国内。侨批业务运转有四个环节：收揽、承转、分发以及资金头寸的调拨。天一信局是一家透局，它的侨批资金的运作网络都是由天一信局组织统筹运作的。为了提高效益，方便调拨资金，天一信局在中国贸易中心口岸的上海和香港设立机构，负责各局的资金调拨。

在清末民初，海外侨汇资金的汇兑大都控制在外国银行，尤其是汇丰银行手里。民国后，随着东南亚华资银行的设立，部分侨汇的国际汇兑业务才逐步转入华资银行办理。同时，天一信局改称天一汇兑银信局之后，也逐步建立了自身的汇兑体系。

侨批的汇兑形式也由最初的信汇逐渐发展为集信汇、票汇、电汇三者为一体。在国际金融活动中，这些外汇交易属"现汇买卖"，也称为"即期外汇交易"。

侨汇的承转是关键环节，风险控制十分重要。南洋收进了汇款，会用其周转赚钱，分为金融流通和贸易流通两种途径。金融流通是指信款在三角、四角甚至多角外汇市场进行周转，利用汇率差异套取差额利润。当然，这风险很大，套汇方向错误，亏钱也快。贸易流通是指利用汇款在南洋、香港、上海、闽南之间进行的土产贩卖，赚取贸易差额利润。金融和贸易都会受到市场波动的影响，进而影响侨批局的运作。

侨汇的传速则还需通过资金调拨机构如国际银行、汇兑庄等进行周转。南洋收汇局向国内承转局转送时，侨汇款和批信并不一定会同时到达。海外局收进汇款，要转入国内局，国内局要将汇款支付给侨眷，当两地之间汇兑不及时之时，便产生了债权、债务的关系。这一债务关系通过第三外汇市场（通常是上海局或香港局）进行结清。当汇兑率波动较大的时候，炒汇就近似于赌博。例如，香港的"有信银庄"每天都打探金融行情。正常情况下，汇兑的三角、四角流转过程中，厦门承转局握有主动权。因为侨批局的书信和清单直接寄到厦门局，批款经上海或香港流转后也需汇到厦门局。当厦门承转局认为外汇交易耽搁其解付信款时，就会催促转汇机构，进而对转汇机构的信用造成影响。转汇过程中三角、四角关系之间的牵制作用相当明显。天一信局的独特之处在于它拥有自己的收汇局、承转局、派送局以及上海和香港的资金调拨机构，在交易中更加便利，然而其家族式管理模式使得监管缺乏，容易产生监守自盗、盲目炒汇的问题。1928 年，天一信局因炒汇而倒闭。一位目睹当年天一信局倒闭过程的亲历者曾这样描述：

> 这种牌价起落预购汇款，有类于资本主义市场中证券交易所投机性质的买空卖空，如果掌握不好，极易垮台。我记得厦门市当年有一家天一局庄就因为预购汇款，随着牌价跌落亏折到一百多万元，令人咋舌。①

---

① 贾俊英：《传统与现代：近代侨批局的信用嬗变——以天一局为个案》，载世界海外华人研究与文献收藏机构联合会会刊《华侨华人文献学刊》第一辑，社会科学文献出版社，2015，第 42~43 页；转引自《福州工商史料》第一辑，1984，第 143~144 页。

3. 运作流程

海外收汇局设在东南亚各国，负责收揽侨批。华侨可以到天一信局的店面汇寄侨批，也可以等收批人上门收批。侨批局工作人员收到侨批后会开一收据给汇款人，此项收据为制好的三联单：一联交由汇款人作为收据，一联作为存根，一联寄回国内的经理人。在侨批中的汇款多为当地货币，由天一信局将其兑换为本国货币，兑换之后的数额即为华侨汇款的数目。汇款人要在信封上左方标明汇款的数额，有时也会先由天一信局依批据垫付汇款，等到国内家属的回信寄到侨批局时再向汇款人索要汇款。收汇局收到批信以后，寄交到国内的承转局。款项则是另汇，闽南侨汇常以汇厦门为原则，但是因为国内各地汇水市场的涨落，也常有汇至香港或上海，后转汇到厦门的。

厦门分局为承转局，是南洋与内地之间的承转机关，负责承转进出口的侨批，以及回批的抄底、封发及批银报头盘局调拨等。汇款则是由当地银行（多为汇丰银行）汇寄回厦门，其中经过的时间所生利息归侨批局所有。同时，南洋侨批局也可以利用收集到的汇款在南洋当地购买国内紧俏的商品，运到国内后转卖赚钱，多出来的钱又是侨批局的利润。厦门分局收到汇款通知后，登记其汇款来去地址、姓名及款额。国内承转局虽有时未接到南洋的现款，但仍会按照侨信所写款额分送各收款人，

19世纪中叶开始，大批的闽南人经厦门移居东南亚各地，使厦门成为东南亚华人移民的出入口岸。这些迁居东南亚的移民寄回侨乡的汇款也随之以厦门为集散地，因而厦门是闽南经济、金融中心，是华侨出入口岸和国际邮递口岸，它的繁华就在于它是一个转运口岸。因此，闽南侨汇的承转局均设在厦门口岸。

派送局常常设立在侨乡，即侨批分发的中心处，此时有流传、安海、马銮、漳州、泉州五个分局，负责将信、汇分发到户。解送人员多名，解送人员多是聘请亲戚或者是有裙带关系的人担任，在

侨批旺季时还会聘请临时信差参与。派送范围几乎遍及闽南大小各个侨乡。

天一信局的网络成为一种国际的通信汇兑联网,有固定的收汇办事机构和店面。天一信局在以后的发展过程中,不管是新建还是重组,侨批局的机构形式都是遵循或者仿造天一网络的模式,以收汇局、承转局、派送局交接委托互成网络,分工更加明确、细致,以公司统率收汇、承转、派送业务或者联网形式组成国际大网络,运转侨批的书信和汇兑业务。正是这样一张庞大、复杂的侨批局组织网络,承载了源源不断的侨批与回批在南洋与闽南之间的流动。

资本大的汇兑信局,如天一信局,常利用汇水涨落行市做买卖汇单生意,因为普通信局收到侨汇后常先利用该款周转他项牟利,侨信到达国内后,信局都争相汇款,此时市面汇出款比较多,汇水行情比较涨。天一信局看准这一时机,常常反其道而行之,事先大量买入汇单,到此时汇水行情高涨时再行抛售,以此从中牟利,因此,买卖汇单也成为汇兑信局的主要业务之一。正是这种充满投机的市场环境之下,许多信局因此而倒闭,天一信局也不例外。

上海曾经是远东最大的贸易中心,当然也成为中国侨汇的承转中心之一,闽南侨汇也有一大部分经由上海转汇。在上海设立汇兑信局,还与华侨投资和汇水有关。闽南地区的东南亚侨商多,1920年代后在上海的投资增多,用以投资和投机经上海中转的侨汇也增多,中国的福建、上海与美国、东南亚(菲律宾为多)之间因侨汇资金的流动而联系频繁。福建帮商人将货物运到上海,先开期票由上海汇兑信局收购,即"买汇"方式,汇票到期就在上海收回,利用两地货物与资金的互动,产生的不同的差价,从中牟利。再者,为赚取汇水。1930年代初,不少菲律宾华侨将菲律宾土特产输往美国,所获得的货款由美国汇往上海然后转汇到闽南或者留在上海投资,既便利又能够谋取暴利。1934~1937年白银风潮,菲律宾侨批业为了争取侨汇,采取降低或免收手续费的做法,将侨汇通过美国汇往上海，再由上海购票或购现运送至闽南地区厦门，赚取厦、沪白银差价。上海的闽南侨汇可以分为以下几种情形：闽南华侨用于上海投资的侨汇、应转汇到闽南地区的侨汇、留上海赡养家庭的侨汇。"闽南侨汇的转汇和侨汇的运作大大增加了上海福建帮的经济实力，使上海福建帮在 1920～1937 年的 18 年间，维持了上海各商帮老二的地位。"[①] 由此可见，天一上海分局的作用，一则利用上海金融市场中心的便利将海外天一信局揽收的侨汇头寸调回国内闽南，提高天一信局侨汇的整体运作效率；二则利用上海金融市场的活跃与机会，赚取汇水差价。

1921 年后到 1929 年世界经济危机前夕，东南亚一带曾遭遇通货膨胀，物价暴涨，许多侨商一败涂地，尤其以菲律宾受损最重，普通华侨的经济收入也受到严重影响。与此同时，闽南社会则是政治斗争和匪患严重，加之中国银行走向成熟，逐渐控制了闽南的金融业，天一信局又在年关兑现的紧要关头炒汇失利。一系列因素作用下，天一信局应付不来，最终黯然退出了历史舞台。1928 年，天一信局停业以后，其在厦门的房产也转卖给了中国银行厦门分行。

诚然，天一信局倒闭的原因是多方面的。信局经营者没有认识到侨批信局只具"草根性"的"小金融"，而过多地参与西方先进大银行开展的金融创新业务，大做汇水买卖投机，因香港、吕宋分局买卖汇水投机严重亏损，触发系统资金链断裂而不得不关闭。

郭有品从一名普通的水客、客头做起，发展成为清末民初闽南最大的侨批信局。由"水客"走单帮的初级银信传送方式，再到专业化、国际化连锁经营，建立起一整套银信揽收、承转交接、委托派送、资金调拨的经营机制，为后来的侨批业经营奠定了基本模式。这其中除了郭有品人缘好、头脑灵活、善于经营外，诚信是其发展和壮大之本。

---

① 陈楚才、陈新绿：《上海福建帮与闽南侨批关系拾掇及剖析》，载泉州市侨联等编《回望闽南侨批》，华艺出版社，2009，第 161 页。

天一信局以郭有品的信用为基石，以家族企业为管理模式，以血缘和地缘关系发展客户扩展业务，以设立固定的侨批国际收发网点建立起收汇、承转、派送、回文处理的一整条侨批、侨汇运作链，成为跨国的侨批运营公司。天一信局的网络化经营模式、专业化的分工、合作，提高了侨批业的运营速度和信用，对于推动闽南地区侨批业的发展起到了良好的借鉴作用。

第二节　王世碑与其王顺兴信局

　　与天一信局是杂局不同，王顺兴信局①专营菲帮（又称宋帮）业务，而且是一家典型的家族式企业。王顺兴信局基于做专一处的理念，其业务网络以代理的方式为主，自有机构仅在马尼拉、泉州、厦门三地设立。

　　王顺兴信局专营菲律宾侨批的主要原因是，泉州晋江华侨以旅居菲律宾为主。有移民才有侨批，移民多侨批才会多。据记载，在菲律宾的华侨，以闽南人居多，到1886年，已有登记的旅菲华侨达9.36万人，七成多居住在马尼拉。1939年泉州籍菲律宾华侨8.29万人，占福建籍菲律宾华侨8.54万人的97.1%，占菲律宾华侨总数11.05万人的75%，占福建华侨135.95万人的6.1%。②1958~1960年，晋江籍菲律宾华侨36万人，占泉州籍菲律宾华侨52.79万人的68.2%③。

　　王顺兴信局经营侨批业务可以从创办人王世碑涉足南洋"水客"

---

① 本节参考陈如榕《王顺兴信局访寻拾遗》，载泉州市侨联等编《回望闽南侨批》，华艺出版社，2009，第39~44页；庄少月：《王顺兴信局探析》，《闽南》2010年第4期，第52~56页；《百年侨批那些传奇人和事》，《东南早报》2012年7月23日，第A06版；常慧：《侨批的变迁——以王顺兴信局为中心》，《闽商文化研究》2013年第1期，第48~55页。

② 卓正明编《泉州市华侨志》，中国社会出版社，1996，第11页。

③ 卓正明编《泉州市华侨志》，中国社会出版社，1996，第13页。

开始算起。清咸丰元年（1851 年）王世碑开始做起南洋"水客"业务，经过艰难创业，终于成为一位有名的"客头"。1898 年，他创办王顺兴信局，并在大清邮政局注册登记。此后，王顺兴信局侨批业务逐步进入繁荣阶段，后来为了适应汇兑市场的需要，改称王顺兴汇兑信局，直到 1935 年汇兑信局关闭，历经 85 年（1851～1935 年）。

王顺兴信局得以历经三代兴盛，作为一家私人的侨批企业，能持续经营侨批业务 80 多年之久，留史于侨批业，这在泉州侨批史上是仅有的。当然，在这其中蕴含着王顺兴信局独特的经营理念、经营方式等。王世碑一生颇为传奇，他从一个穷苦的水客，到泉州"邮政之父"，进而成为无人不晓的侨批业界翘楚，是侨批闽商勇于拼搏的典范之一。

目前，王家后人仍在全世界开枝散叶，颇有成就。王顺兴信局遗址于 2009 年被列为第七批福建省重点文物保护单位。图 3－12 为个性化邮票，展示了王顺兴信局遗址和文物。

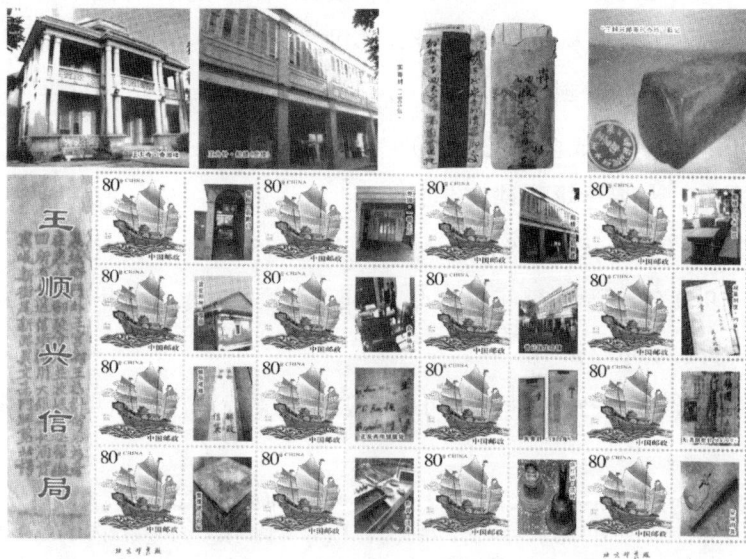

图 3－12 个性化邮票展示王顺兴信局遗址和文物

一 王世碑与其王顺兴信局

王顺兴信局创办人王世碑（1832～1912年），泉州新门外王宫乡（今属泉州市鲤城区江南街道办事处）人，自幼家境贫寒，以剃发为业。清咸丰元年（1851年），19岁的王世碑前往厦门谋生，经友人介绍，在一条往返厦门和吕宋（今菲律宾）间的大帆船上当船工，逐渐熟悉海上航行生活。那时，开往吕宋的航船主要搭客，兼收货载，往返一趟要20多天，如遇暴风大雾，则需要一两个月甚至更长时间。

泉州地方旅菲侨胞众多，常有往来船客。此时，正值下南洋的大潮，初次南下吕宋的新客也越来越多，王世碑善于航海，深知海途艰苦，旅客局促舱中，晕船思乡，肉体精神俱受折磨。世碑对于搭客，每每尽心照料，对初尝海上旅途之苦的新客，更是体贴入微，因此，得到搭客好感。华侨在外思念家人，稍有粒积，也要寄批回家尽赡养之责。由于当时国内外邮电、银行业尚未开通，海外华侨只能于祖国来船时寻觅熟悉的乡亲捎带书信与银款回家，但机会难得，往往不易碰到，旅居山区小埠的人，甚至数年不得一寄。世碑人缘极好，认识者渐多，王宫乡邻近各乡，原多吕宋客（菲律宾华侨），前来委托者日多。世碑对他们深表同情，毅然代为传书送款，于回家时，代为递送分发，并于下一航次回报委托人，使华侨与家乡亲人之间得以互通信息。起初，只是为熟人义务传递，并不收费，但委托人为表示谢意，常送礼为酬。由于他的信用日著，互相传报，即使不认识的人也辗转托人请其带钱传书，并给予酬劳。世碑从此辞去船工一职，专以代客传送信款为业，成为职业"水客"。当时菲律宾属西班牙统治，华侨汇款最初系用"拐银"（西班牙银元）、"鹰银"（墨西哥银元）原币交付，水客或客头将其带回家乡分发，收2%的酬金，在乡里交款后，取回文返回吕宋交寄批人为凭。

世碑成为职业"水客"后，以代华侨传送信款为业，同时兼带新客出洋，发展成做"客头"，专做"走水"生意，业务兴旺，于是订下规则，正式向寄批人收取手续费，赚取佣金。当他赚了一定名望和资本后，还雇用水客或家乡人、族人参与。在一封1908年菲律宾马尼拉寄晋江青阳的王顺兴信局侨批封（见图3-13）上，加盖"沈扶助手在岷月收寄王宫客头分送"章，其中"沈扶"系水客，"王宫客头"系指王世碑。但此时侨批的派送应该并非王世碑亲自做，而是由王顺兴信局雇用信差派送的。

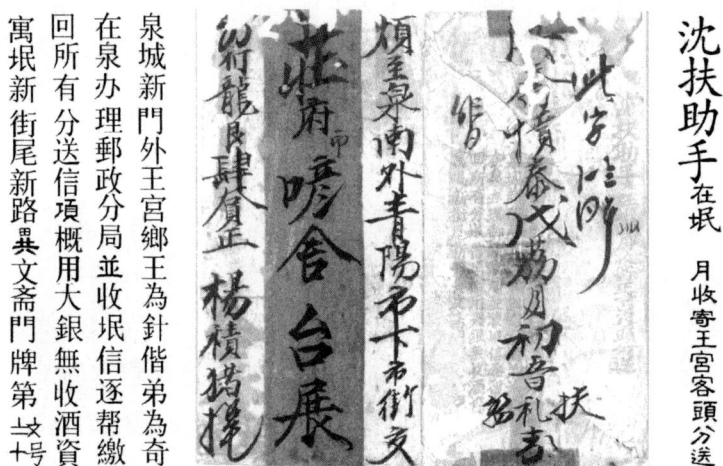

图3-13 1908年菲律宾马尼拉寄晋江青阳的王顺兴信局侨批封

1896年中国设立大清邮政机构，王世碑瞅准商机，于1898年挂牌正式创办王顺兴信局，专营菲律宾侨批（宋帮），在泉州新门外王宫乡的总局兼办邮政代办所（其印章见图3-14），成为泉州最早的邮政代办机构，由此，王世碑被誉为泉州"邮政之父"。

图3-14 泉州王宫乡邮政代办所印章

资料来源：泉州市侨联等编《回望闽南侨批》，华艺出版社，2009，第12页。

海洋移民、贸易与金融网络

19世纪末，闽南地区南下菲律宾谋生的人愈益增多，王世碑的业务亦益兴盛，遂召其侄儿王为针前往马尼拉协助，得到在马尼拉的友人同意后，将信局开设的异文斋刻印店内，王世碑即在此开设马尼拉王顺兴信局，专营信款及汇兑业务。在图3-13的侨批封背面盖有"泉城新门外王宫乡王为针偕弟为奇/在泉办理邮政分局并收垺信逐帮缴/回所有分送信项概用大银无收酒资/寓垺新街尾新路异文斋门牌第79号"章，记载了王顺兴在家乡的地址"泉城新门外王宫乡"和马尼拉的地址"新街尾新路异文斋门牌第79号"。而且还让人了解到信局的主人（王世碑之子王为奇和王世碑之侄王为针）和他们的经营风范。

1912年，王世碑去世。我们可以从其家族1906年《阄书》得知，在这之前，王世碑已将信局交由后人王为针、王为奇等打理，使王顺兴信局得以顺利地延续经营发展。

在当时，泉州市井流传这样的话："在王宫，没听到王为针（"王顺兴信局"第二代掌门人之一）敲银的声音，肯定走霉运。"这一细节足以体现当年王顺兴信局的兴旺。当时每帮船王顺兴信局经手的侨批最少数百封，多则两三千封，如遇上春节、清明、中元等节日，更是增加二至五倍！王顺兴信局生意愈加红火，如日中天！正因为如此，在王宫乡老一辈人中间流传着那句话。"敲银声"象征着生意红火，王宫乡的人们听到王顺兴信局的敲银声，仿佛也就安心许多。因为，每当收到大帮批银，鹰银、拐银、龙银、袁头、孙头等银元时，多种银元难免会鱼目混珠，要想辨别铜银、锡银、焊银其哑声和重量是否充足，必须敲银听声，加以分类整理。那句幽默而又带些调侃色彩的坊间老话，正是王顺兴信局繁荣的真实写照，也反映了大量银元通过侨批信局渠道从海外输入国内的历史事实。

二　严格的家族式管理制度

王顺兴信局有着严格的家族式管理制度，我们可以通过王氏家族的契约文书了解详情。我国古代常见的家族性契约文书，包括阄书、约章、遗书，都是旧时家族分家的一种契约文书。王顺兴信局通过一系列家族性契约文书，约束家族成员讲家规，严格企业管理，避免了许多家族内部纠纷与矛盾的发生。

20世纪初，伴随着全球化浪潮的推动，海外交通也日益发展，马尼拉与厦门之间的轮船开通[①]，大大改进了侨批的运送方式和效率，侨批寄送的数量大幅度增加，也缩短了往返的时间。王顺兴信局大约每半个月来一帮侨批，业务量较以往多出好几倍。起初，王顺兴信局由为针、为目、为奇、为皮四人皆从中协助王世碑打理，有时多人管理难免意见不统一。在这种情况下，信局创办人王世碑放权分工，于1906年农历十一月立下的《阄书》，为了避免兄弟之间"起嫌隙"，明确写道："其客头此途系为奇、为针两人掌理，日后得失与为皮、为目无干，不得藉言生端诸事。"

光绪丙午年（光绪三十二年）十一月《阄书》（摘要）:[②]

　　仝（同）立阄书兄弟（长房、式房）的为针、为目、为奇、为皮，窃慕往古，同居兄弟固乐其永好，而人情变态，世代难保……分为四份阄额，祷神拈定，诸凡开载明白，俱系至公无私，各宜安分照阄管业，无得纷更，今恐无凭，仝立阄书壹样四本，各执壹本永为存照。

　　长房长孙王清溪应份：——在小吕宋买粤汉铁路式佰股的银，壹仟大圆，得失皆伊造化。……

　　——分小吕宋及在厝账项折实并存现银合共式萬陆仟玖佰零叁大圆，除抽充买交轮并赡养及长孙兼为皮螟岭医病，并为红娶妻生涯，共银玖仟壹佰大圆。除外尚剩银壹万柒仟捌佰零

---

① 马尼拉与厦门之间最早开通的轮船为"泰山号"。

② 根据泉州市侨联等编《回望闽南侨批》，华艺出版社，2009，第18～20页的图片资料释读文字，标点符号系笔者所加。

叁大圆,作四份分,每份分去肆仟肆佰伍拾大圆零柒角伍占,其客头此途系为奇、为针两人掌理,日后得失与为皮、为目无干,不得藉言生端诸事。

王顺兴信局生意愈见兴旺,名声更噪,此时又逢"好光景",侨批生意蒸蒸日上,从南洋流入王宫乡的银元源源不断。

1912年,享年80岁的王顺兴信局创始人王世碑去世了,其业务由为针、为奇两人共同负责。借着时代的春风,王顺兴信局一天比一天兴旺。因开办时间久,王顺兴信局深得侨胞信任,营业愈益发展,乃增用人员,开设分支机构。在厦门则以廿四崎脚会文堂书庄为代理,泉州则在王宫乡家中。

为奉行立信立本的信条,以便"亲兄弟明算账",确立长远的规则,为针、为奇于1926年签订《约章》叁拾叁条,又于1930年增修《条约》贰拾叁条。内容明确各自房宅产权及王顺兴信局、顺兴隆布庄两途生意双方股权、营业执照法人及法定住址、核结日限、核结得失摊分、经理人职能范围、分红及薪金、食宿补贴、私项利息标准、两地赴任及互派子嗣规定、随行家眷待遇、双方子女制约关系、个人家眷无妄之灾、亲友借欠处理、公私置物、应酬及认捐、亲戚丧喜事应酬、年节忌辰祭扫、社戏、社会义举、慈善公益、投资权宜、签批权限、内外铺局人事聘用权等,诸多事宜均有明细之规定,由为针、为奇两相认可签押并严格执行。

(一) 1926年《约章》

民国十五年(1926年)十二月,王为针、王为奇立下《约章》(见图3-15),除分拆厝宅管理权外,主要是制定顺兴信局和顺兴隆布庄的规章制度。摘要部分原文如下:[1]

---

① 根据泉州市侨联等编《回望闽南侨批》,华艺出版社,2009,第24~26页的图片资料释读文字,标点符号系笔者所加。

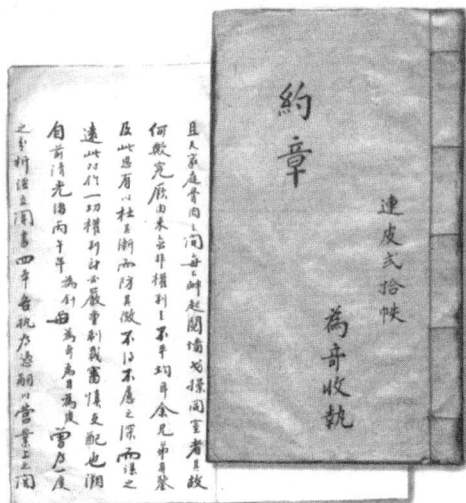

图 3 – 15　1926 年王顺兴信局《约章》

　　且夫家庭骨肉之间，每每衅起阋墙戈操同室者，其故何欤？究厥由来，无非权力之不平均耳。余兄弟有鉴及此，思有以杜其渐而防其微，不得不虑之深而谋之远。此对于一切权力所必严重制裁审慎支配也。溯自前清光绪丙午年，为针与为奇、为目、为皮曾为一度之分析，经立《阄书》四本，各执为凭。嗣以营业上之关系，针与奇分而仍合，藉收指臂之效，而目与皮不与也。此二十年幸赖祖宗默相，兄弟和衷，外则商号颇有扩充，内则产业亦有增建，而我兄弟两人固始终为一，毋有违言也。所可虑者，家中人口逐渐加多，生齿既繁，众心难一，未必皆能曲相体谅，而不致于滋生误会，则与其使之有可藉口，不平则鸣，何如使之无可生心，有条不紊，欲免后日之轇轕，决宜未雨而绸缪，爰秉至公，推求利弊折衷，一是详订规条，总使及身可并行而不悖，更期盼人须恪守而违是，则余兄弟佥立《约章》之本意也。

兹将顺兴信局核实结存资本彬银伍萬伍仟肆佰元：

王为针应壹半的彬银式萬柒仟柒佰元，

王为奇应壹半的彬银式萬柒仟柒佰元；

式条合共彬银伍萬伍仟肆佰元。

又将顺兴隆布庄核实结存资本彬银陆萬元：

王为针应得资本壹半彬银叁萬元，

王为奇应得资本壹半彬银叁萬元；

计式条合共彬银陆萬元。

兹将协订诸章程胪列于下：

第壹条　顺兴信局营业照即（利申舍）公用王清安之名，住址在小吕宋岷埠捞示描乳迎街门牌三百一十九号。

第式条　顺兴隆布庄营业照即（利申舍）公用王针之名，住址在小吕宋岷埠洲仔岸街门牌五十八号。

第叁条　营业照顺兴信局、顺兴隆布庄虽用王清安、王针之名，每年核结得失皆为针、为奇各得壹半摊分，不得异议。

第肆条　公订两途生理所用之营业照名即（利申舍名），该人不得擅自代人当官保释以及担任等等事项，宜守规约为重。

第五条　凡在岷里拉掌理信局兼督理布庄，无论为针、为奇受任，薪金全年彬银壹仟捌佰元，无出身花红；为针、为奇不受职者，要任别人，不能照例薪金，应另行会议酌定之。

第陆条　凡在家掌理信局兼管家事者，无论为针、为奇受任，薪金每月给以大龙五（伍）拾元，无出身花红；为针、为奇不受职者，要任别人，不能照例薪金，应另行会议酌定之。

第柒条　在岷里拉经理一职任期以式年为限，如为针、为奇要告老时，要命继任之人及顺兴隆布庄经理一职，皆宜两相同意认可，方有效力。

第捌条　在岷里拉经理信局任期以式年为限，倘未满任有事急应旋家或满期因事不能赴任，应互相函会接替，或有同意之人续受亦可。

第玖条　顺兴信局、顺兴隆布庄两途生理每年核结一次，以阳历年终为限，照算呈阅。

第拾条　公订诸交关账项除顺兴隆布店照旧章外，本信局诸客如拖欠日久，已无来往全数收入有账集，若有还者当记来账，死者开销。

第拾壹条　议订顺兴信局、顺兴隆布庄照所合资本，可谓丰足，今后逐年结算，所获之利，全数均分，记在各人在息项内，以便应用。

第拾贰条　各人凡有私项，可在于本公司内每月给利息四厘，逐月清算。

第拾叁条　公订为针、为奇除有在息项各人可支外，设若应支侵入股本，以壹仟元为限，逾额则应知会认可，然后许支。惟利息每月照坐，本公司壹分项数，不论多少。

第拾肆条　在岷凡掌理信局以及布店，不论谋作何项，生活所有得失，悉数归公，不得营私，以昭正道。

第拾五条　如在泉州倘有友人招作生理或予以赞助项，两相认可，即归公司。设若不同意者，可由个人作为己有，与公司无涉。

第拾陆条　公司在岷如要再扩张生理项，为针、为奇两相认，可方得推行。

第拾柒条　议定两途生理，无论顺兴信局、顺兴隆布庄，设若不利不得使亏，蚀过资本四成，理应两相知会，再筹进止，以图无虞。

第拾捌条　王清镜、清溪、清辉、清楼、清岸、清悦等虽有股东之名，皆系乃父偕作商字之用，非他己有份额，无权干涉两公司之事，所有事权应归乃父为针、为奇主持，以免混乱。

第拾玖条　凡掌理岷埠信局职任，带有家眷来岷者，信局内倘无位置可住，应当别租，其租金、福食均归公司理之（每月计以叁拾元为限）。

第式拾条　凡属公事，不论在家或小吕宋意外受祸被罚应开等项，全数归公开用。

第式拾壹条　凡各人子侄孙不得在公司内任意支项，如任两公司为伙者，亦不得侵支过薪金以外，设有违犯者，各父老应坐理之，不得推诿。

第式拾式条　凡属亲戚扯借银项以及来往欠款，应由各人抵当，不得推入公司，以符责承，两毋推辞。

第式拾叁条　凡属朋友借项，如属公交，不得出借过式佰元，逾额应行知会，如同意方可付出；否则，归个人自理，公司不负职任。

第式拾肆条　各人子孙婚姻嫁娶以及生男育女、丧喜等事，各自担当，方无厚薄，公司惟三餐饭菜付足而已。

第式拾五条　此后各人人等来往川资等用，暨由各人自给，公司无涉。

第式拾陆条　自丙午年世碑叔（父）在日，与为目、为皮四柱分爨，立有《阄书》外，后为针、为奇原将生理家事再联合作，计有顺兴信局、顺兴隆布庄生理及厝宅经支配外，其所建南门马路三层楼屋全座及龙眼树橪（丛），为针、为奇各得壹半，俟诸后日均分，其余田园暂拟充作奕光公阄轮四柱论流承当，值当之年，每逢年节忌辰祭扫，归其办理，然须候待他日实行，充当时核计确数若干，录登阄书，以昭永远。

第式拾柒条　公司此后只备家中日食饭菜，以及年结忌辰祭祀及应酬诸亲朋丧喜事兼内外捐款，余者不干公司之事。

第式拾捌条　凡亲戚丧喜事除属先祖之戚，应归公司办理，其余各人自理。

第式拾玖条　此后凡置家具等物，如合公共应用者，可由公司购买之，为属私家物件者，则归各人自置。

第叁拾条　此后凡田园、树檨（丛）、厝宅、店屋等业无庸建归公司，由各人合意者买为己有。

第叁拾壹条　凡遇有事无合本章之约，应行知会两，可方能进行，不能擅自为之。倘逢紧急之事，不能等候知会者，可以暂行后达。

第叁拾式条　如以《约章》尚有不周，可以会议增改，期无缺漏。

第叁拾叁条　所立诸章程，为针、为奇两相认可签，签押在末，务须切实履行，不以越轨，以垂久远而重约法。

可以看出，自创始人王世碑去世后，王顺兴信局由为针、为奇在泉州及菲律宾两地之间轮流主持，每两年更换一次。二人经营管理生意业务井然有序，共同立下《约章》，逐渐显示出现代企业经营管理的某些特点。这也是促进王顺兴信局持续发展的重要原因之一。

由于业务发达，经营有道，王顺兴信局年有盈利，王氏家族日益富裕，于是，1920 年代末到 1930 年代初在家乡王宫乡建筑船楼和奇园两栋"洋楼"。船楼主人王为针于 1925 年在王宫霞塘建造形似大船的宅院建筑群，占地总面积约 700 平方米，于 1929 年竣工。前座呈船首之状，后座骑楼式排屋，呈船尾之形，既融入西式又不失传统；雕花木门、百叶窗户、廊间枪眼密布，内廷有隐式天井，精巧细节随处可见，有些许南洋风格。紧随其后，王为奇兴建"奇园"楼，于 1928 年奠基动土到 1930 年告竣，历时 3 年。占地总面积约 2000 平方米，采纳次子清辉与英国人共同设计的别墅蓝图，12 根刨光的通顶欧式圆柱，展示了古罗马的风韵，十分气派。第一层高约 4.5 米，沿着 29 级台阶即可登上二楼，整座建筑的地基被特意垫高约一米，以防洪水侵入楼中，楼内设有望远镜、枪眼、暗道等，欧式风格，洋气十足。这两座建筑群在当时的王宫乡可谓是鹤立鸡群，独占鳌头。2009 年，两座建筑群被列入福建省级文物进行保护。

（二）1930 年《阄书》

民国十九年（1930 年）八月，王为针、王为奇又订立《阄书》，对《约章》进行补充：①

前清光绪丙午仲冬，余兄弟及为目弟、为皮弟曾经壹度分析立有《阄书》四本，各执壹本为据。余兄弟因营业上的关系，旋即仍合，而为目、为皮弗兴焉。民国丙寅冬间，余兄弟虽有分析之提议，旋亦打销弗果实行，惟时厝宅支配阄分各自管理，若营业问题、不动产问题、经济问题，则订立规条载之《约章》，藉资遵守而已，迄今又伍年矣。……趁吾两人健在及身和平解决，以善其后之为得也。遂乃当面协商，平心妥议，对于厝宅、店屋、田园、果树、营业、经济诸问题，应合者合之，应分者分之，应归并者归并之，应制裁者制裁之，家用器物则支配而均分之，双方俱经同意，两家之阄有违言，因立《阄书》两本，各执一本为凭，其丙午年立之《阄书》、丙寅年订之《约章》并保存之，以供参考，若求手续较为完全者，则必以是本为根据焉。……

——顺兴信局既有资本，为针、为奇各得壹半，得失盈亏照份均摊

——顺成钱庄既有资本，为针、为奇各得壹半，得失盈亏

---

① 根据泉州市侨联等编《回望闽南侨批》，华艺出版社，2009，第 20 ~ 22 页的图片资料释读文字，标点符号系笔者所加。

照份均摊

——顺兴信局顺成钱庄所有家俬器具现归公用，如免用时，为针、为奇即均分之。

（三）1931 年《约章》协议增修条约

民国二十年（1931 年）六月，王为针、王为奇在 1930 年《阄书》基础上，又对《约章》协议增修条约，摘要如下:[1]

——垠中信局设经理一人，总理内外壹切事务；帮理壹人，掌理局内财政。以值任者为经理，未值任者为帮理。由为针、为奇互相轮流。倘若本人未能亲往任，由各人选派一人充任之（不论子孙、外人均可）

——经理人薪金每月彬银壹佰伍拾元，帮理人每月薪金彬银伍拾元。任期以满足国历两年为限。倘须选派外人充任，无论选派者与受派者所定薪金多少，局中均须照所议经理人壹佰伍拾元、帮理人伍拾元之数给予选派者，不得增减。

——关于局中进出款项及一切文件有必须签号者，应由经理人与帮理人联名签押方有效力，倘若未经联名签押者，所有责任应由单独签押之方面独负其责。

——以后经理人及帮理人不论是为针/为奇本人，抑或子孙或外人充任，如有带眷住宿局内者，食宿费应依所带人数多少照市价津贴公司伙食厝租，如局内无处可容，应另向外别租。

——帮理人除每月支领薪金彬银伍拾元外，赏年则于年终时视得利之多少临时酌定，至经理人除薪金外，不再给赏。

---

[1] 根据泉州市侨联等编《回望闽南侨批》，华艺出版社，2009，第 22～23 页的图片资料释读文字，标点符号系笔者所加。

海洋移民、贸易与金融网络

——公益义举如以公司名义（即顺兴、顺成）捐题者，应由公司负责。若以个人名义者，则由个人负责。

——为针所筑书房之楼墙系跨为奇廻向规带，日后为奇如欲增筑层楼、抑欲翻盖认为必要时应即拆卸重筑新墙。

——人生祸福所难预料，倘逢无妄之灾或遭意外之变，所受损失应由个人自理，不干公司之事。

——为针、为奇如欲往岷视察信局营业者，所有来往川资旅费均各自理，惟食宿两项应由公司供给，但不得支领薪金。

——为针、为奇如同时在泉，对于泉州信局、银庄应共同监督，每月各支薪金大洋五（伍）拾元。倘两人之间一人赴岷值任时，无论何人在泉，对信局、银庄仍需分别监督，但薪金每月仍以伍拾元为限，不得借故多支。

——岷中信局如为针值任经理时，泉局得由为奇派其子孙一人办理局中事务。如为奇值任岷局经理时，泉局事务改由为针派其子孙一人办理之，薪金则固定大洋叁拾元。倘自己之人，得以雇用外人，每月薪金改定大洋式拾元。赏年无论自己子孙或外人均于年终临时酌定。

——为针、为奇对于岷泉两局应负职务，自己不能躬往选派外人充任时，对于受派人如有违法舞弊，选派人应负完全责任。

——凡民国二十年以前之事，除账项错误应互相坐外，其余无论任何事件，双方均不得旧事重提。

——本约章如有未尽完善时，经双方同意，得以遂时修改。

——前订《阄书》《约章》如与本约违背者，应以本约为凭。若本约所无者，则以前定《阄书》《约章》为凭。

三　家族主营侨批涉足多项经营

从王氏家族的《阄书》《约章》等规章制度中，我们可以看出王氏家族主营侨批银信业务，兼营或涉足多项经营。

（一）主营侨批银信业务

与其他侨批信局相比，王顺兴信局的经营具有明显的地域性和跨国网络化特质。王顺兴信局专营菲律宾侨批银信，这与早期出国的泉州华侨多在菲律宾谋生有直接的关系；侨批的流通往返于菲律宾侨居地和泉州侨乡之间，因此具有明显的跨国网络化经营特点。在信局时代，菲律宾王顺兴信局收取批信后，通过国际邮局将菲律宾侨批转寄到厦门信局，厦门王顺兴信局将来件迅速转去泉州，并把泉州信局的回件迅速寄去吕宋，厦门信局同时负责分发厦门全岛及鼓浪屿的信款；泉州信局则办理派送信款及汇兑事宜，当收到厦门信局转运来的侨批，立即把批信按派送线路（批路）分类，同时从银行领取现金，配好家批和钱项，交由信差分发到各乡镇，最后将侨眷回文带回局里并转厦门，再邮寄至菲律宾马尼拉局。

王顺兴信局在王宫乡有专职信差 16 人，其中有负责包括晋江、南安及附近等地的直接派送；而石狮、安海、水头、马巷、同安、安溪、永春、诗山、惠安等地则委托当地信局或商号代为派送。除此之外，还有专门负责人兼出纳、文书兼记账等工作人员。

由于王顺兴信局服务比较周到，所用人员较他局多，工资亦较高，一个信差每月工资有 30~40 元不等，送批时每人补贴午膳费 2 角，如要过江过溪等则会另发渡船费。因而所收信款手续费，比其他信局每元高二仙（分），即其他信局每元收三分，本局每元收五分，每封信另加信件来回邮票费。开始，年营业额不过数千元，旋即增加到万余元。后来不断增加，达到五六万元（用汇票的不包括在内）。

王顺兴信局收汇以居住在马尼拉的华侨为主，兼及山顶、州府等地。凡属外岛客户，多由邮政寄来信札及汇票，以外埠来往账入户。凡是碰到船期，皆提早三四天通知客户，以便前往收信或送回文。如一时款项不便，视其信用可靠者可予代借垫，先行寄出，候回文来时再收款。如有急事也可代用密码电报转达，或代调查事情；如远途来客并招待食宿。一般侨胞日中忙于店务，无暇写信，则于收市关门后代其执笔，诉述衷情，遥慰家人。马尼拉客户碰到船期唯恐迟寄不及，客人多连夜赶到信局中寄办批信，常直至夜深，而王顺兴信局和睦周全的服务，如同一个宗乡社团所起的作用。

王顺兴信局经营的侨批实物封上的印章信息，展示了其相同的堂号，不一样的时间背景，所刻制的章戳文字也不同，以此印证王顺兴信局童叟无欺的诚信风范，这也是侨批邮路川走者留下的最有趣的点睛之笔。下面列举几件。

1905 年菲律宾寄晋江侨批上 2 枚印章字：

顺兴号／王为针／为奇／为目／带信／泉城新门外／住居王宫乡。①

1907 年侨批实物封上盖有 2 枚印章字样②：

泉城新门外王宫乡王为针偕弟为奇／在泉办理邮政分局并收珉信逐帮缴／回所有分送信项概用大银无收酒资／寓珉新街尾新路异文斋门牌第 79 号（简称"泉城"章）

许长印手在珉　月收寄王宫客头分送

1908 年 7 月 3 日侨批实物封上除盖有同上"泉城"章外，还加盖"沈扶助手在珉　月收寄王宫客头分送"章（见图 3 - 13）。

1913 年菲律宾寄晋江侨批封上加盖印章字样：

客头王为针收交厦门廿四崎脚会文堂书庄分送（见图 3 - 16）。

①　泉州市侨联等编《回望闽南侨批》，华艺出版社，2009，第 93 页。
②　泉州市侨联等编《回望闽南侨批》，华艺出版社，2009，第 93 页。

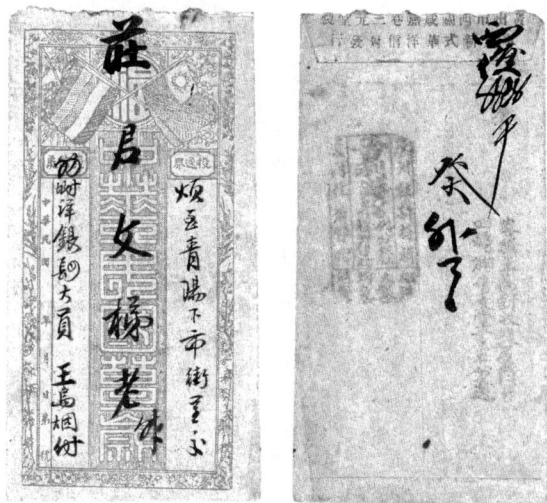

图 3 – 16 1913 年"客头王为针收交厦门廿四崎脚会
文堂书庄分送"章

1920 年代侨批封上加盖印章：

　　曾瑞宇在垠　　月寄王宫客头分送
　　自己在垠　　月寄王宫客头分送
　　晋邑王宫乡王为针偕弟为奇在垠/逐帮收缴唐信概送大银
无取酒资/兼办正泉苑水仙种发兑如假听罚/寓垠新街尾异文斋
印馆门牌 79 号。

1926 年 4 月 26 日王顺兴侨批封上加盖 2 枚印章：

　　王顺兴信局兼理邮政代办所住泉新门外王宫乡
　　郑华灶在垠　　月寄王顺兴信局分送

　　1930 年泉州王顺兴信局寄菲律宾马尼拉回批封上加盖 2 枚信
用章：

王顺兴信局住岷捞示描乳迎门牌 319 号/批箱第 74 号兼办正泉苑号水仙种发售/住在泉州新门外王宫乡邮政代办所/代理处设在厦门廿四崎脚会文书庄

兹收王顺兴交来信银　　/在岷　月批后所列第　号（见图 3 – 17）。

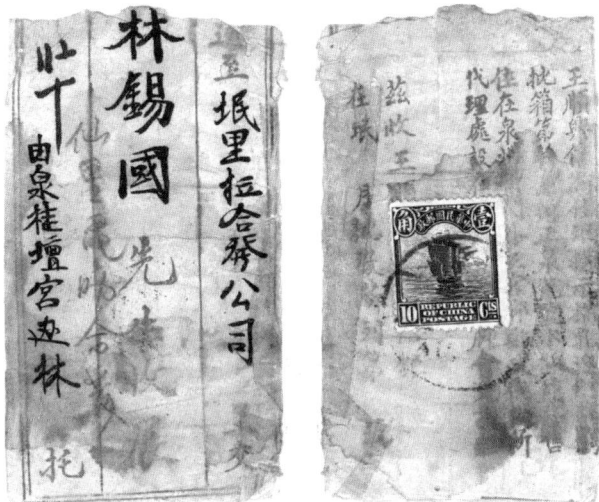

图 3 – 17　1930 年泉州王顺兴信局寄马尼拉回批封

资料来源：王燕燕藏品，录自李良溪主编《泉州侨批业史料》，厦门大学出版社，1994，彩图。

1930 年代，王顺兴信局封上印章有：

小吕宋/王顺兴汇兑/信局/住捞示描乳迎 319 号/泉州新门外王宫

直透寄回

自己在岷　月寄王顺兴信局分送。

1932 年有印章：

小吕宋/王顺兴汇兑/信局/住捞示描乳迎 319 号/泉州新门

外王宫（见图 3 - 18）。

图 3 - 18　1930 年代小吕宋王顺兴汇兑信局章
资料来源：录自泉州市侨联等编《回望闽南侨批》，华艺出版社，2009，第 27 页的彩图。

从以上种种章戳，我们可以看出王顺兴信局的经营风范，以及经营范围的转变，如 1930 年代的印章出现"汇兑"两字，这就说明信局已转向传统的侨批业务与汇兑业务并举的时代。

与天一信局设立自己的信局机构以扩大网络规模不同，王顺兴信局则以发展代理为主，在菲律宾，以马尼拉为据点，利用血缘、乡缘及友缘发展代理网络，广揽银信业务。图 3 - 19 所示为 1932 年马尼拉王顺兴信局（ONG SUN HENG 319 DASMARINAS P. O. BOX 84 MANALA P. L.）寄本国信封，我们认为信局系办理侨批所用的。在国内，除在厦门设立承转机构外，只在家乡泉州王宫设立机构，大部分侨批的派送业务委托给各侨区的派送信局或商号代为办理。

海洋移民、贸易与金融网络

图 3-19　1932 年菲律宾马尼拉王顺兴信局寄本国信封

（二）涉及多项经营

王氏家族除主营侨批外，还代理国家邮政业务，同时涉足布庄、银庄、投资等业务。

1. 代理邮政业务

中国的国家邮政远远落后于西方国家，侨批其实也开辟了民间的国际邮路，因此，在地方以服务百姓的国际邮局刚开办之初，往往借助于民间的力量代理。从遗留的一些侨批封、《闽书》和《约章》等资料的内容中，我们发现王顺兴信局除主营侨批外，兼营多项业务。在上述王顺兴信局信用戳的侨批封上，有"在泉办理邮政分局并收垉信"字样，可知王顺兴信局不仅做海外侨民汇兑和通信业务，而且代办国内邮政业务。据泉州集邮者吴宝国在其文章《王顺兴信局代办"邮政分局"之研究》中分析，在当时清朝廷统治时期，由于受到帝国主义列强的控制和干预，为了"发展大清邮政"而限制民间批馆信局的发展。而王顺兴信局刻用印章公开表明他的商号也是大清邮政官局的"邮政分局"，证明王顺兴信局还是"有点底气的"！

在现保留于王为针后人手中的"泉州王宫乡邮政代办所"邮戳是难得的证物，这枚戳记呈圆形和有"米"状图案，还存留较早中英邮政的某些气象。它印证了王顺兴信局代办官方邮政业务的史实。虽然只是"代办所",但在那个时代,也显示出王顺兴信局的信誉与实力,它是清廷邮政厦门总局最早设置在泉州的邮政代办所,是迄今唯一发现的极其珍贵的泉州清末民初邮政戳记实物。

2. 涉足的多项业务

多种经营也是王顺兴信局的另一经营特色。王顺兴信局资本日益雄厚,并兼营多种行业。

1906 年的《闽书》中写道:"在小吕宋买粤汉铁路二百股的银,一千大元得失皆伊造化。"

1926 年王为针和王为奇二人的《约章》第二条写道:"顺兴隆布庄营业照即(利申舍)公用王针之名,住址在小吕宋岷埠洲仔岸街门牌五十八号。"专售美国进口布料。

在泉州开设顺成钱庄,经理林文铺,初在土地前,后迁新桥头。在厦门鼓浪屿创办中华电灯厂;在厦门中山路"米斗"渡头向海外开设同济钱庄,由王清溪负责经营;又在同济钱庄旁开设太原汽车行,由王清辉主管经营,代理销售美国 Chiy Uen 牌各型车辆及零件。在王为奇写于 1937 年《闽书》[①] 中也有详细的记载:

> 余自少而壮以至衰老,殚精竭力,万苦千辛,与从兄为针于小吕宋合营顺兴信局、顺兴隆布庄,于泉合营顺成银庄,于厦投资合办太原汽车公司,合股伙开同济银庄,惨淡经营,不遗余力,无非欲贻厥子孙,俾可享受馀(余)荫席丰履厚也。近年以来运塞时乖,天不默相,凡有所辄谋则遭失败。顺兴隆此营业不佳,自动收盘。太原受十九路军之政变亏空,只剩一壳,不得不让权退股。同济以所合非人,经理不善丧失不赀因而割弃。顺兴则以汇水狂跌,损失奇重,影响及于顺成,支撑

---

① 其实是一份遗嘱。根据泉州市侨联等编《回望闽南侨批》,华艺出版社,2009,第 23~24 页的图片资料释读文字,标点符号系笔者所加。

海洋移民、贸易与金融网络

不来，相继倒闭。数拾年艰难缔造曾不几时倾覆以尽，非特血本亏蚀无馀（余），甚且债务负累极钜，罄所有以偿尚不及拾之一，兴思及此，痛心曷极，天不悔祸灾生靡已，既悲家难以哭子丧，余诚何辜而遭此虐耶。余生有五子：长清镜、次清辉、三清楼、四清岸、五清乾（吴氏出）。而清楼早卒，清镜今春复病逝。当此外患内忧交攻迭逼，余惟一之希望，尔曹能合心协力，共同奋斗，重振已坠之家声，顾及尔兄弟各皆友爱，如姒娌何上不能体让亲心，下恐有乖骨肉静观默察。家庭现分歧之象，骨肉恐分裂之痕，合作无望，已成不可掩之事实，嗟嗟，局势如斯，余虽不忍分拆，而实已无可避免，欲罢不能，余亦只得含痛出此为彻底之解决已耳，苦无长物可贻子孙，爰将一切产业在公局债务尚未解决前管理权暂属吾有者一一列明，邀同宗族戚友妥议支配，除提作余老妻赡老费，而长媳子均长大足以自立，惟有酌给三媳蔡氏以示恤寡外，其余分作五份写成五阄，当众照拈，凭阄管业，以昭公允。但余不能不预先声明者，将来债务如经解决不幸而致于破产，尔曹拈得之产业仍当交出归公偿债；若幸免破产能获保存，则尔曹尽可永远管掌或自有而无欤，抑转祸为福欤，悉属尔曹之运命，余固无能为役也。此时既表同情，他日勿得反悔，尚其识之。余书至此，余心滋痛，好自为之，望各努力。父手书（"王为奇印"）

可以看出，王顺兴信局发展到鼎盛时期，跨领域进行多种经营，涉及多种行业，包括金融、投资、开办布庄、银庄等，还与他人合资办汽车公司、电灯厂，从事制造行业。如果没有雄厚的资本做后盾，是完全不可能实现的。而这些投资的原始资本则来自最早经营的王顺兴信局。可以说没有王顺兴信局长期以来的繁荣发展，就没有后来这些"新兴产业"的出现。

受海外市场经济的影响，王顺兴信局将海外各种先进的经营理念和经营方式、管理制度不断地带回侨乡，投资办实业，也有力地推动了侨乡社会的进步与发展。

四　王顺兴信局的经营分析

综观王顺兴信局创办、发展、壮大直至最后衰落的80多年状况，国内社会动荡、国际社会变化多端是其历史背景，影响着信局的生命周期。尽管如此，王顺兴信局的社会贡献和历史作用也是显而易见的。在其繁荣时期，企业进行扩张，业务规模有所扩大，经营领域有所扩展，经营方式有所改变，从海外吸收了一些现代企业的管理理念融入企业等。

王顺兴信局是在特定历史条件下产生的建立在家族网络基础上的一种特殊金融机构，它在自身营利的同时，更成为连接侨乡与侨居地的纽带，并在泉州侨批甚至是闽南侨批史上占据着举足轻重的地位。其在争取侨汇，沟通侨情，疏导华侨资金流向，接济侨眷生活方面都起到了重大的作用。同时，它避开了银行、邮局邮寄时的烦琐手续，为华侨和侨眷提供了许多便利。

（一）海外华侨的经济实力是最直接影响侨批局业务量的主要因素

1920年代开始，菲律宾的侨批业进入了蓬勃发展时期，菲律宾华侨所经营的侨批局收揽的侨批，大部分通过闽南的侨批局解付，而由于闽南人移居菲律宾的人数众多，寄回福建家乡的侨批数量也相应较多。因此，华侨人数以及经济实力的增长，使王顺兴信局的年营业额从不过数千银元，增加到万余银元，1930～1935年，银信含汇票业务量逐年增加，甚至达100万银元，相当于今人民币1亿元。

（二）王顺兴信局对侨乡的社会文化生活起到了一定的促进作用

20世纪20～30年代，泉州地区匪患猖獗，尤以泉州南门外的土匪陈清祺最为张狂，当地遂聘用霞州村有名的拳师詹庭南和陈海负责团练，而据说团练的费用就是由王顺兴信局支付。而且在此多事之秋，信局的第二代经营者王为针先生还于1930年在家乡泉州市鲤城区浮桥镇王宫乡创办了陶英小学，足见其对教育之重视。对此，有一块青石匾刻为证，"校董王为针先生热心教育，独力捐资建筑校舍，学校得以成立，如斯盛德合刊诸石，以垂永久。民国二十年十月陶英学校全体敬立。曾道书"。同时，王为针、王为奇在家乡王宫分别兴建的船楼和奇园，既融入南洋风情又不失传统，它们不仅见证了王顺兴信局的辉煌历史，而且也为人们研究侨批文化、侨乡建筑文化等方面提供绝好的素材。

（三）企业自身原因与当时社会的恶劣环境导致信局倒闭

王顺兴信局是一家管理较为严格的家族式民间金融企业，企业一直由家族成员控制与经营，而没有从社会上吸收更为高端的人才参与企业的经营。20世纪以后，伴随着东南亚殖民地的大力开发，与之相应的西方先进银行技术的融入和金融业务的创新，王顺兴信局的经营者也都积极地参与。他们将信局名称改为"王顺兴汇兑信局"，但没有充分认识到其是"草根性"的"小金融"，没有适应资本主义市场经济的运作模式与发展规律，大大偏离了原本传统的侨批业务，而过多地参与大银行的业务，大做汇水买卖投机，加之缺乏有效的外部制度约束，终因无法自我克制，而导致停业而倒闭。

王为奇之子王清乾对王顺兴信局倒闭的现象是这样记述的：①

> 通邮通汇以后，递寄信款已不像早期携带现款往来，而应按汇价起落购买汇单。票水买卖是商战中一件很复杂微妙的事情，因汇价变动牵连国际物价金融行情，往往某一国家之政治

① 陈如榕：《王顺兴信局访寻拾遗》，载泉州市侨联等编《回望闽南侨批》，华艺出版社，2009，第43页。

动向也会影响票水汇价。因素既多变化无常，可以多日不变，也可以一日数变，买卖票水的人，可以暴富，可以聚穷。往往难以捉摸。一般信局的盈亏，既视汇价变动而定，主要业务乃由送信而转为汇兑，进而演变成为买空卖空，投机性质更为严重。经营此业已非我祖父时代，靠个人忠厚诚实确守信用就可以成功。顺兴局在第二代（我的父叔辈）已转入汇兑时期，但初期还能稳扎稳打，不多冒险固能维持先业。及到末期见汇兑行业规模日大，也情不自禁斗胆投机大做汇水买卖。及我伯父和父亲年老，把业务交给我伯父的一个儿子和我的一个哥哥主持，年轻人放手大搞雄心勃勃，不料一时失策吃到大亏。1935年终因买空卖空的失败弄到破产，致泉州创办较早的王顺兴信局宣告倒闭。我祖父白手起家，辛苦经营的事业，遂到第三代而垮。

导致王顺兴信局倒闭的另一重要原因是当时恶劣的社会环境。据晋江县统计员王家云的调查，1935年有包括顺兴信局在内的9家信局歇业，其主要原因是1931～1932年，闽省政局纷乱，闽南一带，到处非兵即匪，民办侨批局毫无保障，经常发生信款被匪截劫，送批员遇害等事。1937年王为奇在《闽书》中也有提道："顺兴隆此营业不佳，自动收盘。太原受十九路军之政变亏空，只剩一壳，不得不让权退股。"

王为奇之子王清乾在回忆中写道:[①]

信局业务日行发展，盈利日丰，歹徒的垂涎也日甚。国内国外，都曾遭到劫夺，损失不轻……不仅信局数万新款全被劫走，连局东各房兄弟私人财物、首饰细款，也都给抢光、损失

① 常慧:《侨批的变迁——以王顺兴信局为中心》,《闽商文化研究》2013年第1期,第54～55页。

海洋移民、贸易与金融网络

惨重。惟该帮信款遂巡劫，本局仍设法挪借如数分送，以保信用……家乡匪祸，使人寝食难安，然托足海外，也非全是乐土。讵 1927 年秋间，也是一个夜间，人员正忙于准备明天船期寄送信款手续，忙到半夜还未关门，突有十多名暗探闯入，分为数组，楼上下到处乱翻，暗中以十二支仔赌牌放置一个桌角，诬为聚众赌博，不但把人抓走，还把当日所收信款全部搜去，指为赌款没收，又受到一大损失……叠次损失，使业务上遭到困难，深感当时国内外社会秩序不佳，危害商人正当营业……

不可否认，虽然王顺兴信局的倒闭累及不少华侨和侨眷，但它退出历史舞台是社会发展的必然。王世碑个人在海上常年累积的信用资本，是其可以从事"客头"，进而创办侨批局的基础，而其后代将王氏家族的业务进一步拓展，更是在此信用资本上的延伸。这种个人乡族社会信用体系，实际上是一种传统的人际信用关系，并被灵活地运用于王氏家族的侨批经营、钱庄经营、布行经营及相关的投资生意上，使得家族企业持续经营 80 多年。

王顺兴信局虽然已不复存在，但其以王世碑个人信用为根本，以严格的家族经营模式进行企业扩张，秉承顾客至上的经营理念，其经营方法、经营特点对我们建立具有中国特色的现代邮政体系和金融市场带来了不少启示，值得学习。同时，它的兴衰也告诫后人需遵循经济发展的规律，切勿盲目营利、投机取巧。

第三节　新加坡侨通行与厦门侨通批信局

在海内与海外侨批网络中有两个关键节点，分别是海外侨居地和国内侨乡口岸港口。海外侨批经营者利用亲友、熟人的亲缘、血缘、地缘等关系，撒开网络，广泛收集侨批，借助于在大埠头口岸的国际邮政和国际银行将侨批银信传递到国内口岸，而后由国内信局分送到侨乡各地收批侨眷手中，并将回文原路返送到海外信局，送交寄批华侨手中，这样，形成了往返于南洋—中国之间，以海路为连接的双向传递，并以海外侨居地口岸和国内侨乡口岸为双节点，呈现扇形的华人通信与汇款的侨批传递网络。

以侨通行为例，介绍侨批网络在海外口岸新加坡与国内口岸厦门之主连接，由此两处口岸为基点，各自向业务区域扩展。这样，两边显喇叭形状、中间海上连接、交错纵横的侨批运行体系便形成了。

一　新加坡侨通行网络与林树彦①

在新加坡华族行业史上，民信业（处理华侨汇款回国的行业）

---

① 参考〔新加坡〕柯木林《新加坡民信业领袖林树彦》，载〔新加坡〕柯木林、林孝胜《新华历史与人物研究》，新加坡：南洋学会，1986 年第一版，第 171～179 页；〔新加坡〕柯木林《林树彦》，载《世界福建名人录》（新加坡篇），新加坡福建会馆，2012，第 185～187 页；〔新加坡〕柯木林《侨汇·侨批·民信业——新加坡侨汇与民信业》，载《新加坡华人通史》，新加坡宗乡会馆联合总会，2015，第 497～506 页。

曾占重要席位。尤其是在抗战胜利初期，百业待兴，经济不景气的情况下，只有民信业一枝独秀，成为新加坡各行业的主流。当时，整个新加坡民信局分为福建帮、潮州帮、琼州帮、广东帮及客帮。五帮信局合约二百余家，极一时之盛。而林树彦的侨通行即是当年民信汇兑界的领袖信局。侨通行多种经营业务对于侨批汇兑业务的作用，融入贸易与金融之中。

侨通行是新加坡经营闽帮华侨汇款的著名民信局之一，曾经是南洋最大的侨批汇业局，在整个侨批运作流程中的角色介于侨批局与银行之间，侨通行并不做具体的侨批信件业务，只做金融方面的汇兑业务。

侨通行创办人林树彦，字成木，祖籍福建省安溪县官桥镇赤岭村。民国二年（1913年）出生。民国十七年（1928年）林树彦15岁时，在家乡里养中学毕业后，即南来荷属东印度占碑，任该埠中华总商会秘书及中华会馆座办。后因不满受薪生活，遂辞去秘书和座办职务，自设泉安公司于占碑埠，经营树胶及土产生意。1937年，他转到新加坡寻求发展机会。鉴于当地闽南华侨众多且时有汇款回国之举，侨汇事业甚可经营，于是，1938年4月他创设侨通行，经营侨批汇兑业务，地址在源顺街（即直落亚逸街），商号侨通，取其"沟通侨汇"之意。

侨通行创办以后，业务突飞猛进，于是，又在小坡美芝律设分行，除经营侨批汇兑业务外，兼营土产杂货等。不久，日本侵华战争爆发，林树彦即开始注意发展中国内地非占领区业务，并在泉州、香港等地设立分行。经营3年余，至1942年2月新加坡沦陷，侨通行侨批汇兑业务便完全停顿。在这期间，林树彦转营暹罗（今泰国）及印度尼西亚土产粮食生意。

林树彦在20世纪30年代崛起，而且业务能够发展得如此神速，这与他本人自强不息的精神、精明能干的品质及谦虚和蔼的态度不无关系。他在占碑任商会秘书及会馆座办时，曾以这两个机构经费为基础，并得到该地侨长李昭喜的协助，将原有的中华学校扩大改组，并自任该校秘书一职。这种三位一体的组织方法，使得原来死气沉沉的商会、会馆与学校，都显得朝气蓬勃。由此可见他的管理与组织能力。

早期在印度尼西亚华人社会所累积的经验与商场智识，也为他日后的事业发展，起到了一定的作用。由于他很早就出来社会活动，善于交际而能灵通市面行情，成为他事业成功的要素。他两个能干的弟弟（香港方面的林诚致①与印尼的林成章）对他事业的发展，也有极大协助，因为这两地的商场情况，都由他们提供资料。所以，林树彦身在新加坡，却能遥控港、印两地的业务，为日后自身的大展宏图奠定了坚实的基础。

1945 年秋太平洋战争结束后至 1950 年代的最初几年，是侨通行业务的全盛时期，也是林树彦个人的声誉、地位与财产的黄金时代。这个时期的特征是：林树彦一方面巩固与发展了民信汇兑业务，另一方面经营更多实业，并将自己塑造成当年闻名东南亚最年青的华人社会领袖。

当时，侨通分行遍设各地，营业范围及侨汇网络更及全中国、新马和印度尼西亚等处。举凡香港、上海、福州、泉州、古田、厦门、巴城（即今雅加达）、巨港、泗水、沙捞越、怡保、吉隆坡、马六甲、槟城等处都有分行（约 25 间）。每间分行至少有职员十余名，单就总行一处就有四五十名。至于收汇数额方面，也由战前的每星期一二十万元增加到四五十万元。这是侨通行业务发展的巅峰时代。而原本在战前居新加坡民信界第一把交椅的和丰、信通、正大等几家驰名的民信局，也不得不退位让贤。侨通行在此时已远近驰名，成为新马民信业的主流。在厦门，侨通批信局在抗日战争

---

① 在《泉州市志》卷四十七《泉州与港澳关系》中，记载香港侨通行，住址德辅道中 264 号 2 楼，负责人林诚致，经营汇兑出入口等业务。

胜利后初期的业务发展，有时超过同业。①

1944 年，林树彦扩充经营组织，成立"侨通企业有限公司"（Kiaw Thong Enterprise Ltd.）。之后，除主要民信业务外，还自行购置大小轮船川行各埠，批发中国国货。

1945 年秋，林树彦以新加坡各帮汇兑公会联席会议代表的身份（这一联席会议是由林树彦出面邀请闽、潮、琼三帮汇兑公会组成的，临时办事处即设在侨通行），一面晋谒英军政当局，一面恳请新加坡中华总商会致电中国政府速定汇率，以恢复侨汇事宜。结果中南侨汇乃于 1946 年 3 月 18 日（星期一）正式开放（其实新加坡信局已在 1945 年 11 月 22 日复业收汇）。同年，林树彦因鉴于战后方兴未艾的民信业，乃联合各帮民信界领袖，发起组织"南洋中华汇业总会"，为同业及侨民谋福利，并蝉联数届会长。

从 1947 年侨通企业有限公司广告（见图 3 - 20）中，我们可以了解公司的业务情况，侨通行设有：银信部、国货部、航业部，还办理信托业务，代理厂家出品等。相当于现今的企业集团性质，多种经营，以中介服务和流通领域为主。

侨通企业有限公司

银信部：南洋各埠设立分行办理侨信，国内遍设分行及代理处自递银信。

国货部：批发台湾、安溪及其他国货国产名茶。（各埠分行均有批发）

航业部：自置大小汽船川走各埠，代理轮船运输各埠货件。（凡寄傤、押汇、代办、代兑均可接办）

办理信托业务，代理厂家出品，通讯接洽，条件公平。

---

① 黄清海主编《闽南侨批史纪述》，厦门大学出版社，1996，第 78 页。

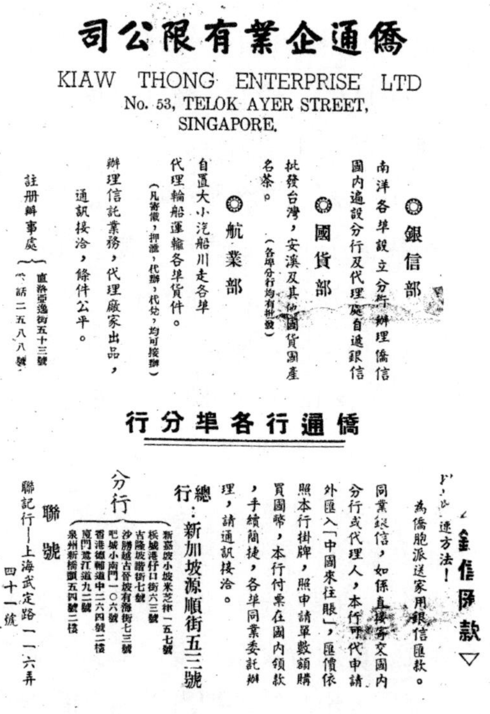

图 3－20　1947 年侨通企业有限公司广告

资料来源：《南洋中华汇业总会年刊》第一集，新加坡 1947 年 4 月刊印，封底广告。

侨通行各埠分行

银信汇款：以迅速方法，为侨胞派送家用银信汇款。

同业银信，如系直接寄交国内分行或代理人，本行可代申请外汇入"中国来往账"，汇价依照本行挂牌，照申请单数额购买国币，本行付票在国内领款，手续简捷，各埠同业委托办理，请通讯接洽。

总分联号地址。总行：新加坡源顺街五三号。分行（8家）：新加坡小坡米芝律一五七号，槟城港仔口街六三号，吉隆坡谐街七号，沙捞越古晋坡有海街七三号，巴城小南门一〇六号，香港德辅道中二六四号二楼，厦门鹭江道九二号，泉州新桥头五四号二楼。

联号（1 家）：联记行——上海武定路一一六弄四十一号。

1948 年 6 月刊印的新加坡《南洋中华汇业总会年刊》第二集封底刊登侨通企业有限公司广告（见图 3 - 21），其中侨汇业务有两个部分，主要文字如下：同业转汇的汇款和侨胞家用的信款。办理信托业务，代理厂家出品。通讯接洽，条件公平。侨通行总行设在新加坡源顺街五十三号。侨通行各埠分行（14 家）：香港、上海、厦门、福州、泉州、古田、吉隆坡、马六甲、巴城、怡保、古晋、巨港、槟城、新加坡小坡（见图 3 - 22）。

图 3 - 21　1948 年侨通企业有限公司广告

资料来源：《南洋中华汇业总会年刊》第二集，新加坡 1948 年 6 月刊印，封底广告。

1949 年 10 月中华人民共和国成立以后，由于政治环境的改变，减少了汇款的需求，侨汇从此萎缩。侨通行各地分行相继结束营业，而在国内的投资或信局分行，也进行了社会主义改造，统归国营或由国营的"侨汇服务社"所取代。侨通行民信业务低潮的同时，林树彦所经营的

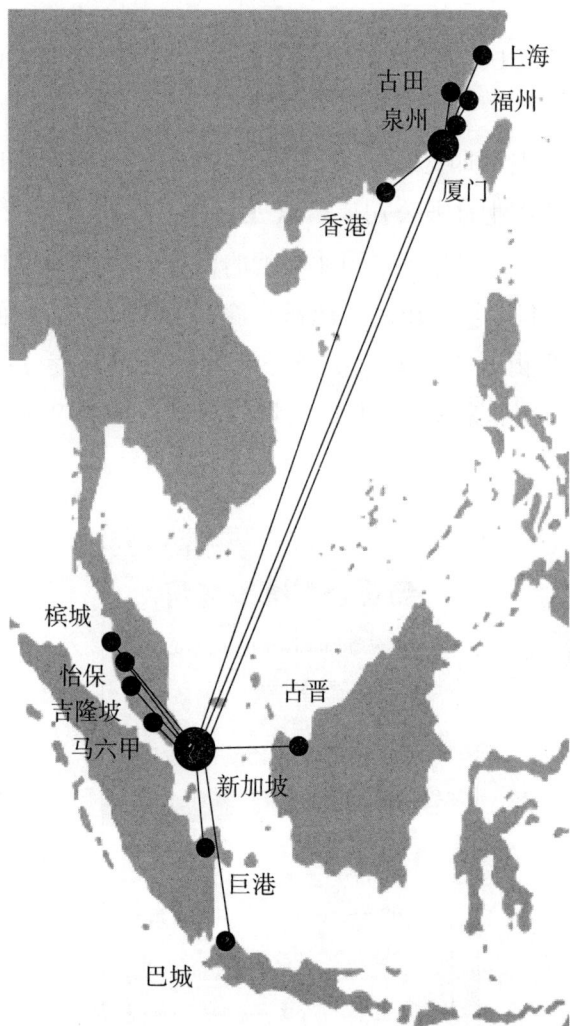

图 3 - 22　侨通行机构网络示意

中国土产生意也宣告失败。1953 年，林树彦所代理的一批销售新马及菲律宾等地的中国土产（十余万箱的生货），在菲律宾因进口成问题，不得不将全部存货倾销本地。但因本地市场销售有限，大量存货销售不出，在船上腐烂。这次的损失至少 50 万元。侨通行受此双重打击，从此元气大损。之后，侨通行虽然尚有营业，但规模已大不如前了。

1958 年侨通企业有限公司的广告宣传，业务包括银信汇款、中

国茶叶、锡兰茶粉、爪亚茶粉、进出口货、芦柑汁等。侨通行业务
主要是批信局汇款：凡寄家用汇款、同业转汇、信款，本行均可代
为办理。申请外进入中国来往账，汇价公平，交款快捷。通汇：中
国大小城市乡镇及香港九龙等处（见图 3 – 23）。

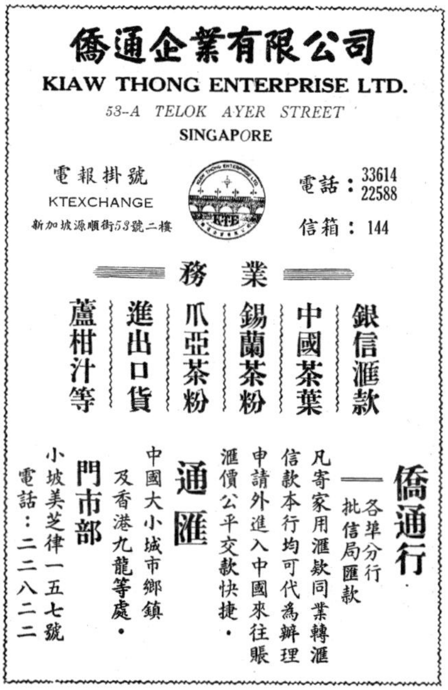

图 3 – 23　1958 年侨通企业有限公司广告

资料来源：南洋中华汇业总会《汇兑特刊》第三集，新加坡 1958 年 1 月刊印，
第 93 页的广告。

1970 年代，侨通行只是经营少许侨汇、本地与周边国家转口贸
易、中国土产货物进出口等。①

二　厦门侨通批信局网路

在新中国成立之前，私营民信局是接受国民政府交通部邮政总
局管理的。1934 年，邮政总局取消国内民信局，但对专营侨民银信

---

① 〔新加坡〕柯木林：《林树彦》，载《世界福建名人录》（新加坡篇），新加坡福建会
馆，2012，第 185～187 页。

的定名为"批信局"，仍准予营业。从这一观点看，厦门侨通局应该在1934年之前设立。如若不是的话，就是之后承顶他局并改名的。而对于新加坡侨通行而言，它们之间只是代理而已。

新中国成立后，侨通局因新加坡负责人的关系，业务一蹶不振。

从目前侨批收藏的情况看，现存的侨通行批信并不多，以新加坡侨通行为中心的南洋网络主要经营侨批的汇兑业务，也就是办理业务以国际金融汇兑为主，考虑的是如何将南洋的货币转换成中国的货币，从银行或汇兑信局的角度考虑，如何将外汇头寸调回中国国内，汇率如何，从客户角度着想，手续如何办理更为简便等。我们先分析一张1947年交通部邮政总局颁发给厦门侨通批信局的执照（见图3－24），其详细记载了该局国内与国外的分号、联号名称、地址和代理人名单。

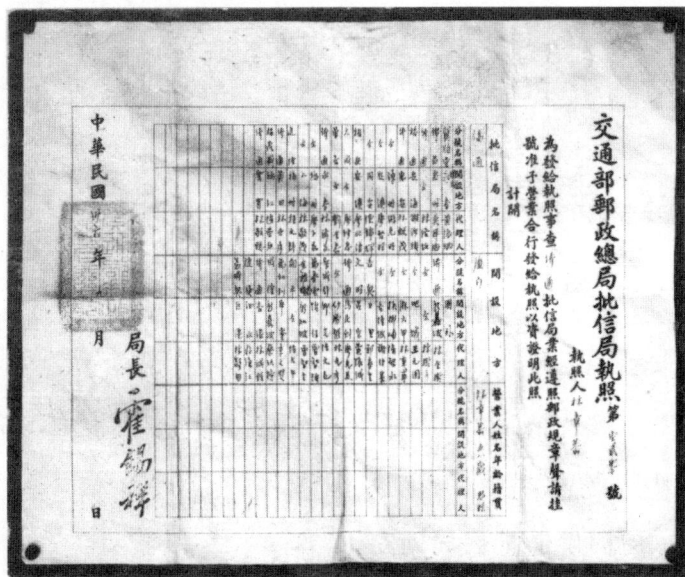

图3－24 1947年交通部邮政总局颁发给厦门侨通批信局执照

交通部邮政总局批信局执照第壹贰零号

执照人：林章恭

为发给执照事。查侨通批信局业经遵照邮政规章声请挂号，

表3-3　侨通批信局国内外开设机构情况

批信局名称			开设地方			营业人姓名　年龄　籍贯		
侨通			厦门			林章恭　五八岁　思明		
分号	开设地点	代理人	分号	开设地点	代理人	分号	开设地点	代理人
国内			国外					
翼贻堂	永春	黄振炳	侨通	新加坡	林金树			
锦昌	泉州	吴祥插	侨通	新加坡	林树彦			
侨通	泉州	林培垣	侨通	巴城（今属印度尼西亚）	王元团			
裕通	安海	谢绵头	侨通	马六甲（今属马来西亚）	林车甫			
侨通	惠安	林献茂	侨通	槟榔屿（今属马来西亚）	陈启水			
侨通	漳州	游克明	侨通	吉隆坡（今属马来西亚）	谢传集			
侨通	安溪	廖启明	吉兴	日里（今属印度尼西亚）	郭春生			
侨通	同安	陈锦辉	文明	吕宋（今属菲律宾）	黄振诚			
裕安	安溪	廖水清	侨通	马尼拉（今属菲律宾）	廖克美			
大成	安溪	廖修忠	侨通	沙捞越（今属马来西亚）	林光彦			
荣合	安溪	刘金泰	宗成行	仰光（今属缅甸）	陈文包			
侨通	永春	林济苏	万春堂	怡保（今属马来西亚）	曾智强			
侨通	福州	廖子苏	金龙泰	新加坡	曾智生			
侨通	上海	林敬茂	开平	新加坡	陈文中			
建隆	福州	程文铸	万和利	居銮（今属马来西亚）	章文双			
侨通	莆田	林世房	成隆	新加坡	蔡玖榜			
程茂盛	涵江	陈荣庭	捷发	泗水（今属印度尼西亚）	蒋濠江			
侨通	云霄	林敬聪	益成兴	巨港（今属印度尼西亚）	林敬田			
侨通	香港	林诚致						

注：地名部分为今地名。

局长：霍锡祥

中华民国卅六年九月（盖"交通部邮政总局"）

从表 3 - 3 我们可以看出，侨通批信局在国内机构有 19 家，其中直属（同名）机构有 11 家，分布在泉州、惠安、漳州、安溪、同安、永春、福州、上海、莆田、云霄、香港，还有 8 家代理机构。

在海外机构有 18 家，其中直属（同名）机构有 8 家，分布在新加坡、新加坡小坡、巴城（今属印度尼西亚）、马六甲（今属马来西亚）、槟榔屿（今属马来西亚）、吉隆坡（今属马来西亚）、马尼拉（今属菲律宾）、沙捞越（今属马来西亚）；还有 10 家代理机构，分布在印度尼西亚日里、泗水、巨港，菲律宾马尼拉（吕宋），缅甸仰光，马来亚怡保、居銮，新加坡。其分布情况见图 3 - 25。

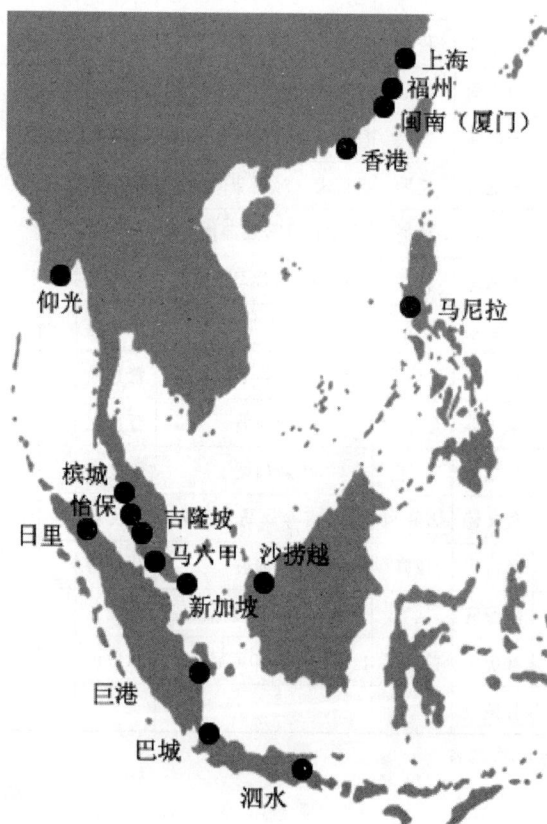

图 3 - 25 1947 年厦门侨通批信局海内外机构分布

从表 3 - 3 看，新加坡林树彦的侨通行与厦门的侨通批信局系总分机构的关系。但它们之间既有交叉，又有各自的代理网络，能够发挥各自的人脉和优势，扩大网络，做大业务。

侨通行在抗日战争胜利后初期的业务发展，有时超过同业。[①]抗战胜利后，侨汇业务恢复畅通，林树彦与他人组织南洋中华汇业总会，共谋民信业务发展。侨通行经营业务遍及中国及新、马、印尼各国，在香港、上海、厦门、福州、泉州、古田、雅加达、吉隆坡、马六甲、槟城等处设分行 25 所，其中侨通行厦门分行开设在厦门鹭江道九二号。

新加坡侨通行只办侨民汇款业务，并不直接经营侨批信件业务。民国时期"侨通行厦门分行"印制有专门的汇票，为直式带票根。图 3 - 26 所示为未使用品，票面右侧有民国纪年、票根和英文

图 3 - 26　民国时期"侨通行厦门分行"汇票

---

① 黄清海主编《闽南侨批史纪述》，厦门大学出版社，1996，第 78 页。

行名“KIAW THONG EXCHANGE AMOY BRANCH”，票面正文内容是：“列　字第　号，在　汇过　　宝号/先生来　到　，见票限　天将款付交或持票人/人单两认取领此据。侨通行验付。”图 3－27 所示则为民国 37 年（1948 年）12 月《厦门侨通行汇款通知书》，加盖“侨通行汇兑部，厦门海后路二号”章，该笔华侨汇款应该是采用电汇的，电报到厦门后，侨通行委托派送时填写的通知书，显然，该笔汇款并未附带家书。

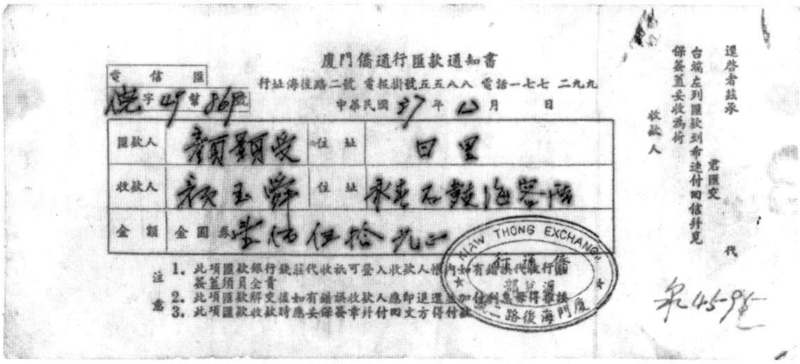
厦門僑通行匯款通知書
行址海後路二號 電報掛號五五八八 電話一七七 二九九
電信匯　字　號
中華民國 37 年 12 月　日

匯款人		住址	
收款人		住址	
金額	金圓券		

逕啓者茲承　君匯交
台端左列匯款到希逮付回信并見
保簽蓋妥收為荷
收款人　代

图 3－27　1948 年 12 月《厦门侨通行汇款通知书》

第四节　正大信局

正大信局是一家在闽南地区较具代表性的信局，它既可直接对外收汇，又综合兼有头、二、三盘业务，经营时间从 1920 年代末至 1950 年代的 30 多年时间，其收汇地区包括今新加坡、马来西亚、印度尼西亚、菲律宾及香港等地的诸多城市，国内投送网点也遍设闽南泉州、厦门、漳州及福州、莆田和涵江等地。

一　正大信局分联号网络

从国内与海外两个视角来看，正大信局的分联号随着业务的发展与变化而不断进行增减。正大信局鼎盛时期在国内设有分号 31 家，联号 2 家，共 33 家机构（见表 3 - 4）；在海外设有 37 家机构（见表 3 - 5）。营业网络覆盖英属和荷属殖民地以及菲律宾等地，共计 20 多个地区，属大型批信局。不过，正大信局并不属福建最大批信局，其分联号数次于晋江建美（80）、鼓浪屿捷兴（95）和厦门合昌批信局（144）。[①]

正大信局以分号、联号方式相互建立委托和代理关系，从而构建了区域广泛的侨批跨国传递网络。

---

① 焦建华：《近代跨国商业网络的构建与运作——以福建侨批网络为中心》，《学术月刊》2010 年第 11 期，第 136 ~ 137 页。

表 3-4 1945 年底正大信局国内分联号情况

序号	侨批局名	开设时间	经营地	经理
1	正大	1930 年	鼓浪屿	郭尚霖
2	正大	1930 年	安海	林海藤
3	正大	1930 年	晋江	廖介智
4	正大	1930 年	龙溪	洪石才
5	正大	1930 年	石码	姚启明
6	正大	1930 年	流传	郭淑尔
7	正大	1930 年	白水营	郭自在
8	正大	1930 年	浮宫	徐东海
9	正大	1930 年	石美	黄协成
10	正大	1930 年	海沧	林连静
11	正大	1930 年	马銮	陈联兴
12	正大	1930 年	同安	郭瑞麟
13	正大	1930 年	金门	曾玉田
14	正大	1930 年	安溪	白铁汉
15	正大	1930 年	惠安	骆瑞成
16	正大	1930 年	永春	郑贤士
17	正大	1930 年	闽侯	施赓棠
18	正大	1930 年	永嘉	杨大山
19	正大	1930 年	莆田	陈国华
20	正大	1930 年	涵江	唐伯尧
21	信通	1930 年 8 月	云霄	王文涛
22	正大	1934 年 11 月	马巷	吴迪菊
23	正大	1934 年 11 月	集美	黄江源
24	正大	1934 年 11 月	新坡	
25	正大	1934 年 11 月	港尾	
26	正大	1934 年 11 月	水头	
27	正大	1934 年 11 月	洛阳	杨九使
28	正大	1934 年 11 月	诏安	沈中元
29	正大	1935 年 11 月	佛昙	杨羽祥
30	正大	1935 年 11 月	高浦	郑文成
31	正大	1936 年 11 月	角尾	陈大油
32	正大	1936 年 11 月	东山	王可成

序号	侨批局名	开设时间	经营地	经理
33	大福	1939 年 11 月	闽侯	施盛美

资料来源：1. 参考刘伯孳依据福建省档案馆馆藏（1945）56 - 5 - 2004 档案整理的，载《闽南侨批业的运作体系论析》（《闽南》2016 年第 3 期）；2. 焦建华依据厦门电信局档案室藏，厦门邮电局档案，案卷号 839 - 5 "福建区 1940 年各批信局总分号清册 6"，载焦建华：《近代跨国商业网络的构建与运作——以福建侨批网络为中心》，《学术月刊》2010 年第 11 期。

表 3 - 5 1945 年底正大信局海外分联号情况

序号	侨批局名	经营地	今属国家	开设时间	经理
1	信通	新加坡（Singapore）		1930 年 8 月	张怡胜
2	振源	同上		1930 年 8 月	蔡玉傅
3	绍昌	同上		1930 年 8 月	洪绍世
4	丰隆	同上		1930 年 8 月	黄添福
5	正通	同上	新加坡	1936 年 11 月	陈乞昌
6	大中	同上		1936 年 11 月	郭尚深
7	协茂	同上		1939 年 8 月	黄玉带
8	福安	同上		1941 年 8 月	高水源
9	源崇美	同上		1941 年 10 月	颜惠芸
10	洪怡祥	槟榔屿（Pulau Pinang）		1930 年 8 月	洪怡祥
11	天美	吉打（kedah）		1930 年 8 月	黄赞波
12	顺美	同上		1930 年 8 月	黄恒苍
13	源公司	江沙（Kuala kangsar）		1930 年 8 月	蔡长树
14	新和兴	同上	马来西亚	1939 年 8 月	李植盐
15	新福顺	柔佛小苯珍（Johore Little Jane）		1939 年 8 月	陈梧材
16	源安和	同上		1941 年 5 月	余绍泽
17	顺茂	萨拉瓦克（Sarawak，沙捞越）		1939 年 8 月	何清万
18	联庆	同上		1939 年 8 月	蔡荣杰
19	新泉和	太平（Taiping）		1939 年 8 月	何福民

序号	侨批局名	经营地	今属国家	开设时间	经理
20	顺安	巴达维亚（Batavia，雅加达）		1930 年 8 月	谢俊扮
21	漳合兴	同上		1939 年 11 月	郭云腾
22	永昌	同上		1941 年 8 月	陈专
23	高隆兴	巴邻旁（Palembang，巨港）		1930 年 8 月	高奄知
24	源公司	同上		1939 年 8 月	李火炉
25	源和	北加浪岸（Pekailongan）		1930 年 8 月	张天想
26	同成兴	孟加锡（Kota Makassar）		1939 年 11 月	刘樵山
27	南顺	棉兰（Medan）	印度尼西亚	1939 年 11 月	蔡长杰
28	锦裕	缪阿尔		1941 年 9 月	郑锦元
29	漳合兴	三宝垄（Kota Semarang）		1930 年 8 月	郭志汉
30	五美	山口羊（Singkawang）		1930 年 8 月	李炳文
31	源成兴	泗水（Surabaya）		1930 年 8 月	黄江汉
32	南生	梭罗（Solo）		1939 年 8 月	陈添兴
33	闽南	彻里宾（Cheribon，井里汶）		1939 年 11 月	黄武汉
34	建裕	万隆（Dandung）		1939 年 8 月	陈福顺
35	振昌	占碑（djambi）		1939 年 8 月	陈雨水
36	利民	马尼拉（Manila）	菲律宾	1930 年 8 月	黄必烂
37	天安	同上		1940 年 11 月	蔡赐敏

资料来源：1. 参考刘伯挚依据福建省档案馆馆藏（1945）56－5－2004 档案整理的，载《闽南侨批业的运作体系论析》（《闽南》2016 年第 3 期）；2. 焦建华依据厦门电信局档案室藏，厦门邮电局档案，案卷号 839－5"福建区 1940 年各批信局总分号清册 6"，载焦建华：《近代跨国商业网络的构建与运作——以福建侨批网络为中心》，《学术月刊》2010 年第 11 期。

新加坡柯木林先生在《新加坡侨汇与民信业研究》一文中表明，正大信局在新加坡于太平洋战争之前，就与和丰、信通等几家成为新加坡驰名的民信局。而抗战胜利后，正大信局则没有复业，在 1947 年度新加坡"闽侨汇兑公会"中没有正大信局的会员名单。在南洋汇业总会的 1948 年年刊的广告上显示，新加坡有一家收汇信局名为

"兴隆信局"，正是国内厦门正大信局的分庄（见图3-28）。①

图3-28 厦门正大信局分庄——新加坡兴隆信局广告

新中国成立后，正大信局接受社会主义改造，整个网络机构有了很大的变化。

1950年代的厦门侨批业概况中，列出的正大信局境内营业网点及境外联号资料，②明显比新中国成立之前少了许多网络机构。具体如下。

正大（厦总局）。境内联号：正大（泉州）、正大（安海）、正大（安溪）、正大（石码）、洪和安（漳州）、景祥（海沧）、金振兴（港尾）、春记（永春）、大福（福州）、新丰（同安）、佳泰（集美）、恒利（涵江）。境外联号：南方、黄启勋、正记、林家锡、万春堂、元亨、协来利、谦信（香港），南昌、崇美（星）〔马〕，五美、大兴、海外（棉兰）〔印尼〕。

在《1949~1958年闽省侨汇业一览表》厦门栏③中，正大信局

---

① 《南洋中华汇业总会年刊》第二集，新加坡1948年6月刊印，广告。
② 黄清海主编《闽南侨批史纪述》，厦门大学出版社，1996，第32页。
③ 黄清海主编《闽南侨批史纪述》，厦门大学出版社，1996，第260页。

的海外联号地域是"新马、印尼、香港",类型则是"头二三"盘局。而《侨批业机构一览表·1948 年闽省侨汇业一览表》厦门地区栏①中,正大信局的海外联号地区则是"菲、新马、印尼",类型被定为"二盘"局。相比之下,后者多了菲律宾,少了香港,前者多了香港,少了菲律宾,原因是新中国成立后,菲律宾侨批汇兑改为电汇,而香港则成为东南亚侨批的中转中心,菲律宾侨汇都通过香港中转汇至中国内地的。

其实,正大信局一直就是一家包含头、二、三盘的综合型侨批局。在一些侨批实物与资料的互证过程中,我们发现,正大信局网络代理机构超过上述所列之数。在一封 1948 年由印度尼西亚巨港寄往安溪的侨批中,所使用的是印制好的信简。该信简印有收批机构为印度尼西亚巨港"高隆兴汇兑船务出入口商",而其侨批解付局为"厦门正大汇兑庄"(见图 3 - 29)。这家"高隆兴汇兑"代理机构并未列入上述正大信局的网络机构之内。可见,正大信局在海外的收汇网络是相当庞大的。

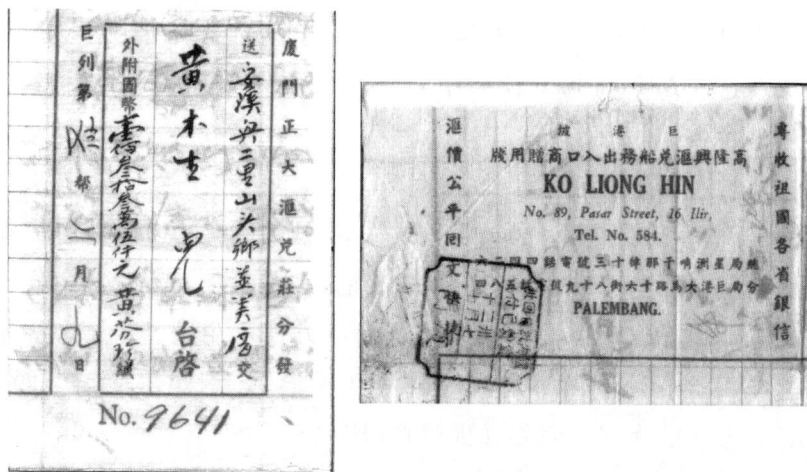

图 3 - 29 1948 年印度尼西亚巨港经厦门正大汇兑庄转安溪侨批

---

① 黄清海主编《闽南侨批史纪述》,厦门大学出版社,1996,第 254 页。

关于正大信局的开设时间。据王家云《1930～1935年晋江县侨批业调查》记载：安海正大信局成立于1928年，系合资1000元资本额，1935年职工7人，年办理侨汇额30万元，收汇地域为菲律宾和新加坡等地。泉州城内正大信局成立于1930年，系合资1000元资本额，1935年职工12人，年办理侨汇额65万元，收汇地域为菲律宾和新加坡等地。而1932年6月《厦门工商大观》记载：正大信局地址大史港23号，当事人陈子德。可见，1932年之前，在厦门已设有正大信局。然而，从侨批运作的流程看，厦门正大信局的设立应早于安海和泉州，因此，我们认为，正大信局应是1928年之前就成立的机构。

作为闽南侨批业较大的中转和派送局的代表，正大信局的网络由海外网络和国内网络组成，有机地构成了一个自成体系的范例。其海外网络不仅涵盖了东南亚的主要大埠头，如小吕宋（马尼拉）、新加坡、槟城、巴达维亚、泗水等主要城市，而且马来西亚的江沙、吉打、沙捞越，印度尼西亚的梭罗、孟加锡等类似的小地方也设有网点。其国内的网络则几乎涵盖了闽南地区的主要侨乡，甚至包括闽侯、涵江、莆田等地。

与网络机构布局相对应的是正大信局涉及的收批来源地，包括新加坡，马来亚的怡保、马六甲、槟城等地以及印度尼西亚的巴达维亚、泗水、巨港等地。批信局分号、联号以及之间的互相代理关系也清晰地显示出正大信局网络大体的构建情况。

二 正大信局的批信运作

正大信局的海外机构向寄批人揽收侨批，集中整理后，在海外的口岸通过国际邮局整包寄往厦门邮局。侨批到达厦门后，在厦门的正大信局向邮局领取，分别批路，发送各地侨乡的解付局登门派送，同时收取回文，集中厦门，寄发海外。在这里，我们通过4枚正大信局使用过的回批封及相关的信息，进一步了解信局运作的一些细节。

正大信局厦门总局、安海分局、泉州分局均制有专用回批封及后期配有信纸，以供侨眷使用。回批封由初始时加盖文字，发展为印刷封，封上印刷的信息越来越贴近当时客户的实际需求及应注意的事宜，体现了正大信局服务侨胞、侨眷通信汇款之细致。通过印制规范化的回批封及信笺以供侨眷使用，也体现了正大信局作为较大信局的实力与经营风范。

图3-30所示为1937年5月8日晋江东石寄马来亚加智埠（今马来西亚霹雳州太平市加地镇）[①]的回批封。该封为厦门正大信局印

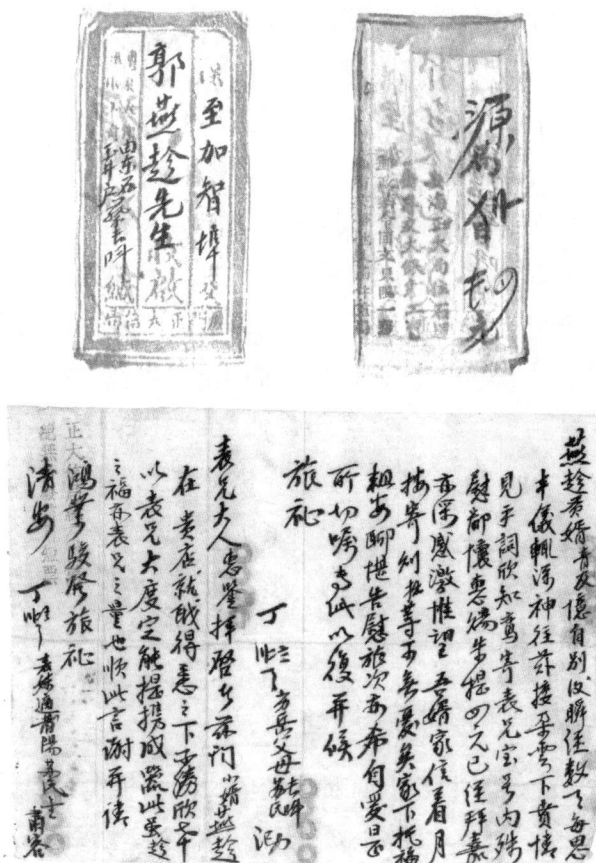

图3-30　1937年东石寄马来亚加智埠回批（使用安海正大信局封）

---

① 图3-30至图3-33均为同一户回批，收件人均为郭燕趁，收件地点应是一样的，但因书写人不同，书写地名时有所不同，有加智埠、加地埠、太平埠，但均指今马来西亚太平市加地镇。

制，安海正大信局使用。封上文字经 4 个印版（章）加盖而成：正面版"送交/收启/专交大银/无取工资缄/厦门正大信局"，背面版"局　日　元"，背面另分别加盖"安海正大局住石埕/街专交大银免工资""邮政禁令回文只限一张/如有夹带他人函件重罚"章。内信加盖"正大信局绝交国币/绝无分发信用短票"告示章。封背面右中"×二一"（苏州码），表示 1937 年 4 月 21 日马来亚加智埠寄批日；内信写信日为丁年三月廿八日（苏州码，农历），即公历 1937 年 5 月 8 日，是晋江东石收批人写寄回文的日期；期间邮程 17 天。

图 3 - 31 所示为 1940 年 9 月 19 日由郭岑（今泉州晋江市东石镇郭岑村）寄马来亚加地埠的回批封。该封为泉州正大信局印刷封，正面文字"送交/正大侨信局赠（中间）/邮政禁令回文只/限

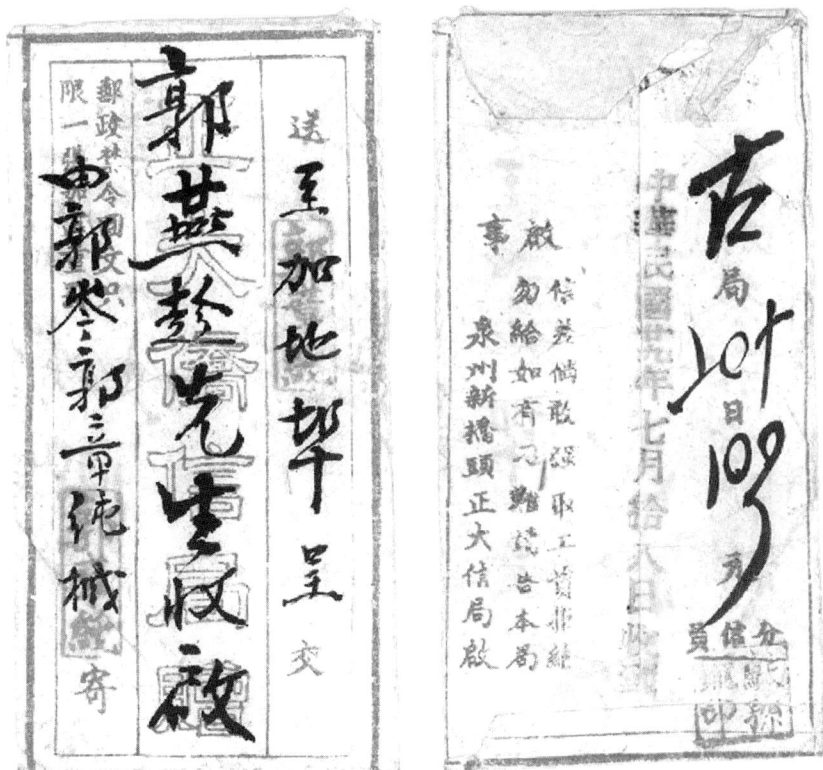

图 3 - 31　1940 年 9 月泉州正大信局印制的回批封

一张如违重罚"，背面文字"局　日 元/分信员"和"启事/信差尚敢强取工资拒绝/勿给如有刁难请告本局/泉州新桥头正大信局启"。封背面右中的苏州码 8 月 28 日表示 1940 年 8 月 28 日为马来亚加地埠的寄批日，内信写信日为民国十九年八月十八日，即公历 1940 年 9 月 19 日，是收批人写寄回批的日期；背面日期章"中华民国廿九年十月四日收到"，表示马来亚加地埠寄批人于公历 1940 年 10 月 4 日收到回批。来回邮程 37 天。

图 3-32 所示为 1947 年 12 月由泉晋（东石）寄马来亚太平埠（今加地镇）的回批封及内信，该封为安海正大分局印刷封，正面文字"送交/正大侨信局赠（中间）/邮政禁令回文只限一张/如有夹带他人函件重罚"，背面文字"局　日 元/分信员"和"启事/信差尚敢强取工资拒绝/勿给如有刁难请告本局/安海石埕街正大分局启"。封背面右中的苏州码 11 月 24 日，表示 1947 年 11 月 24 日马来亚太平埠寄侨批；内信写信日为十月廿二日（农历），即公历 1947 年 12 月 4 日，是写寄回文的日期；背面日期章"中华民国卅

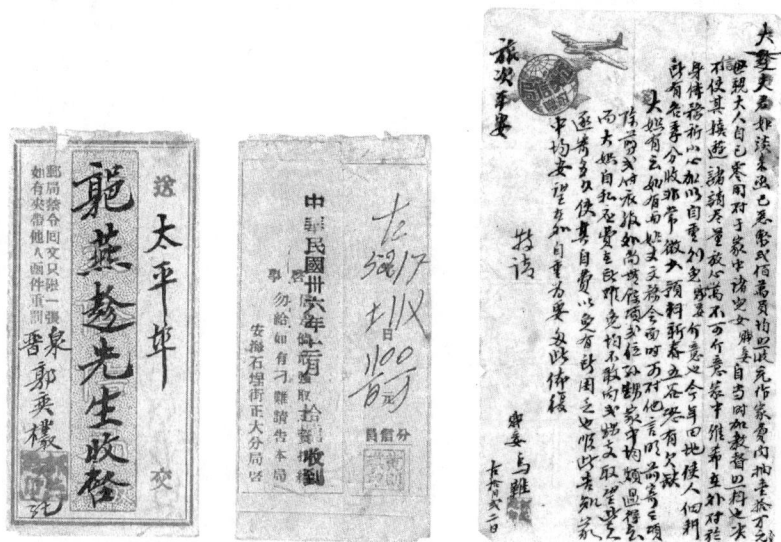

图 3-32　1947 年安海正大分局回批封及内回文

六年十二月拾号收到"，表示 1947 年 12 月 10 日太平埠寄批人收到
该回批。来回邮程 16 天。内信纸左上角印有飞机、地球图案和
"正大信局敬赠"字样，是信局的宣传广告标识，表示信局经营地
域范围大，传递迅速的意思。

图 3 - 33 所示为 1953 年 5 月由东石寄马来亚加地埠的回批封及
内信。该封为正大侨信局的印刷封，正面文字"送交/收启/邮政禁
令回文只限一张/如有夹带他人函件重罚"，背面文字" 局　日
元"和"正大侨信局/总局鼓浪屿中路 B284 号/泉分局晋江新桥头/
漳分局漳州城门顶和丰内/码分局石码后街门牌 21 号"。内信回文写
于一九五三年古四月十八日即公历 1953 年 5 月 30 日，1953 年 6 月 11
日到达马来亚加地埠，单程 12 天。从此枚回批封上的信息可知，正
大侨信局的国内机构已相当的少，仅存厦门总局 1 家，分局 3 家。

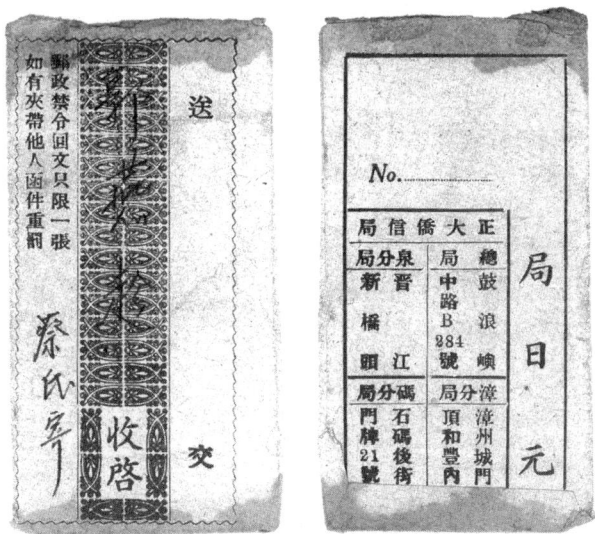

图 3 - 33　1953 年正大侨信局回批封

上述回批封均印有邮政禁令告示。1930 年代初，交通部邮政总
局取消国内民信局，而保留经营海外函件的批信局，并规定"回文
不许夹带他人信件，如被查获，第一次警告，第二次罚款，第三次
取消批照（营业执照）"。1935 年 12 月 31 日又颁布《批信事物处

理办法》，其中第十条规定："批信局……匿投回批件数或夹带他件者，除罚两倍邮资外，依前项规定（第一次罚15元，第二次罚37.5元，第三次罚75元）减半处罚。"于是，各批信局为避免被查、被罚等不必要的麻烦和损失，便纷纷在回批封上印刷邮政禁令，或刻制宣传戳记加盖在信封、信笺上，一者表示批信局遵守邮政总局的规定，二者提醒华侨、侨眷注意，不要违章。

随着交通、通信技术的不断发展，侨批、回批的运作速度和效率不断提高，邮程时间缩短。当然，对于具体的侨批递送邮程还与时局、天气等情况有关，但总体邮程是缩短的，如1947年邮程是16天，1953年缩减至12天。

三　正大信局的批款运作

正大信局的资金跨国转移和头寸调拨是依靠国际银行进行的。国际银行包括华侨银行等华资银行、中资的中国银行和外资银行。采用的汇款方式主要是票汇或电汇。现以华侨银行为例加以说明。

正大信局是一家经营东南亚侨批业务的侨批信局，规模大，网点多；与此时期的华侨银行同样有着较为广泛的网络机构，因此，正大信局的海外机构得以通过各地华侨银行调回华侨汇款资金。一张1933年9月通过怡保（IPOH）华侨银行签发给厦门华侨银行兑付的汇票，收款人为正大信局，汇票背面有正大信局的公司章和周经理私章，汇票账面金额为200元（见图3-34）。从1933年9月20日开票发出，至10月5日厦门华侨银行到账签章支付，时间周期为15天，以当时的跨国银行间的结算，是相当快捷的，为侨批信局节约了宝贵的时间。

1937年10月15日印度尼西亚泗水汇厦门华侨银行交正大信局收的电汇单（见图3-35），是正大信局海外机构通过华侨银行网络电汇调拨头寸的例证。

从华侨银行汇票和电汇单显示，正大信局利用了华侨银行在东

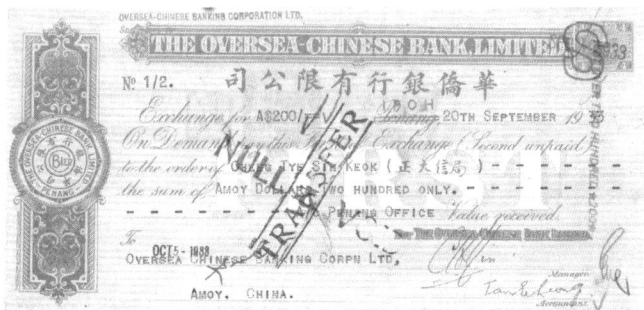

图 3 – 34　1933 年 9 月怡保（IPOH）华侨银行签发给
厦门华侨银行兑付的汇票

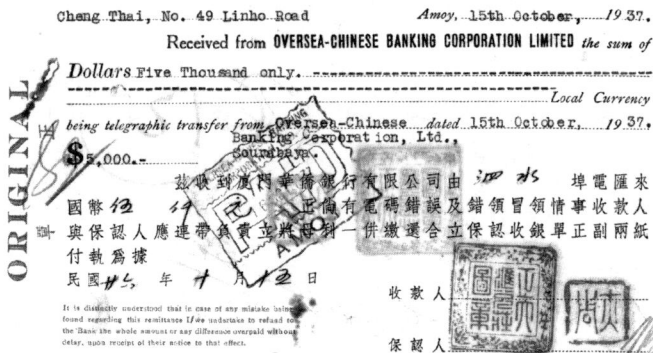

图 3 – 35　1937 年 10 月印度尼西亚泗水汇厦门华侨银行
交正大信局收的电汇单

南亚的网络机构，包括新加坡、吉隆坡、槟城、怡保、巴达维亚
（今雅加达）、泗水等地来进行头寸的调拨，这即是华侨银行开展侨

批款项头寸调拨的例证。可以推测，正大信局海外机构与华侨银行在东南亚地区有机构交集的地方，使华侨汇款资金均可方便进行跨国的汇兑转移。

四　正大信局的民间记忆

1995 年 5 月笔者采访了原正大信局职员安贻池先生，根据他的工作回忆资料，我们可以发现，在整个侨批网络中，登门派送解付环节是如何提高效率的，除了派送员不辞辛劳外，信局之间合理调剂批路以减少重复劳动，更是有效的办法。在新中国成立后，国家银行对于三盘业务实行联合派送，可以说是之前做法的进一步延续。现将回忆资料整理如下。

1935 年春，我进入安海正大信局，据悉正大信局系石码流传社郭奕周先生创办的，总局设在厦门海后路，经理郭奕周、陈朝基，泉州分局设在新桥头，经理林海藤，安海分局设在石埕街，经理陈朝谦。

当时，安海正大分局人员约 10 人，会计苏天存、郭国瑞，后调换蔡诚意，信差郭国培、郭国楚、黄则燥、安贻池、陈可哈、林熏兆，炊事员王禄叔等。

当时，厦门一般到批船期（包括十三港驳仔船）每个月约到批 5～6 次，厦门侨批总包封由邮局寄入安海，遵章贴邮票，安海持"正大领信"印章领回，并将全帮侨批抄好帮单，核算相符后分各线派送。

本人派送沿海一带侨批，即从东石、塔头、金井、围头、塘东、洋下、南沙岗、福全、溜江、石圳等约百个乡，每帮派送需要留宿在侨眷家中 2～3 夜，派送后需要沿途收回文回局里销号。

约 1936 年，厦、安之间有中兴、锦兴、凯歌、凯旋、飞龙、飞凤等轮船川走，一段时间侨批回文有托轮船运送，而正大信局纯属透局，机构遍设海内外，一向保持侨批回文迅速、准确，曾经一再向侨胞、侨眷保证在 10 天内侨批、回文往返。看到东石码头比较深、潮水早进、自然轮船早起航。为更上一层楼，约 1937 年正大侨批回文来往改变委托东石侨光、飞安船舵手递送（偷漏邮资），我派送沿海一带，为争取回文适应东石潮水起伏，及时缴交侨光、飞安轮船往厦，不辞风雨劳瘁、披星戴月，积极完成任务。

日寇南侵，第二次世界大战发生，侨汇断绝，正大发给员工 6 个月遣散费让其回乡，数年之间，别求生计。

1945 年 9 月，抗日战争胜利后，侨批初复，正大局侨批为数不多，安海正大分局仅通知我一人担负全局派送工作。唯有南征北战、东伐西讨，完成派送任务。

安海批路蜿蜒曲折，由于各局信差派送工作量很大，因而影响侨批回文速度。通过局与局信差与信差之间，在互利互济情况下，进行批路相互调整，这样从弯径几乎变成直径，减轻了信差派送工作量，还加速了侨批回文速度。

正大信局对员工待遇很好，当每月发放薪水时，依照《厦门日报》大米最高价格发给，我的米薪每月 300 斤，此外年底奖金（赏年）很可观，记得那年，赏年 10 多担米。我曾经把那些钱买臭油 10 担存放在萧冷店中，以防物价上涨。

图 3-36 所示为 1947 年元旦厦门正大总局全体职员合影，从中可以看出当时职员的精神风貌。

正大信差收入全部依靠薪水，正大信局局规很严格，不许信差向侨眷索取小费，一经发现，第一次警告，第二次记过，第三次开除，可见正大透局重信誉，派送又保证迅速准确。

新加坡正大信局设在小坡吉宁巴仔街，属透局（头盘局），它拥有雄厚的资本，一向对海外广大顾客声明"回文付钱"。意思是说，每帮所收的侨批钱款，全部由新加坡正大信局预先垫付，待国内局派送到收批人并及时收取收批人回文缴回新加坡后，当新加坡

图 3-36 1947 年元旦厦门正大总局全体职员合影

正大信局即按照所有回文全部送到各自顾客（寄批人）手中，这样，寄批人就得知国内亲人已收到侨批款项，就将汇款还清给正大信局，这就叫作"回文付钱"。

"外付"和"内汇"都是指有信封的侨批。"外付"就是由信外付××元，"内汇"就是由信内夹寄汇票××元，这是寄钱的形式不同。可是新加坡侨胞凡寄一封侨批，内有信笺与国内亲人沟通消息，不论那封侨批"外付"多少钱，侨胞都要付给信局批佣坡币2元。这批佣就是包括把那封侨批"外付"××元派送明白和收回文缴交侨胞手中的工资或手续费。至于"外付"比较大笔的批款，除批佣外，侨胞还要以汇水（汇率）计贴信局。"内汇"就是汇票夹在侨批信封内。当时币制贬值，既有美汇，也有港汇，信局分别依照美钞、港币的汇率及数目多少收取汇费。①

① 安贻池：《正大侨批局工作回忆》，载黄清海主编《闽南侨批史纪述》，厦门大学出版社，1996，第 208~210 页。

海洋移民、贸易与金融网络

第 四 章

全球视野下侨汇与海外华人金融网络

近现代的世界经济是全球化的经济，各类资源是全球性的，市场也是全球性的。物流、贸易和金融的不断发达，使得各种资源配置成本降低，各类交易更为频繁。在全球化市场的推动下，各国的经济比以往联系得更加紧密，形成了日趋密切的相互依赖、相互依存关系，各种商品和服务通过海洋贸易活动越来越自由地在国与国之间流动，以满足各国、各区域人们对物质和精神的需求。

从国家层面看，国与国之间的各类交易不仅包括商品、劳务等有形的贸易，而且包括借贷、投资等涉及货币资金流动的活动。在用货币资金为统一计量的账务核算中，我们可以用国际收支来衡量一个国家的经贸状况。因而，在近代以来，各国都十分重视国际收支问题，通过国际收支平衡表反映本国与其他国家之间的商品、债务和收益的交易以及债权债务的变化，以体现本国的国际贸易关系、国际经济关系以及经济结构和经济发展水平。随着经济全球化进程的推进，国与国之间经济往来关系越发紧密，越需要进行国家核算，越应重视国际收支问题。

在全球化时代的背景之下，特别是在鸦片战争之后，中国东南沿海民众下南洋，成为近代中国人参与全球化进程的开始。下南洋的族群需要将所赚取的财富通过侨批业的渠道转移回家乡，以赡养亲人。这种财富转移大部分是通过货币形式进行的，因而就出现了单向的跨国货币资金流动，即所谓的侨汇。这些侨汇资金是中国与国际之间形成金融联系的一个重要因素，体现为是中国国际收支的一个重要组成部分。这里，我们分析了近代以来侨汇对于中国国际收支所发挥的作用。

跨国的金融网络并非是孤立的，而是建立在移民和贸易的基础以及实体经济发展之上的。下南洋之人以苦力劳作为主要谋生手段，但其中不乏成功的华商。东南亚华人实体经济的发展，特别是华人商业圈的形成和华人企业集团的出现，带动了华人移民的增加；另外，华人企业规模扩大，促使其投资领域更加广泛，随之而来的是贸易、航运乃至金融等行业相应地扩展，涉足地域也从东南亚扩展至欧美地区，进而形成以东南亚地区为中心，既连接母国又延伸至欧美等地的全球华人商贸与金融网络。

专注侨批侨汇研究 40 多年的国际汉学家滨下武志教授对侨批汇兑问题有着更深刻的探究，他认为，在 19 世纪初约有 400 万华人居住在东南亚，每年寄回家乡的钱约为 5700 万银元。这些绝大多数出自闽粤两省移民的资金，最初是从家庭书信往来中产生的，却因进入金融市场而改变了路线与性质，并催生了各种投资活动，甚至引起了外资银行的重视，汇丰银行、花旗银行和麦加利银行，都是最早利用侨批路线和功能来东南亚国家投资的，它们在金融上对跨华南和东南亚贸易区的贸易提供了巨大的帮助。而海外华人汇往华南的巨大单向的侨汇现金流足以影响到汇率的波动。[①]

进入 19 世纪，随着商品货币化程度的提高，在金融领域领先发展起来的以大英帝国为首的资本主义国家开始实行金融的殖民统治与侵略，以汇丰银行为首的外国银行在亚洲区域建立了英国、印度、中国之间的三角贸易及其之间的金融汇兑关系，同时控制了大部分中国海外侨民的汇兑业务。

侨批业的庞大业务量不仅吸引了外资银行的介入，而且被外资银行所控制。面对这一情况，早先富裕起来的华人积极在东南亚华

---

① 摘自《百年家书里的庶民金融》，系该文作者在采访滨下武志时所说的话。

人社区设立华资银行，如和丰银行、华商银行、华侨银行、中兴银行等，以移民华商华人为主要服务对象。华侨银行甚至会直接办理侨批的登门收汇和派送业务。

1928 年，中国银行在成为政府特许的国际汇兑银行之后，更积极地介入侨汇业务，除建设服务网络外，还以银行信誉开办侨批派送业务，抢占移民华人汇兑市场。

侨批及侨批业的萌生，对于传送华侨财富包括物资和货币发挥了极其重要的作用。侨批业通过不断地建立华人的侨批汇兑市场及侨批的传递网络，有效地开展了侨批业务。不仅如此，侨批业的发展，还培养和带动了一批熟悉国际金融业务的华人群体，他们在不断吸收西方先进的邮政技术、金融技术的同时，改进了侨批跨国汇兑网络，进而影响和促进了中国旧的金融体系的变革。

最后，我们比较分析了闽粤侨批业与晋商票号的金融文化传承问题。这二者产生于同年代，同系中国旧式金融的范畴，同属民间的"草根"金融，在中国近现代经济金融史上同样占据重要地位，但因服务区域不同，存在海洋与陆地的差异；服务对象也不同，闽粤侨批业为下南洋的侨民百姓提供移民汇款和家书传递服务，而晋商票号为中国官方和商人提供金融汇兑服务。因而，二者在经营理念与方式上存在区别，当然，它们最终的结果也是不同的。

第一节　中国侨汇所发挥的作用

下南洋之人将在海外赚取的辛苦钱或以物质或以货币形式转至国内，用以赡养亲属，这是中国人传统美德的体现。其中，以货币形式通过侨批业或国际银行汇入国内的，被称为侨汇。然而，"侨汇"（Overseas Chinese Remittance）的学术概念，指的是华侨汇款的简称，属于海外个人汇款，它是指居住在国外的华侨华人、港澳台同胞从国外或港澳地区寄回的用以赡养国内家属的汇款。影响侨汇的因素很多，主要涉及移民家庭、侨居地政治经济状况以及中国针对海外华侨华人的政策等。

在一个多世纪的侨汇发展及演变的历史过程中，侨批业在其整个流转中发挥了重要的角色。由于各个历史时期的具体情况不同，侨批业所承担的角色也不尽相同。

在水客时代，水客采用一条龙服务的做法，从侨居地携带回原币（银元）、原物品或通过货物贸易获取国内的货币现款并将其付给侨眷。这类携入的外国货币现金或现银（银元），虽然是侨款，属于华侨资金的一种，但它不是汇兑意义上的侨汇。

在侨批信局的汇兑时代，侨批侨汇流转需要经过海外揽收、承转交接、头寸调拨解付、登门派送与回文处理等环节。在整个流程中，侨批业所起的角色如表 4－1 所示，主要表现在在侨居地揽收侨批侨汇、在侨乡登门派送侨批侨汇和回文处理上。由于南洋侨批信局与华侨的关系极为密切，且侨批业具有独特的服务优势，因此，自侨批业产生以来，对于通过侨批业的渠道揽收汇入侨批侨汇的成熟做法，华侨一直非常习惯，直至1980年代之后，华侨才逐步转为直接通过国际银行汇兑。当前，由于通讯较为发达，所以，华侨汇款一般无须再附带家书。

表4-1　侨批侨汇转递流程

流程	侨批揽收	承转交接	头寸调拨解付	登门派送、回文处理
发生地、涉及机构	海外侨居地的侨批信局、代理商号、银行等	侨居地口岸银行及侨乡口岸银行	国内口岸及侨乡银行	口岸、侨乡信局、代理商号、银行、邮局等

　　新中国成立之前，在东南亚地区揽收的绝大部分侨汇是通过民间侨批业渠道汇入国内的。新中国成立后，这一渠道仍然延续。但随着国际银行业、邮政业的发展，私营侨批业的收汇额所占的份额越来越少。1970~80年代以前，在从东南亚汇到厦门的侨汇中，仍然有75%~80%是通过侨批信局汇入的。1974年，国内私营侨批业人员、业务全部被并入"海外私人汇款服务处"。1976年，侨批业的机构、名称被取消，中国银行接管了其所有人员和业务。相应地，海外的民间侨批业也随之减少，许多侨汇开始通过国际银行汇入中国。1990年前后，在闽南地区，通过海外民营侨批信局汇入的侨汇减少到整体的5%。①

一　侨汇是中国国际收支的重要组成部分

　　长期以来，国际收支问题关系一国的财政与金融状况，各国都十分重视。许多国家的国际收支不平衡，而为了调节、改善国际收支状况，这些国家内部常常会发生许多矛盾和斗争。一般来说，一

① 〔日〕山岸猛：《侨汇：现代中国经济分析》，刘晓民译，厦门大学出版社，2013，第178页。

国国际收支不平衡是经常现象，要做到收支相抵、完全平衡十分困难。国际收支是一国对外国的货币资金收付行为，国际收支平衡表可以综合反映在一定时期内一国同外国的货币资金往来的整体情况。

鸦片战争之前，英国对中国的进出口贸易长期处于逆差之中，英国政府为了弥补贸易逆差，大肆向中国输入鸦片，使得中国白银大量外流，致使国内通货紧缺，从而严重影响经济发展，因而引发中国禁烟运动，进而触发中英鸦片战争。鸦片战争可以说是一场由贸易逆差引发的战争。由此可见国际收支的重要性，它关系一个国家的经济、政治乃至军事。

在国际收支平衡表中的"经常转移"项目，包括侨汇、无偿捐赠、赔偿等细分项目。贷方表示外国对中国提供的无偿转移，借方反映中国对外国的无偿转移。而根据《中国统计年鉴（2000）》，国际收支的"经常转移"包括的内容有"社会保险付款、社会补助、侨汇、无偿捐赠、赔偿等"。

在国家外汇不足的时代，侨汇不仅用于赡家，而且作为非贸易外汇收入受到国家的高度重视。在填补贸易差额方面，侨汇（外币）收入国家是没有偿还义务的，它作为非贸易外汇收入来源是极为重要的。因为侨汇资金是外国资金的单向转移，不需要偿还或者货物的输出，所以，有学者将侨汇喻为"无烟工厂""无形输出"。

在表4-2中，笔者考察了1902~1936年中国侨汇对于弥补国际收支中经常项目收入贸易逆差的重要性，发现侨汇的作用是相当大的。1902~1913年中国侨汇占贸易逆差的79.79%，1914~1930年占73.53%，而1931~1936年也占到48.97%。[1]

---

① 中国银行行史编辑委员会编著《中国银行行史（1912—1949年）》，中国金融出版社，1995，第215页。

表 4 – 2　1902 ~ 1936 年中国侨汇与国际收支经常项目情况

单位：亿元（银元），%

年份	国际收支中经常项目收入	国际收支中商品进出口逆差	侨汇		
			金额	占经常项目收入	弥补逆差
1902 ~ 1913（平均）	6.35	1.88	1.50	23.62	79.79
1914 ~ 1930（平均）	12.80	2.72	2.00	15.63	73.53
1931 ~ 1936（平均）	13.90	5.80	2.84	20.43	48.97
1928	20.37	3.07	2.51	12.32	81.76
1929	21.38	3.75	2.81	13.14	74.93
1930	20.58	6.23	3.16	15.35	50.72
1931	22.23	5.62	3.47	15.61	61.74
1932	15.28	7.46	3.27	21.40	43.83
1933	10.88	8.07	2.00	18.38	24.78
1934	10.46	5.68	2.50	23.90	44.01
1935	10.72	4.67	2.60	24.25	55.67
1936	13.82	3.30	3.20	23.15	96.97

资料来源：根据中国银行行史编辑委员会编著《中国银行行史（1912—1949 年）》（中国金融出版社，1995）第 215 页"表 7 – 2　历年侨汇统计"整理，转引自《外汇统计汇编》（初集）（中国银行总处编印，1950）第 4 ~ 9 页的表 2 – 12。

新中国成立后，根据林金枝教授所述，在 1950 ~ 1988 年的 39 年里，中国的对外贸易有 23 年为顺差，顺差总额为 163.52 亿美元，而有 16 年为逆差，逆差总额达到 224.77 亿美元，两者相抵，净逆差额为 61.25 亿美元。而同期的侨汇达到 96.10 亿美元，即使外贸净逆差额 61.25 亿美元被用侨汇相抵，侨汇仍剩余 34.85 亿美元。[①] 由此可见，侨汇在国家经济的贸易结算以及国际收支平衡方面发挥了重要的作用。

① 〔日〕山岸猛：《侨汇：现代中国经济分析》，刘晓民译，厦门大学出版社，2013，第169 页。

海洋移民、贸易与金融网络

二　侨批侨汇对侨乡经济的贡献

侨批最主要的特点是"银、信合一"，即具有既是家书又是汇款凭证的双重特征。据业内人士估计，在侨批旺盛时期，闽南和潮汕地区的侨汇估计有 80% 以上是通过侨批信局汇入的。在新中国成立前，闽南和潮汕地区靠海外侨胞寄回"批款"维生的民众，就占了当地总人口的一半甚至更多，有些乡村该类民众的比例高达 70%～80%。如以侨眷家庭为单位计算，每月平均收到的批款，约占家庭总收入的 80%①，赡养眷属成为侨批侨汇的最主要用途，侨批侨汇成为侨眷生活的主要依靠；海外侨胞通过侨批渠道汇寄银信，承担起赡养家乡眷属的义务。

如上所述，侨批侨汇对于繁荣侨乡经济乃至填补国家贸易逆差而言发挥了重大作用。大量侨批款进入侨乡，既维持了国家外汇的稳定，又增强了侨乡社会的购买力，从而使侨乡各行各业能够稳定、平衡地发展。

海外侨胞寄回的侨批款，除了被用于赡养眷属、繁荣侨乡经济外，还被用于在家乡建房及投资兴业。海外侨胞还通过侨批或汇款捐资兴办各种公益事业，如办乡校、修路、赈灾等，实现报效乡梓的愿望。

新中国成立以前，侨汇款大部分被用于扶助国内侨眷的生活。根据华侨投资研究的开拓者林金枝教授等的研究，1862～1949 年华侨投资在侨汇中所占的比重不到 4%，侨汇大部分是被用于赡家的。

从表 4 - 2 可知，1902～1936 年的 35 年间，中国侨汇平均每年为 1.97 亿元（银元）；1928～1936 年每年侨汇为 2 亿～3.5 亿元（银元）。新中国成立后，《侨汇：现代中国经济分析》一书第 4～7 页的表 1 - 1 列出了 1950～1996 年全国及部分省市的侨汇数据。经统计，1950～1969 年全国侨汇平均每年为 13698 万美元，1970～1979 年平均每年为 41844 万美元，1980～1996 年平均每年为 36819 万美元；1950～1987 年的 38 年间，闽粤

---

① 参考《泉州市华侨志》，中国社会出版社，1996；王炜中《潮汕侨批的历史贡献》，《广东档案》2009 年第 1 期。

两省的侨汇额平均占全国侨汇的78.86%。

在改革开放之后，由于侨汇的汇入渠道已融入世界金融体系中，因此，对于汇入的外汇资金，有时也难以甄别它是非贸易的侨汇还是贸易结算的资金。有时一些与热钱有关的资金会借助侨汇分账户小额分散汇入，从而显得较为隐蔽。

尽管如此，侨汇对中国经济的整体贡献是很大的。国家无须偿还的非贸易外汇收入的侨汇的金额在对外开放初期比外国直接投资额还要多。1979～1982年外国直接投资实际利用额共计11.66亿美元，而1983年的外国直接投资实际利用额仅为6.36亿美元。与此相比，侨汇额在1979年便达到了7亿美元以上。而且，这一统计中的侨汇额还不包括1980～90年代许多华侨华人回国时带入的外币和以物资形式寄给国内亲属的部分等。[1]

三 华侨、侨批业对祖国的特殊贡献

中国人通过海洋移民，迁居海外，参与了世界经济全球化进程，他们成为中国在海外一大资源，华侨在为侨居地做出贡献的同时，也为母国做出了重大贡献。华侨通过下南洋求生存，既拯救了自己，也拯救了社会，除了以侨汇扶助侨属侨眷的生活及平衡中国国际收支外，还在国家、民族危难关头，挺身而出，勇于奉献。他们在辛亥革命、抗日战争时期为支援民族革命和民族解放事业从海外汇回了巨额款项，并无私地将其捐助给国家。同时，广大侨批业者为联络家国做出了巨大贡献，他们鼓动、联络海外侨胞为辛亥革命、抗日战争运送了大量人力、物力，甚至毁家纾难，英勇捐躯；他们不仅仅在传送信物，更是民族的信者，国家的民间外交使者。

（一）支援辛亥革命

孙中山称华侨乃革命之母，因为他是靠在海外得到华侨的资

---

① 〔日〕山岸猛：《侨汇：现代中国经济分析》，刘晓民译，厦门大学出版社，2013，第2页。

助，才能够在国内搞民族革命的。南洋是辛亥革命的重要根据地之一。在辛亥革命之前，孙中山先生在长达 14 年的流亡生涯中先后去往檀香山、日本、欧美、加拿大等地共有 23 次，而下南洋却有 43 次，并在南洋大街小巷发表了各种救国宣言的演讲。

1894 年，孙中山创立兴中会，在最初的 300 多名支持者中，东南亚华人华侨占了半数以上。到 1908 年，今马来西亚、印度尼西亚和新加坡等地的同盟会分会和通讯处共有 100 多个。1911 年辛亥革命爆发，南洋华侨为此捐助了近 600 万元（银元），马来西亚（今）华商谭德栋更是为支持孙中山革命而倾尽家产。

在这里，我们可以在侨批中找到涉及辛亥革命的珍贵文献，用以证实在辛亥革命期间，海内外同盟会之间是如何密切协作，办报宣传革命进步思想、筹集资金支援辛亥革命的。

在《菲华黄开物侨批：世界记忆财富（1907～1922 年）》一书中，作者特设"辛亥时政侨批"部分，收入 1911 年 5 月～1913 年 6 月黄开物在家乡期间，居住在菲律宾、香港、厦门等地的辛亥革命志士、革命同志寄给黄开物的侨批及信函，以及其间内容涉及时政的侨批，共 26 封 50 件实物。

在这些批信中，涉及的辛亥革命人物包括黄开物、林书晏、陈金芳、陈持松、吴记球、康春景、吴礼信、颜太恨、施清秀、郑汉淇等，涉及的活动和事件包括：创设阅书报社、创办《公理报》、菲华通过演戏募捐革命经费、汇寄钱款、通报军情、沟通同盟会活动情况、菲同盟会派人支援厦门活动、菲律宾华侨主动剪辫子，等等。在那场辛亥风云巨变中，这些人物、活动和事件，可以初步勾画出闽南侨胞们抛头颅、洒热血，热情支援辛亥革命的历史图景。

"小吕宋华侨自演戏至今，已捐助革命军壹拾万元，又到去九百余人矣。至下等之人亦捐五元正，甚然赞唉！中国人近来之爱国心大明也""弟不能回国尽邦家之责任，负咎难言，兄当乘机大展怀抱，如款项缺乏，可秘函电，布告各南洋资助，或致函来珉各界劝捐"。菲律宾同盟会及爱国华侨通过演戏等方式积极为革命筹款筹物，态度积极，信心十足，事迹十分感人。

"近接最好消息，知大局已定，吾人无限欣慰矣！人生莫大之幸事""漳州一带近情如何？若尚欠人筹谋，宗明、金方〔芳〕、嘉岚等即凯驰回办理""现下厦事如何？务祈极力进行，联络众志""溯自汉族光复以来已有半载，乃南北意见分歧，尚不能一致共图实际之建设，致令列强至，兹总无正式承认，良可痛心""咱们依居三号东伴皆剪发""令兄合元勋已剪矣"。频繁的侨批来往，有效的沟通联系，表明菲华志士急切了解国内及闽南一带的革命形势，以便更好地为家乡革命出钱、出人、出力，出谋划策，同时以自身实际行动剪辫子，来表达对辛亥革命推翻清王朝的支持。①

图4-1所示为1911年11月20日身处马尼拉的康春景、林书晏寄给厦门过水锦宅黄开物的侨批②，它真实地展现了华侨通过侨批渠道记载如何参与民族革命的事迹。该侨批书信内容如下。

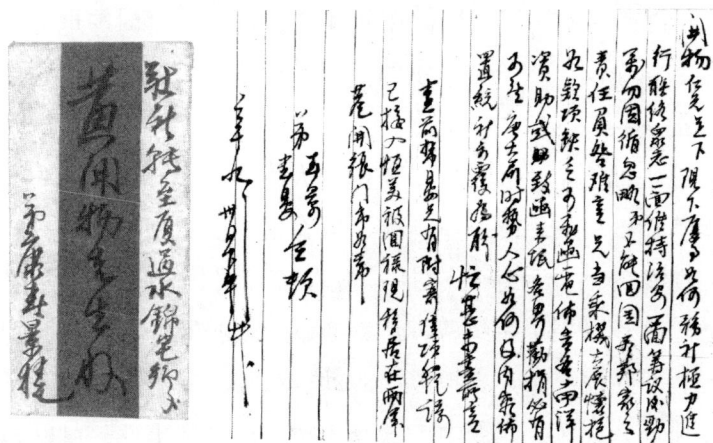

图4-1 1911年11月20日马尼拉康春景、林书晏寄给厦门过水锦宅黄开物的侨批

---

① 黄清海编著《菲华黄开物侨批：世界记忆财富（1907~1922年）》，福建人民出版社，2016，第61页。

② 黄清海编著《菲华黄开物侨批：世界记忆财富（1907~1922年）》，福建人民出版社，2016，第80页。

开物仁兄足下：

现下厦事如何？务祈极力进行，联络众志，一面维持治安，一面筹议后劲，万勿因循忽略。弟不能回国尽邦家之责任，负咎难言。兄当乘机大展怀抱，如款项缺乏，可秘函电，布告各南洋资助，或致函来垠各界劝捐，必有可望。唐大局时势，人心如何？及内容布置，统祈示复为盼。忙甚，未尽所言。

查前帮晏兄有附寄信款伍拾元，谅已接入。恒美被回禄，现移居在雨伞巷开张，门市如常。

弟　春景、书晏　合顿首

辛九月卅日（1911 年 11 月 20 日）下午草

（二）支援抗日战争

抗日战争是整个中华民族反对侵略的战争，浩浩荡荡的抗日救亡运动席卷了东南亚华人社区的每一个角落，南洋华侨在抗日战争当中做出了不可磨灭的贡献。南洋华侨对国内眷属的汇款以及对祖国抗日运动的慷慨捐助，是华侨和祖国密切关系的实质性体现。

1928 年 5 月 3 日，日本侵略者在济南进行大屠杀，在前后十几天内，惨杀我国军民数千人。在这次血腥的济南惨案发生后，新加坡等地华侨当即成立以陈嘉庚先生为首的"山东惨祸筹赈会"，据统计，华侨在二三个月间即捐助救济款 130 余万元。

1931 年九一八事变后，南洋各地华侨在进行反日宣传和抵制日货运动的同时，举行了各种形式的募捐活动。例如，印度尼西亚各地华侨便开展了长期的月捐、义卖（卖花或演戏等），购债，救济及献金等运动。泗水等 56 个地方，一年内捐得款项达国币 55.77 万元，另有毫银 5 万多两。在菲律宾马尼拉，各华侨团体随即成立菲律宾华侨救国联合会，同时出版半月刊《旗帜》，进行抗日宣传。马占山将军在东北的抗日爱国行动，得到了海外华侨的支持，截至

1932 年 1 月，菲律宾华侨给马占山将军的捐款便多达国币 40 万元。

1932 年上海"一·二八"淞沪抗战爆发，旅美华侨捐款 50 万美元以上，古巴华侨一次便捐款六七万美元。同年二月初，在新加坡成立的"南洋华侨筹赈中国难民委员会"，发起募捐不到两个月，便为十九路军筹捐得军费多达百万元国币。此外，1932 年越南华侨还成立了"旅越华侨缩食救济兵灾慈善会"，捐助给十九路军和东北义勇军的款项达 7 万多元国币。印度尼西亚三宝垄华侨后援会发动华侨募捐，汇寄上海中国红十字会白银 5788 万多两，国币 7.1 万元，寄往北平中国红十字会国币 6132 元。

图 4 - 2 所示为 1932 年 4 月菲律宾怡朗杨文焕寄给南安玄西的批信，其中记载（原文如下）了在 1932 年"一·二八"之后，菲律宾怡朗报国会如何积极筹集捐款，拟用于购买抗战飞机（批信写飞船，系早期华侨的说法，即指飞机）的史实。

图 4 - 2　1932 年 4 月菲律宾怡朗杨文焕寄给南安玄西的批信

玄西兄大鉴：

　　得二月十二日发下大教，借知在厝纳福，甚慰远念。……惟是怡朗报国会依然十二分认真办事，所有捐题比前严重，各店以所卖之货项每百元抽五角，各职员薪水每百元抽十元，自四月一日实行，均当取账部照数抽取，到期如不交缓过一星期

海洋移民、贸易与金融网络

者着罚。闻将所抽之项暂为买飞船（即飞机）之需。最可惜者，故国伟大人物不主战，致十九路军功亏一篑，甚可哀也……。捷隆发之信局部，以弟之私接，谅当尅本，现时票水在廿七、廿八至三十左右，大约亦不能如后升降。如还有战事发生，当能变动也。然而，中日和议如成，则必再发生重大内战。因便略言之，并付去银伍大元，如到即收，回文来知。此询

近安

兄　杨文焕　书

廿一·四·二（壬申贰月廿七日）

　　1937年七七事变爆发后，世界各地华侨开展了抗日救亡运动。抗战期间，全世界各类华侨团体共有3900多个，其中专做抗日救亡工作的团体达900多个，海外华侨抗日救亡团体在组织、发动和推进各界华侨踊跃筹赈捐输活动方面可谓不遗余力。其中，以陈嘉庚先生为主席且成立于1938年10月10日的"南洋华侨筹赈祖国难民总会"（以下简称"南侨总会"）表现得最为突出。

　　仅1938～1939年，南侨总会各地分会就共募捐了国币1.44亿元，还购买了大批药材寄回祖国，仅从印度尼西亚一地就购买了金鸡纳霜5000万粒，价值30多万印尼盾，而该会在印度尼西亚的分会便有45个之多，以赈灾会、公益社及慈善事业委员会等名义，开展筹捐救国义捐，购买救国公债、救济伤兵难民赈款、献金购买武器、抵制日货及拒绝为日本人服务等活动，仅义捐一项，全印度尼西亚便募得450万印尼盾，购买公债250万印尼盾。陈嘉庚先生指出，1939～1941年，印度尼西亚华侨约有160万人，每月认捐国币160万元，每人平均1元。

　　而在美国，早在七七事变之前，各地华侨团体便纷纷组织了救亡团体。据不完全统计，抗战8年间，广大旅美华侨支持祖国抗战的捐款在5000万美元以上。这一期间国民政府以抗日救亡名义向

美洲华侨"募捐"和发行"救国公债"的总金额在 2 亿美元以上。

在 8 年抗战期间,"有钱出钱,有力出力"成为当时海外华侨抗日救亡运动的一个响亮口号。在遍布世界各地的各个华侨爱国团体的组织、发动和带领下,广大华侨节衣缩食,以节日特别捐、年捐、月捐、义卖义演、结婚祝寿喜筵节约捐、丧事节约捐等各种形式参加捐输活动。

据各方面的估计,海外华侨的每月捐款约达 2000 万元国币,而当时国内每月花费的军饷约为 7000 万元国币,海外华侨捐款几乎占全部抗战军费的 1/3。据国民政府财政部的统计,在 8 年抗战期间,海外华侨共捐款国币 13.2 亿元。1940 年,国民政府军政部部长何应钦在国民参政会报告中指出,1939 年军费支出为 18 亿元,同年的侨汇达 11 亿元,其中义捐占 10%,达 1 亿元。根据世界银行通例,有 1 元准备金可以发行纸币 4 元,如以当年侨汇 11 亿元为准备金,可以发行纸币 44 亿元,除了发还给侨眷的赡家费约 10 亿元外,还有 34 亿元可作为军政各项支出的费用。也就是说,庞大的侨汇收入不仅填补了当时中国对外贸易的巨额逆差,而且起到稳定国民政府法币币值,支撑战时国民经济的作用。

闽粤侨批业对抗日战争做出了重大的贡献,其中以潮帮侨批信局业者开辟的"东兴汇路"最为突出。太平洋战争爆发后,潮帮侨批信局业者不畏艰难险阻,奋力绕开日寇封锁线,探索开辟了以越南芒街为突破口,以广西东兴为枢纽,将东南亚的侨汇秘密通过东兴沿着广西、广东内陆地区成功转到潮汕的蜿蜒曲折的生命线——"东兴汇路"。新汇路的成功拓辟,拯救了在战争和饥荒状态下苦苦挣扎的潮汕地区侨眷,有力地支援了抗日战争。

"东兴汇路"的拓辟,将侨批传统的海运传递扭转为陆路传递,是自侨批有史以来极为典型的特例,侨批业通过特殊的线路、特殊的贸易方式、特殊的汇兑方式、冒险探索、艰难递送,充分展现了下南洋之人敢为人先的胆识,不畏艰辛、吃苦耐劳的坚韧意志。

在《抗战家书》①对侨批实物的解读中，我们了解到闽粤侨批业者在抗战期间是如何沟通，如何争取侨汇、联络侨情的，以及为了避开日本占领区而如何开辟交错纵横的批路的。

海外侨胞和侨批业者在国家面临危机之时，表现出了爱国爱民的高尚情操、笃诚守信的敬业精神，值得人们褒扬。

---

① 黄清海、沈建华编著《抗战家书》，福建人民出版社，2015。

第二节　移民族群商业活动与金融开创

　　跨国金融网络不是孤立的，而是建立在移民和贸易的基础以及实体经济发展之上的。随着东南亚华人实体经济的不断发展，20世纪初，逐步形成华人商业圈和出现华人企业集团。华人经济的发展带动了华人移民的增加；另外，因为华人企业规模与投资领域的扩大，贸易、航运乃至金融等行业相应地扩展；在地域方面，华人商业活动甚至扩展至欧美地区。如此一来，以东南亚地区为中心，既连接母国又延伸至欧美等地的全球华人商贸与金融网络就不断地发展与壮大。

　　早期下南洋之人以劳作谋生为主，进而逐步发展华人经济，但这些都是建立在移民的特性的基础之上。或是当雇员，或是发展家族式生意，或联络乡族人合股开店办企业，他们对金融服务或者金融网络效率的要求并不高。

　　然而，对于有实力的华商来说，情况并非如此。东南亚华人经济成长的过程是一个由家族式经营迈向现代化经营的过程，其中自然也伴随有华人族群金融业的生长、演变。东南亚殖民地经济取得了大发展，与商业、加工贸易、制造业、旅游服务业和房地产业发展相匹配的金融业自然也获得了很大的发展，现代化的经济竞争显得更加激烈，正处于"成长"阶段的华商对资金的数量、流动性、安全性、营利性的要求更加的高，而华人老式的家族积累和传统的

"票号""钱庄"根本满足不了这种要求，他们需要的是现代银行的服务。因此，有实力、有战略眼光的华人企业家不仅发展实体经济，而且谋求开办独立的金融集团或在原有的企业集团内部建立专业化的金融机构。

华人海洋移民的增长及其金融需求的增多，壮大了闽粤侨批业。华人商业圈的建立与发展，使得海洋商贸及与之相对应的金融网络更加繁荣与发达。与"草根"侨批业不同，华商因实业发展需要所建立的金融机构及其金融网络，采用了西方先进的金融技术，是颇具现代意义的。一方面，侨批业自身努力变革以吸收现代经营理念和引用西方先进技术；另一方面，华商企业集团在金融领域的拓展，对于构建以侨批业为主的海洋移民金融网络有着重要的促进作用。早期以服务侨民寄信汇款为主的侨批业网络逐步发展成为既服务移民，又服务商贸的全球化华人金融网络，而这一网络立足东南亚地区，一侧连接中国，影响和改造中国旧的金融体系；另一侧朝向西方，学习、吸收西方先进的金融技术与知识。

列举 6 个典型案例，包括同安大嶝岛籍南洋华商网络、陈嘉庚公司网络、陈慈黉家族企业、永安公司金融网络、黄奕住的中南银行、吴道盛的建南银行，用以讨论华商、实业经济、商贸发展与金融事业开创等问题。

一 同安大嶝岛籍南洋华商网络

通过同安大嶝岛籍且分布在南洋各地的同乡人的 30 多封批信①，反映华侨在东南亚已建立起自身的商业网络以及以乡缘为基础的人脉关系的史实。

大嶝岛位于台湾海峡西面，厦门市东部海面，是厦门最大的卫星岛，现归厦门市翔安区。这些批信的书写时间为 1927～1934 年，

---

① 均为笔者的收藏品。

由两部分组成：一部分是由马来亚霹雳州吧冬宁仔（Padong Rengas），新加坡，荷属印度尼西亚井里汶、普禾加多寄往荷属印度尼西亚邦加岛科巴（Koba，即网甲高木）一位郑氏华侨的书信；另一部分是马来亚霹雳州吧冬宁仔、印度尼西亚邦加岛科巴（网甲高木）华侨与同安大嶝岛家乡亲人之间互寄的侨批书信。

这些书信的寄发和收件人均为大嶝岛的同乡人，书信内容涉及方方面面，但主要讲述家族、家乡人生意往来等情况，包括账务、市场信息、雇佣信息等，以及介绍在家乡兴办学校、捐款办公益事业等的情形。现举一实例说明。图4－3所示为1929年2月23日马来亚吧冬宁仔的壬癸寄给荷属印度尼西亚网甲高木的丙寅的书信原件，内文如下。

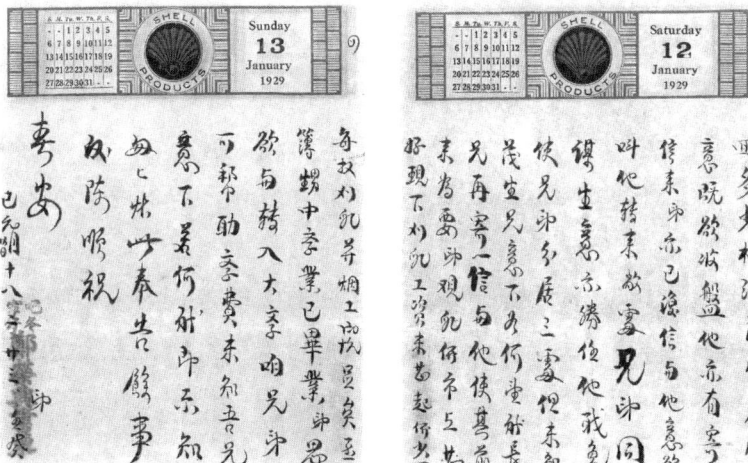

**图4-3 1929年2月23日马来亚吧冬宁仔的壬癸寄给荷属
印度尼西亚网甲高木的丙寅的书信原件**

丙寅胞兄如晤：

　　兹复者，昨接来书一函，并夹茂生兄一信及唐信一札，示
事均已详悉。吾兄螟子业已成就，不胜欣幸，所嘱弟寄项相
助，本当如命寄回，奈弟自年内兰年园兑去970元，还齐知
600元，存现370元，弟再觅乳园贰丘捌衣葛3700元，在咱店
后与咱园相近，两名割乳每天烟片23片，至本月十八日，业
已割名再借齐知2900元相添，每月利息30元，一半已实底，
每月还145元，并利175元。此帮多拖生意项400多元相添，
因此帮生意银根周转甚难，幸逢此星期乳价日降，目下乳价烟
片每枚55元。现咱乳园计共四名割乳，每天能割烟片38、39
之额。弟料除失工外，逐月能割捌枚左右，候此去银根能消得
调转，弟当按寄回多少相添。茂生兄生意既欲收盘，他亦有寄
信来，弟亦已复信与他意欲叫他转来敝处，兄弟同谋生意亦信
任他职，免使兄弟分居三处，但未知茂生兄意下如何，望祈长
兄再寄一信与他，使其前来为要。弟观乳价市草甚好，现下割
乳工资未甚起价，少可每桶割乳并烟工17元，足矣。丕簿螟

中学业已毕业，弟思欲与转入大学，咱兄弟可帮助学费，未知
吾兄意下若何，祈即示知，匆匆草此奉告，余事后陈，顺祝
春安

弟　壬癸

己（巳年）元月十四日（1929 年 2 月 23 日）

书信涉及的内容以讲述郑氏兄弟生意上的事宜为主，包括橡胶的市场信息、个人的账务信息等。我们可从中看出，大嵝岛的同乡人在东南亚已初步建立起了乡族性的经济圈。

二　陈嘉庚公司网络

陈嘉庚（Tan Kahkee，1874～1961 年）是著名的爱国华侨领袖、企业家、教育家、慈善家、社会活动家，福建省泉州府同安县集美社人（今厦门市集美区）。陈嘉庚公司在东南亚和中国开设有几十家经营机构，打破了殖民地宗主国的垄断局面，促进了华人经济的发展。

1890 年，17 岁的陈嘉庚渡洋前往新加坡谋生，起初主要在父亲陈杞柏经营的顺安米店工作，共做了 13 年。其父亲晚年实业失败，陈嘉庚在接手衰败的家业后，于 1904 年创建了菠萝罐头厂，号称"新利川黄梨厂"，同时承接了一个也经营菠萝罐头厂的日新公司，又自营谦益米店。是年，陈嘉庚之弟陈敬贤来新加坡习商，管理谦益米店的财务，主理新利川菠萝厂业务。1905 年，陈嘉庚创办"日春黄梨厂"（兼制冰）。1906 年，陈嘉庚入股恒美熟米厂，在福山园套种橡胶树。经过兄弟二人同心努力，1905～1907 年，他们分别获利（实利）5 万多元、4 万多元、13 万元。

新加坡当时的法律没有规定"父债子还"，但以信誉为重的陈嘉庚虽然经济拮据，却宣布"立志不计久暂，力能做到者，决代还

海洋移民、贸易与金融网络

清以免遗憾也"。面对家道中落，陈嘉庚艰苦奋斗了 4 年时间，终于有些盈利。此后，他便不顾亲友反对，花了许多时间和精力找到债主，至 1907 年，连本带利还清了父亲所欠的债务。此事成为新加坡华人商业史上的一大佳话。

陈嘉庚说："中国人取信于世界，决不能把脸丢在外国人面前！我们中国人一向言必信，行必果。"他有债必还的信誉迅速传遍了东南亚。此后，人们十分相信陈嘉庚的商业道德和信誉，都愿意与他做生意。可以说，陈嘉庚之所以能在家业衰败后艰苦创业 10 年左右便成为百万富翁，与他"有债必还"的诚信商誉有着密不可分的关系。

陈嘉庚是位橡胶大王。当橡胶树第一次从巴西被移植到马来亚时，陈嘉庚即用 2000 元购了种子，播种在菠萝园中，进而大面积种植，到 1925 年，他已拥有橡胶园 1.5 万英亩，成为华侨中最大的橡胶树垦殖者之一。他开办的"谦益"橡胶公司，生产橡胶鞋、轮胎和日用品。在鼎盛时期（1925 年），其营业范围远及五大洲，雇佣的职工达 3 万余人，资产达 1200 万新加坡元。

1912 年，陈嘉庚与林文庆、林秉祥等侨商合资创办华商银行（Chinese Commercial Bank Ltd.），该银行成为新加坡较早成立的华资银行之一。1932 年 10 月，该行与和丰银行、华侨银行正式合并为华侨银行有限公司。陈嘉庚公司成为实业与金融并举的集团公司。

一封于 1931 年 3 月由荷属印度尼西亚井里汶寄给同安刘江的侨批使用的内信纸就是陈嘉庚公司井里汶分行印制的专用信笺（见图 4-4），信笺左右两侧印有陈嘉庚公司分行的中英文地名。英文地名按照字母先后排序，中文地名按照华属（26 家）、英属（20 家）、荷属（22 家）及其他各属（4 家）排序，共 72 家分行和 1 家总行，可见陈嘉庚公司当时的规模及经营网络之庞大。

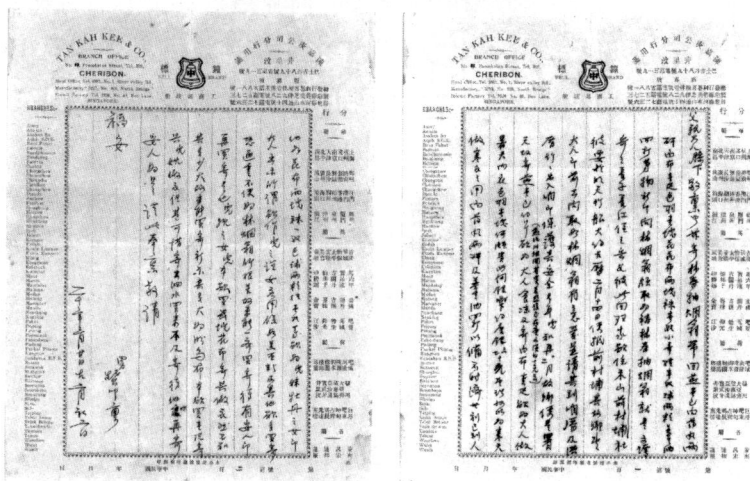

图 4 - 4　使用陈嘉庚公司信笺的侨批（1931 年由井里汶寄往同安）

陈嘉庚早在 1920 年代就有了商家敏锐的广告意识，他把自家经营的商号和特色商品印制在公司的专用信封上，以供公司及员工寄信使用。

陈嘉庚首创了橡胶制品的大规模生产，促进了侨居地民族工业的发展；他开辟了橡胶制品和其他制品直接输往国际市场的渠道，在华侨中第一个打破了英国垄断资本的垄断局面。陈嘉庚公司均设在东南亚地区及中国，其商品贸易与分行之间的往来，促进了中国与东南亚、东南亚各地区之间的联系。

三　陈慈黉家族企业

陈慈黉（1843～1921 年）是今广东省汕头市澄海区隆都镇前

1871 年，陈慈黉接管父亲陈焕荣的事业，到暹罗创设陈黉利
行。他整体推进区域性经营，从运输业转向粮食加工业，自设火
砻，直接加工生产大米出口。从 1870 年代中期开始，暹罗火砻业
的重心，渐次由洋商转入华商之手。此间，陈慈黉在汕头设立了黉
利栈，经营进出口贸易和钱庄，而以暹罗米销往汕头为重要经营项
目。1880 年代，随着曼谷黉利火砻的设立及其区域性贸易的扩大，
陈慈黉家族又在新加坡、香港、越南设立了商行，形成了工贸并举
的"香、叻、暹、汕"贸易体系。陈慈黉因此成为"暹罗米王"。

1903 年，陈慈黉返回故乡颐养天年，把黉利各埠企业交给了次
子陈立梅。陈立梅在暹罗的陈黉利行组建了新船队，发展航运业。
陈慈黉家族共拥有 7 家火砻，并设有相应的粟仓、米栈及运输系
统，其火砻事业规模之大，在曼谷首屈一指。曼谷黉利总行又设有
中暹船务公司代理挪威船务，有轮船十余艘，航线遍及东南亚、中
国及日本各主要口岸。1912 年，陈立梅于泰国、香港、汕头分设黉
利栈汇兑庄（其汇票见图 4－5、图 4－6），并在泰国、汕头广置房
地产。通过强强联合，承租了挪威船舶的中暹轮船公司的船只航行
于曼谷、香港、汕头、新加坡以及日本等地。在此次双赢的合作
中，陈慈黉家族获得了巨额利润，而挪威 BK 船务公司也达到了它
抢占亚洲市场的目的。中暹船务公司前后运营 40 余年之久，除了
从船运业中获利外，还得代理挪威船务之便，有力地推动了暹罗米
的外运、外销及暹罗其他进出口业务的发展。

1930 年 8 月以后，陈立梅次子陈守明统辖全家族辖下企业。他
大胆涉足金融业，使陈慈黉家族进入鼎盛时期。1932 年，他将黉利
栈汇兑庄改升为黉利栈银行，该银行于 1933 年开张，注册资本金为
100 万泰铢，成为当时暹罗吞武里府第一家银行，同时在香港、新加
坡、汕头设立了分行。继而他又首创了当地第一家保险公司——銮利

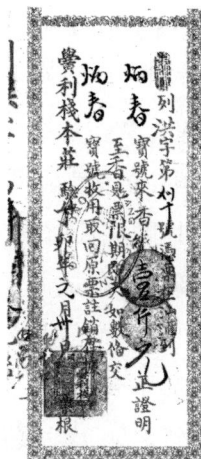

图 4 – 5　1927 年 1 月汕头寄往
香港的矍利栈汇票

图 4 – 6　1927 年 12 月曼谷寄往
香港的矍利栈汇票

保险公司，以适应时代发展和开拓新行业的需要。至此，陈慈黉家庭的庞大事业由传统的火砻业、运输业、进出口业等行业进入现代金融业。这一时期，陈慈黉家族名下拥有 7 家大火砻以及进出口公司、中暹船务公司、矍利栈银行、銮利保险公司等大型企业，同时还占有多家企业的股份，构建起生产、运输、堆放、出口、进口、批发、收支、存款、转账、汇兑等一条龙业务链，是实力雄厚、资金充裕的华资大财团，成为第二次世界大战前泰华资本家中最具代表性的财团，其家族资本雄踞"泰华八大财团之首"。

　　1945 年 8 月 16 日，日军宣布无条件投降的翌日，陈守明却突因遭暗杀而身亡，陈守明三弟陈守镇接管陈慈黉家族集团，开启新的"矍利时代"。1940 年代初直至 1950 年代末，差不多 20 年的时间，陈慈黉家族始终处于守成状态，银行、保险业务疲软，进出口业务几乎停止，但这并不是陈慈黉家族一家的现象，彼时整个泰国到处都是政局混乱，经济得不到发展。1960 年代，陈守镇顺应泰国

海洋移民、贸易与金融网络

政府发展工业的政策，在家庭原先的农产品加工厂的基础上扩大了和再设了工厂，增设了"力成粉丝厂""西罗烘干厂"等。1973年，黉利栈银行改名为黉利银行，同时出售了40%的银行股份给万国宝通银行。如此一来，黉利银行就从旧式的家族银行变为民营商业银行。之后该银行进行了股份制改制，至1980年代中期，黉利银行成为曼谷证券市场的上市公司。据资料统计，1986年底，黉利银行总资产为64.27亿泰铢，分行有20家；1990年底，其总资产增至183.67亿泰铢，分行有32家。

1982年，陈守镇逝世。虽然陈慈黉家族失去了最后一位集权家长及精神领袖，但由于家族企业已经股份制改造，家族成员皆拥有黉利银行的股份，因此对家族大事也都有权过问。这是由集权到分权、由传统到现代的一个大转变，黉利银行这一古老的家族式集团企业也完全进入了"新黉利时代"。

历经百年沧桑的陈慈黉家族，如今仍然是"乾坤浩荡财源远，泰岱峥嵘气象隆"。陈慈黉家族历经六代而不衰，至今更是老枝发新芽，如今，陈慈黉家族后代分布在世界各地十几个国家和地区，而且都受到了很好的高等教育，成为各个行业的拔尖人才。陈慈黉创造了历经几代经久不衰的富贵神话，这与其家族兼容广纳、任人唯贤的经商才略，以及严格的家庭制度不无关系，更重要的是它能够立足侨居地华人社会实际，与时俱进，将事业从实业、从草根的汇兑庄转为现代意义的金融业。

四　永安公司金融网络

永安公司由香山县旗鼓乡竹秀园村的郭乐兄弟等人创办。永安公司与中山侨汇关系密切，是近代中山华侨商业资本与金融资本相互渗透、彼此影响的缩影。

永安公司因兼营华侨银信而得以发展。郭乐起初在澳大利亚悉尼开办有永安果栏，经营水果批发业务，兼营土特产的零售业务。

由于永安果栏与当地外国银行及国内银号有联系，很多华侨托永安果栏代汇赡家费，甚至家信也请永安果栏职员代写。永安果栏从中不收取费用，但这一业务却密切了它与华侨之间的联系，永安果栏的信誉也与日俱增。后来郭乐兄弟等人开办了包括香港永安公司（1907年开办）、上海永安公司（1918年开办）等在内的一系列企业，广泛在华侨中招股募资，并取得了极大成效，这与郭乐在永安果栏时期兼办银信业务积累的信誉是分不开的。华侨资本在永安集团各企业的原始资本中均占绝大多数，以永安纺织印染公司为例，华侨投资在原始资本中占90%以上，而在上海永安公司的原始资本中，华侨投资也占91.3%。

永安公司的业务运营也直接获益于华侨银信等金融业务。1907年，香港永安公司成立，此后永安果栏在收汇后不再通过外商银行、内地银号转汇，而是直接将侨汇从澳大利亚汇至香港本公司的金山庄，既可赚取手续费，又可套取汇水获利，在澳大利亚1英镑合港币15元，汇至香港后，受汇者可领汇款15元6角。此外，永安果栏还利用汇款调拨的时间差将侨汇用作公司营运资金。随着永安公司的发展壮大，其声誉日隆，华侨、侨眷开始把存款也存在永安果栏及永安集团银业部，永安公司从华侨手中收集了大量闲置资金，这些资金为永安资本集团的发展起到了重要作用。永安公司确立了以经营环球百货为主的经营方针，在英、美、日等国设立机构，采办百货，组织土特产出口。至1930年代，永安公司跃居上海四大百货公司（先施、永安、新新、大新）之首，在中国和世界享有良好的信誉。

永安集团为垄断中山地区的侨汇业务，努力完善了侨汇递解网络。1907年，香港永安公司设立金山庄以承接澳洲侨汇；1910年，香港永安公司在中山县城开设永安银号。此后，澳大利亚华侨汇款经由悉尼永安果栏到香港永安公司金山庄，再到中山永安银号，最终被派送给侨乡收汇侨眷，享受到了一条龙服务。永安银号建筑堂皇，为钢筋水泥水磨青砖结构，楼高五层半，主要办理侨汇业务兼营找换、储蓄、按揭、保险等，由郭灿英出任司理。虽然中山县城的钱庄、银号有数十家，但因为郭氏信誉甚佳，故永安银号在乡邑侨汇业务中占了75%～80%的市场份额。[①]

五　黄奕住的中南银行

黄奕住（1868～1945年），福建南安金淘人，印度尼西亚前首富及"糖王"，著名的爱国华侨企业家和社会活动家。

在中国早期的现代化进程中，华侨是一个特殊的群体，他们积极支持祖国的革命和经济建设。其中一些人白手起家，由身无分文的传统农民变成具有现代意识的资本家。印度尼西亚侨商黄奕住就是其中的一个典型。其从小剃头匠到大银家的由穷到富的奋斗经历颇具传奇色彩。

1880年，12岁时，他开始从师学习理发手艺。1884年，黄奕住抱着出外谋生闯世界的想法，带着理发工具，徒步一百多里走到厦门，搭木帆船前往自由港新加坡。先到了新加坡，不久又流浪至印度尼西亚苏门答腊岛的棉兰市，最后移居到中爪哇的三宝垄市。黄奕住从挑起理发担给人剃头的"剃头住"，成长为跨商业、银行、保险、房地产、种植等多行业和跨中国、印度尼西亚、马来亚、新加坡等国的商界巨子和华侨领袖。

黄奕住起先从事理发业，后改业从商，充当肩挑小贩。他采取了薄利多销的经营策略，通过以货易货（乡民用当地农副土特产品换取日用生活品）或替乡民代购、代售等便民措施，逐步获得了不少乡民及华侨的好感和信任，买卖有所发展。1895年后，他即以经营糖业为主。1910年，随着事业的发展，其原有的店面已不堪使用，于是他在三宝垄繁华的商业街中街购置了一座较大的店屋，并

---

① 裴艳：《侨批背景下的中山移民与金融网络》，载福建省档案馆编《中国侨批与世界记忆遗产》，鹭江出版社，2014，第440～441页。

正式成立"日兴行",且先后在巴城、泗水、棉兰、巨港、八加浪岸及新加坡等地设立了分行。至1914年,他的总资产已达300万荷兰盾以上,他的名字已被编入《世界商业名人录》。

1918年,第一次世界大战结束,欧洲地区由于战争破坏,食品及砂糖奇缺,加上西欧航运恢复,糖价开始回升,甚至一日数升。黄奕住的"日兴行"利用此大好时机,大量进出口砂糖,获得了空前的暴利。黄奕住(日兴行)成为爪哇最著名的四大糖商(还包括黄仲涵的建源公司、郭锦茂的锦茂栈和张盛隆的昌隆栈)之一。

1918年,荷属印度尼西亚殖民地政府以补交"一战"期间的税收为由,诱引黄奕住加入荷兰籍或日本籍。但黄奕住严加拒绝这一提议,并于1919年4月携2000多万美元回国,结束了他侨居印度尼西亚35年的生涯,返回福建省厦门市鼓浪屿定居。

黄奕住在荷属印度尼西亚殖民地30多年的商业经营活动中,深刻了解到银行金融业的地位和作用。特别是在1917年,华侨糖商在遇到困难时遭到荷兰银行资本的掣肘和刁难,使他认识到建立华侨银行及本国资本银行的重要意义。因此,他决心创办银行,扶助华侨工商业发展,振兴祖国实业。

他在从印度尼西亚返国的途中经过新加坡时,即投资入股华侨银行40万新加坡元。1919年12月,他在菲律宾及日本等地考察时,"闻垱里拉华侨多泉(州)人,金融之权操纵于外国银行,损失甚钜",因此,他在和著名菲律宾爱国侨商李清泉及薛敏老等人商议后,决定共同"倡组中兴银行,以挽回权利",黄奕住认股100万元菲币,被推举为该行董事。至1933年,中兴银行资本已实增至600万元菲币,资产总额为2470多万元菲币,成为菲律宾最主要的侨营银行之一,对扶助华侨经营工商业及当地经济发展起着良好的作用。

图4-7所示为1921年7月6日马尼拉黄开铸致锦宅胞弟黄开物的侨批。批信最后记载了黄开物家族开办的恒美布行"以中兴银

行存去 2342.81 元"的史实。这说明华人企业会首先选择华人银行办理存贷款业务。

图 4 - 7　1921 年 7 月 6 日马尼拉黄开鉎致锦宅胞弟黄开物的侨批

1920 年，黄奕住专程前往上海，拜会了一些著名人士，如上海《申报》董事长史量才、银行家胡筠（胡笔江）等人，共商"谋设中南银行于上海。中南之者，示南洋侨民不忘中国也"。在该行创办之初，第一期缴足资本为 500 万元，黄奕住认股 350 万元，占 70%。经过一段时间筹备后，1921 年 7 月 5 日，中南银行在上海正式成立并开始营业。它是当时全国最大的侨资金融企业。之后，中南银行成为当时全国可以发行钞票的 3 家银行之一。随着银行业务的发展，中南银行先后在天津、厦门、汉口、广州、南京、苏州、杭州及香港等地设立了分行，在北京设立了办事处。中南银行成为国内外各大都会商埠专约代理汇兑收付的机关，并代客户保管国内外发行的各种公债及契约收据，办理付息取本等事宜，业务遍及世界各地。

可见，经历下南洋，在实业、商贸领域磨练出的侨商黄奕住，颇具国际视野，可以基于西方先进的理念进行投资，他所创办的中南银行，也并非草根的，而是具有现代银行的风范。

黄奕住系闽南人，深知在南洋的闽南籍华侨的汇款重要，为了能沟通厦门与海外华侨的侨汇、融通华侨资金及促进工商业等的发展，黄奕住于 1920 年 4 月在厦门创办了"日兴银号"，"其资金之巨，为厦门各银庄之冠"。由于"日兴银号"资金雄厚、有良好的信誉，东南亚各地华侨曾纷纷把他们的游资汇存该银庄，以备家乡建筑房屋或其他实业之用。如印度尼西亚华侨李丕树，曾一次汇寄 30 万元大洋，存于该银庄。

黄奕住曾积极创办经营社会公共事业，建设家乡：创建厦门自来水公司，承办厦门电话公司，筹建漳（州）龙（岩）铁路，并致力于开发闽西矿产资源。黄奕住还积极从事厦门、鼓浪屿的房屋及市政建设。他投资"黄聚德堂房地产股份公司"，建筑鼓浪屿故居——黄家花园，其建筑之豪华，不仅被住过的中外政要等交口称赞，而且当年还被誉为"中国第一别墅"。

黄奕住不仅是一位爱国的华侨企业家和民族企业家，而且是一位积极参加华侨社团、热心文教公益福利事业及侨乡各方面建设的社会活动家。他先后在家乡南安及厦门、新加坡、印度尼西亚等地建造了学校、医院、图书馆等。

黄奕住一生的经历和思想言行，在老一辈华侨、归侨中有一定的代表性。他早先是一位深受帝国主义、封建主义剥削压榨而无以为生的中国农民，从而被迫出洋谋生，经过几十年的艰苦奋斗、勤俭节约、精心经营，从一位剃头匠、肩挑小贩成长为富有的侨商，从一位自发的具有淳朴乡土观念的中国移民成长为自觉的忧国忧民、热爱祖国及家乡、积极支持资助并直接从事祖国及家乡各项建设事业的爱国华侨领袖、华侨企业家和民族企业家，受到广大华侨及乡亲们的推崇。

黄奕住在华人金融业现代化的进程中做出了突出的贡献。在回国过程中及之后，先后投资华侨银行（总行设在新加坡）、中兴银行（总行设在菲律宾马尼拉），创办中南银行（总行设在上海），这3家具有现代化意义的银行在东南亚和中国各地遍设分支机构，建立起了华人自有的国际银行的业务网络。这样的华人银行网络，不仅大大便利了东南亚华侨在侨汇、投资、贸易等方面办理汇兑结算业务，而且通过业务往来，对于改造中国旧式金融，促使其转化具有重大意义。

六 吴道盛的建南银行：从侨批到国际性银行

图4-8和图4-9所示为1930年代由菲律宾寄往晋江的两封侨批，批封的背面分别盖有"吴道盛"和"建南信局"字样的印章，表明吴道盛和建南信局参与了该两笔侨批的流转。吴道盛从在鸿发信局当学徒，到投资创办建南信局，最后发展到创办建南银行；其事业从草根的侨批业，到现代意义的国际大银行：吴道盛因此成为一位国际银行家。

图4-8 1930年9月20日菲律宾宿务寄往泉晋深沪的侨批

吴道盛（1897~1983年），晋江金井围头村人，1912年，吴道盛告别寡母南渡菲律宾谋生，初在马尼拉同乡人吴仔柱的鸿发信局当学徒，1928年后脱离鸿发信局，在马尼拉王彬街开设建南信局，并在厦门设"荣和信局"和建南（汇兑）信局。因经营得法，建南信局业务日盛。

图4-9 1937年11月菲律宾马尼拉寄往晋江十五都留宅的侨批

1938年5月，在厦门被日本占领后，建南信局迁址于泉州。1931~1941年，建南信局除主营侨批之外兼营菲、美、沪三角汇兑业务，通过上海为侨批同业调拨侨汇头寸。据张公量于1943年出版的《关于闽南侨汇》记载，据泉州汇兑信局汇出汇入统计，1940年，9家汇兑信局全年接受海外汇款7170万元（国币），其中建南信局的为4200万元，占58.6%；而在泉州汇往上海的5900万元中，建南信局的有3500万元，占59.3%。由此可见建南信局在当时泉州汇兑业中的地位。1946年后，建南信局单帮汇兑业务发展快，领先同行。1948年，吴道盛在马尼拉开办建南银行，在香港设建南银行机构。1971年在美国开办建东银行，1983年在厦门设立分支机构。2006年，建南银行资产规模在菲律宾商

海洋移民、贸易与金融网络

业银行中名列第二，拥有 700 家分支机构，网络是相当大的。之
后，建南银行被并入菲律宾金融银行集团。可见，闽南侨批信局
的经营者对推动闽南地区与东南亚金融业向多元化和国际化方向
发展所做的贡献是显著的。

第四章　全球视野下侨汇与海外华人金融网络

第三节　全球化金融视野下的侨汇网络

在欧洲，自15世纪末的海洋大移民以来，西方帝国主义、资本主义在海洋上的争斗，以及扩张殖民地，均围绕着贸易与移民进行。进入19世纪，随着商品货币化程度的提高，在金融领域领先发展起来的以大英帝国为首的资本主义国家开始实行金融的殖民统治与侵略，以金融资本控制经济、贸易，甚至操纵他国的政治。

在亚洲，华人移民东南亚在15世纪已有一定规模，尽管明朝在前朝禁止百姓出洋，但私渡移民依然不断。东南亚华商把大米、蔗糖、棉花、食品和手工制品运往中国销售，同时将杂货、手工制品和茶等运回东南亚。此外，暹罗（今泰国）、越南、缅甸通过与中国的朝贡贸易获利。这种商业模式对构建华南和东南亚贸易区帮助很大。17世纪，在欧洲列强来到这一地区寻求某些亚洲产品时，借助之前成熟的华人商业网络，西方商人首次买到像茶、丝、胡椒、棉花这种珍贵的商品，并从转口贸易中获利。

19世纪中叶以来，以服务移民华侨寄信汇款为主要业务的侨批业，也是华南与东南亚之间的贸易最为重要的金融中介，许多侨批商人也经营进出口贸易，为交易提供资金服务和金银买卖业务。侨批业这种经营兑换、汇款及家书的华人专递的网络，在外资银行到来亚洲之前就已经建立了。[①]

侨批业的庞大业务量，不仅吸引了外资银行的介入，而且引起了南洋华人资本的重视，华商在南洋华人社区设立华资银行，如和丰银行、华商银行、华侨银行、中兴银行等，以移民华人华商为主要服务对象，华侨银行甚至会直接办理侨批的登门收汇和派送业务。

1928年，中国银行在成为政府特许的国际汇兑银行之后，更积极地介入侨汇业务，在海外增设机构，扩大服务网络；承顶合昌信局牌照，以银行信誉开办侨批派送业务，抢占华人汇兑市场。尤其在抗日战争时期，中国银行采取种种措施，为国家争取了大量的外汇资金，有力地支持了抗日战争。

侨批业以及侨批的业务引发了外资银行、华资银行、中资银行的介入，进而架起了一条由中国通往东南亚，并连接欧美地区的国际金融网络，我们称之为"海上金融丝绸之路"。这条以华资银行、侨批业为主的，颇具华人特色的海上金融丝绸之路，彰显了具有浓郁南国特色的国际金融文化。

一 外资银行在亚洲、在中国

18～19世纪，以英国为首的欧美资本主义国家在远东建立起殖民贸易体系，随之发展起来的金融业也进入殖民地进行掠夺。1830年代起，英国财政部批准特许建立了多家以英国殖民地为营业范围的殖民地银行。随着殖民地与英国本国之间贸易的扩大，英国在金融上需要建立殖民地银行作为其海外投资的一环，在亚洲，它建立了本国、印度、中国之间的三角贸易金融关系，改变了过去由东印度公司对中国茶和本国毛制品、鸦片贸易的金融垄断。1834年，英国政府废除了东印度公司的贸易垄断权。此后随着贸易商行大兴，

---

① 〔日〕滨下武志：《全球史研究视野下的香港》，载国家清史编纂委员会编译组编《清史译丛》第十辑，张俊义译，齐鲁书社，2011，第116页。

殖民地银行就跟随着以英国商行为中心的外国商行即洋行的活动，同步向东南亚和中国发展。外国资本主义银行成为其母国对亚洲、对中国进行经济侵略的开路先锋。

外资银行以现代化管理理念进行经营，拥有雄厚的资金实力，它们看到了东南亚每年数以千万银元①计的侨汇汇兑业务市场，为了争夺这一市场利益，它们与华人草根侨批信局展开竞争，开设机构，增设分支行处，建立自身的汇兑体系。

1840 年，英国政府悍然向中国发动鸦片战争，并战胜了腐败的清王朝。1842 年 8 月 29 日，清政府签订了不平等的中英《南京条约》，美、法等国也随之而来，各列强肆意破坏中国的独立和主权完整，强占中国领土，设立租界，利用五口通商条款，打开了中国市场。

英国政府为了满足英国商人在贸易活动中急需专门的金融机构为之服务的需要，在 1844 年制订了《银行特许证条例》（即《皮尔条例》），鼓励中小银行向海外发展，还与印度合资开办银行，使银行成为英国侵华的十分重要的工具之一。

1845 年，由西印度银行（Bank of WesternIndia）改称的丽如银行②率先在中国的广州、香港设立了分行，1850 年③又在上海设立了分行。丽如银行是英国所有海外殖民地银行中第一个得到"皇家特许证"的银行，也是最早在中国设立分支机构的外国银行。以后来华设分行的，仅英国的银行就有：汇隆、呵加剌、亚细亚、有利（由亚细亚银行与印度、伦敦、中国的商业银行合并而成）、麦加利（或被称渣打）和汇丰（香港上海汇丰银行）等。这些银行在中国营业却并未和中国政府订立有契约，中国政府并不曾向其颁发特许

---

① 在 20 世纪初约有 400 万华人居住在东南亚，每年寄回家乡的钱约为 5700 万元（银元）。

② 这是一家在印度经营多年的英印银行，原名"西印度银行"，创立于 1842 年，总行设在孟买。1845 年迁回伦敦，改称丽如银行，也被称为"东方银行"（Oriental Bank）。

③ 有一说是 1847 年。

状。它们的设立仅仅是在中国人隐忍之下进行的。① 这些银行资本金很少，大都通过鸦片贸易业务来增加资本。英国依靠鸦片战争和中英《南京条约》，实现了一个半世纪以来想在中国设立一个殖民地银行总行的梦想。从此，以英国银行为主的 10 家左右外资银行在中国大地上形成了一个网络，主宰着中国的金融市场。

在进入中国的英资银行中，引人注目的是麦加利银行（Chartered Bank of India，Australia & China）和汇丰银行（Hongkong and Shang-hai Banking Co.）。汇丰银行是以英国宝顺银行以及在中国营业的大洋行为发起人而创立起来的，其资金是向同中国、日本有贸易关系的洋行募集的，总行设在香港，1865 年 3 月在香港和上海同时开业。这是一家洋行型的银行，一方面为获得汇兑业务与其他外资银行相互竞争，另一方面又把洋行经办的金融业务逐渐掌握在自己手中。

外资银行主要经营汇兑、发行银行券、存款、贷款等业务，服务对象以洋行为主。进入中国的外资银行经历了这样的发展历程：经营活动由贸易金融走向资本投入，服务对象由以洋行为主变为以中国金融市场为主。进入 1880 年代，其经营活动变为争夺铁路修筑、矿山开采等利权，以及向清王朝提供政治性借款。

1870 年代到 1894 年中日甲午战争期间，是外资银行在中国各通商口岸金融市场确立垄断地位的时期。其间，外资银行在中国各通商口岸设立了 45 个分支机构，涉及英国、法国、德国、日本等国的银行。资本主义列强相互争夺，拼命将其金融魔掌伸向中国各地，形成了巨大金融网，垄断了中国的金融市场。②

二 汇丰银行的国际汇兑网络

汇丰银行，是英商合股投资的第一家总行设在中国境内的外资

---

① 中国银行行史编辑委员会编著《中国银行行史（1912—1949 年）》，中国金融出版社，1995，第 6～7 页。

② 郭启东、李学军：《近代中国主要外国银行述略》，《金融教学与研究》1987 年第 4 期，第 19～22 页。

银行,总行设在香港,1865 年 3 月在香港和上海同时开业。"汇丰"是中国人给它起的名称,取"汇兑业务发达"之意,初始资本为 500 万港元。

在汇丰银行成立之前,中国的金融业务绝大部分还被控制在"洋行"手里,真正意义上的银行活动还处于初始阶段,外国资本主义对中国金融的控制尚不具备足够的条件。在汇丰银行成立后,情况发生了很大变化。外国资本主义创办汇丰银行的目的不仅在于夺得外商进出口贸易中的金融周转和汇兑生意,而且根本在于控制、操纵中国的财政金融命脉,为加速中国殖民地化奠定基础条件。

为此,在汇丰银行总行成立后,其分支机构很快遍及全国各地,并且迅速扩大了业务范围:1865 年 6 月开设广州分行,1866 年开设汉口、汕头、福州、宁波分行,1873 年开设厦门分行,1876 年开设烟台分行,1879 年开设九江分行,1880 年开设北海分行,1881 年开设澳门分行,1882 年开设天津分行,1889 年开设北京分行,1892 年开设牛庄(营口)分行,1894 年开设镇江代理处,1912 年开设青岛分行,1915 年开设哈尔滨分行,1917 年开设奉天(沈阳)分行,1922 年开设大连分行,1943 年开设重庆分行。

汇丰银行不仅经营汇兑、票据贴现、存贷款等传统业务,而且还取得了发行钞票、承办清王朝大量外债和收存关、盐两税收入等特权。这些特权使它很快在所有外国银行中稳执中国金融界之牛耳,成为外国资本主义侵略中国的金融中心和英国在华经济权益的总代表。在 20 世纪初,汇丰银行积极组织帝国主义银行团,对华贷款,向中国施加了一系列不平等的政治、经济贷款。

国际汇兑是汇丰银行的一项极为重要的业务,也是它自始至终全力以赴的业务。汇丰银行用于国际汇兑和国际贸易有关的资金在 1875 年为 242 万港元,10 年后猛增到 2580 万港元。为了实施对中国货币国际汇兑的垄断,在 1930 年代之前的几十年中,汇丰等外

海洋移民、贸易与金融网络

国银行一直操纵着中国货币的对外汇价。[①]

图4-10所示为1931年3月印度尼西亚棉兰中华商业有限公司汇往厦门的汇票。该汇票由厦门汇丰银行参与办理。

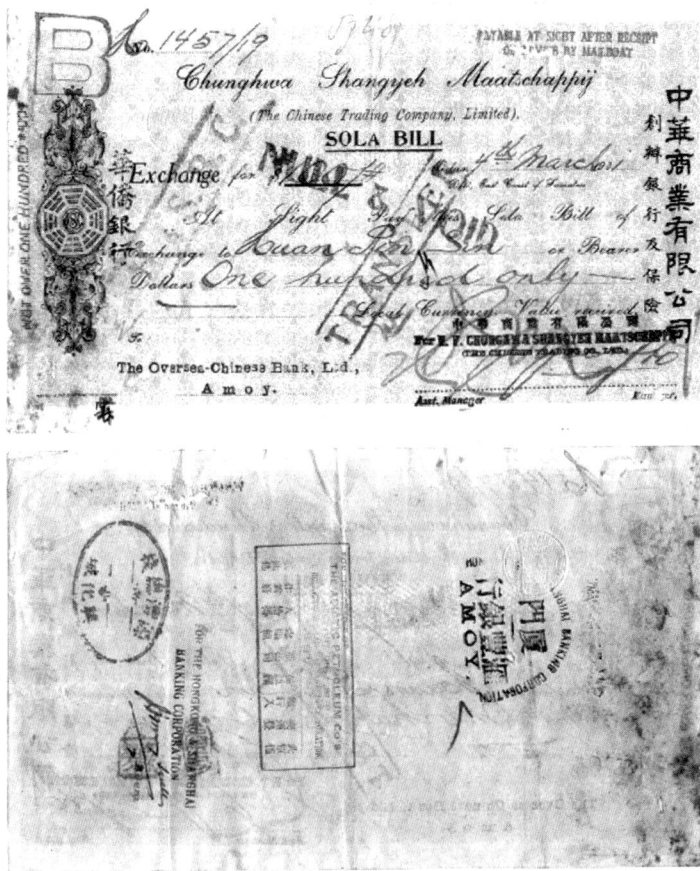

图4-10　1931年3月印度尼西亚棉兰中华商业有限公司汇往厦门的由厦门汇丰银行参与办理的汇票

汇丰银行最初的主要经营项目是办理与各种贸易（主要为鸦片、棉布的输入和丝、茶的输出）有关的国际汇兑业务（主要是买卖汇票，包括用作结算的和信贷的）。中国在后来虽有了国际贸易业，也

---

① 中国银行行史编辑委员会编著《中国银行行史（1912—1949年）》，中国金融出版社，1995，第7页。

有民族资本银行办理国际汇兑业务，但其力量均极为薄弱。中国对外贸易以洋行为主，由于洋行的进出口贸易产生的国外结算，都在本国或他国的外资银行办理，所以外国银行得以垄断中国的国际汇兑业务。以 1865 年、1869 年、1894 年三个年份为例，英帝国（包括其主要殖民地）洋行的进口和出口业务额在中国进口和出口货物总值中所占比重分别为 91.6%、92.4%、82.1% 和 84.5%、75.6%、53.1%。由此可知，汇丰银行在中国汇兑市场中的控制地位。

不仅如此，中国巨额外债的汇入和还本付息的汇出，外国人在华其他投资的进出，以及华侨的汇款等也都绝大部分通过外国银行特别是汇丰银行办理，而这更增强了汇丰银行在中国金融业中的垄断力量。

图 4-11 所示为新加坡汇丰银行在《南洋中华汇业总会年刊》第

图 4-11 新加坡汇丰银行的广告

注：该广告见于《南洋中华汇业总会年刊》第二集（1948 年 6 月于新加坡刊印）的封二部分。

海洋移民、贸易与金融网络

二集上刊登的广告：总行设于香港，分行遍布全球，中国各省均有分行或代理处；本行经营一切银行业务，各国汇兑，各处信用票，来往户口，产权抵押等。在广告中，新加坡汇丰银行特意提到"中国各省均有分行或代理处"，这说明了汇丰银行在中国金融业中的地位。

三　华资银行的崛起

19世纪中叶，伴随着"下南洋"而出现了兼有国际邮政和国际汇兑功能的侨批行业以及由侨批业务引发的国际大银行、华资银行、中资银行等的介入，侨批业和这些介入的金融机构架起了一条由中国通往东南亚，且连接欧美的国际金融网络，我们称之为"海上金融丝绸之路"。这条由亲情串起来的海上金融丝路在世界风云变幻中，历尽艰辛，一直顽强地保持着中国与世界各地的金融联系。

中国人民下南洋引发了大量侨汇资金的跨国转移，给亚太地区的金融注入了源源不断的血液，带来了庞大的国际金融汇兑业务。

20世纪初，东南亚的华商吸收西方的先进银行技术，结合自身实际，开始创办华资银行。在新加坡，1903年出现了第一家华人银行——广益银行，接着四海通银行、华商银行、和丰银行和华侨银行相继成立。在印度尼西亚，1906年成立了黄仲涵银行。在泰国，1908年成立了暹华银行、顺福成银行，接着陈炳春银行、簧利栈银行也先后成立。在菲律宾，1920年中兴银行成立。

20世纪初，华资银行的出现，标志着当时华人经济发展已进入一个新阶段。不过，这些华资银行的规模相对较小，主要经营简单业务，如吸收华人移民的存款、汇款以及为华商提供信贷等，而重要的外汇业务都由殖民者所开办的银行所垄断经营。华资银行虽然规模小、业务简单，但也积累了今后发展所必需的经验以及与西方殖民者的银行打交道的某些技巧和知识。

（一）新加坡华商银行、和丰银行、华侨银行有限公司

优越的地理位置及自然环境，使新加坡成为东南亚的中心，以

及东南亚华人经济的中心。新加坡对于展现华人移民的历史是很重要的。新加坡是东南亚华人经济资本和劳动力的来源，周边地区的产品很自然地向新加坡流动，因而新加坡成了这一地区商品贸易的中心。在东南亚地区，新加坡最早出现华人资本的银行，即1903年开办的广益银行。新加坡华商银行、和丰银行、华侨银行及1932年由这三家银行合并而成的新的华侨银行是新加坡华资银行的代表，均为福建帮银行。在这里，一一介绍它们。

华商银行（Chinese Commercial Bank Ltd.）是由林文庆、林秉祥、陈嘉庚等侨商于1912年合资创办的。

和丰银行（HoHong Bank）由林秉祥、林秉懋兄弟发起并于1917年创办的，总行设在新加坡。该行是东南亚华资银行中发展国际性业务的第一家。在东南亚，在欧美的伦敦、纽约、旧金山，在中国厦门、福州、汕头、北京、上海等地设有分支机构或汇兑处。图4-12所示为1920年代新加坡和丰银行网点的全球分布情况。从中可见，华资银行的网络已扩展至欧美地区。

华侨银行有限公司（Oversea Chinese Banking Corporation Ltd.，OCBC）为新加坡最具代表性的华资银行。1919年，华人林文庆、黄奕住等联合倡办"新加坡华侨银行"。1932年，华侨银行与华商银行、和丰银行合并成华侨银行有限公司，总部设在新加坡。该行在新加坡的小坡，马来西亚的吉隆坡、安顺、巴株巴辖、吧生、槟城、芙蓉、麻坡、马六甲、新山、怡保，印度尼西亚的巴城（今雅加达）、泗水、占碑、棉兰、巨港，缅甸的仰光，越南的海防，泰国的曼谷设有机构；在香港、上海、厦门等设立了分行。1920年代在厦门设立的分行有两处机构，一处在鼓浪屿，另一处在厦门中山路1号，位于厦门中山路1号的华侨银行至今依然在营业。图4-13所示为新加坡华侨银行有限公司的经营网络分布情况，可见其机构遍布东南亚地区和中国沿海的主要城市。

第四章　全球视野下侨汇与海外华人金融网络

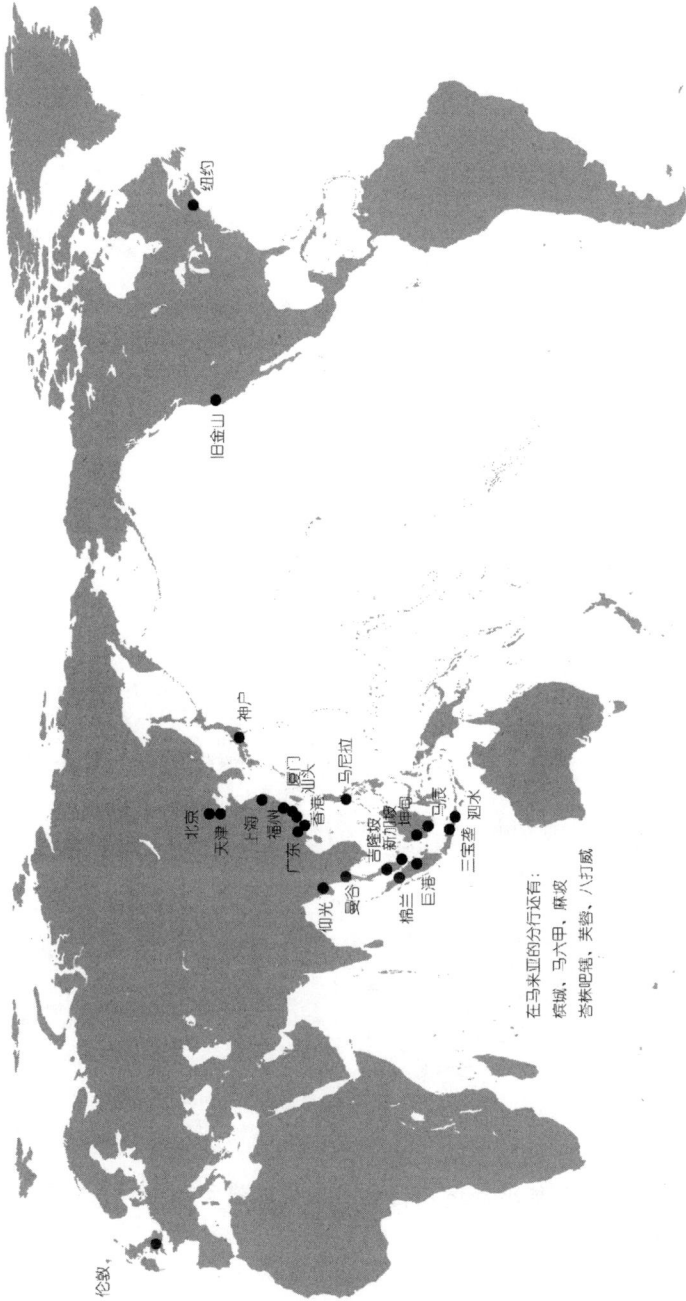

图 4-12　1920年代新加坡和丰银行网点的全球分布情况

在马来亚的分行还有：
槟城、马六甲、麻坡、
峇株吧辖、美罗、八打威

纽约

旧金山

神户

北京
天津
上海
福州
广东
厦门
汕头
香港
马尼拉
吉隆坡
新加坡
棉兰
巴达
缅甸
马辰
泗水
三宝垄
仰光

伦敦

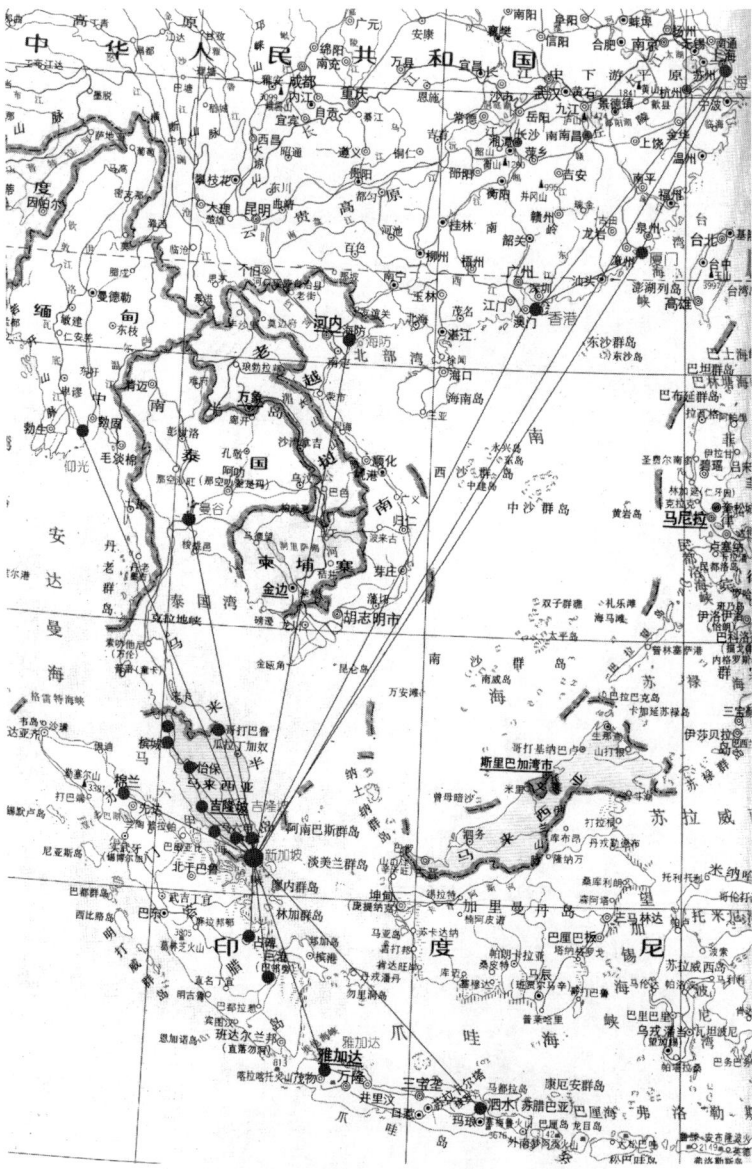

图 4 - 13　新加坡华侨银行有限公司的经营网络分布情况

(二) 华侨银行的侨汇侨批业务

华人侨汇的汇兑业务是新加坡华侨银行的主要业务之一。新加坡华资银行一成立便介入侨汇的汇兑业务，主要体现在侨批资金的头寸调拨方面。1932 年，新的华侨银行更是直接介入侨批的具体业务，建立起侨批收汇、承转、派送等的运作体系。

1932 年，华侨银行设立民信汇兑部，经营华侨个人汇款业务，并与中国交通部邮政储金汇局合作，获准在中国国内通邮并设邮政分局的地方代为转交汇款，同时接受侨批信局的委托，代为解付侨批款、递送回批。在 1938 年刊登的一则广告中，华侨银行通告其通汇范围遍及广东、福建、广西诸省。

在当时的交通条件下，款项调拨周期较长，不利于侨批局的业务经营。因此，有些侨批信局就利用华侨银行来调拨款项到中国。例如，印度尼西亚漳合兴信局通过泗水华侨银行调拨头寸给厦门正大信局，在汇票上加盖漳合兴信局、正大信局的业务章，显示漳合兴信局和正大信局利用了华侨银行在泗水和厦门的经营网络来进行头寸的调拨。[①]

图 4-14 所示为 1929 年 9 月马来亚吉隆坡华侨银行开具的厦门华侨银行兑付给厦门捷兴号的汇票，捷兴号即捷兴信局，其经理李成田在票背面有签字，这说明捷兴信局通过华侨银行汇兑系统调拨了侨汇头寸。此外，还有正大、南通和记等信局通过新加坡、怡保、吉隆坡等地华侨银行调拨头寸的例证。

华侨银行直接开展侨批业务，常常与侨批信局、其他华资银行、商业公司合作，建立起自身的收汇、承转、派送网络，以提高侨批的传递效率。在太平洋战争期间，华侨银行的直接侨批业务，因交通受阻而趋于停顿。"二战"结束后，华侨银行立即恢复了直接侨批业务，并进入了经营的高峰时期。

---

① 刘伯擎：《华侨银行的侨批业务》，《福建金融》2016 年第 6 期，第 70~71 页。

图 4 - 14　1929 年 9 月 2 日吉隆坡华侨银行汇往厦门捷兴信局的汇票

　　图 4 - 15 所示为 1941 年 11 月由印度尼西亚苏门答腊岛日里寄往福建泉州新门外大锦田乡的侨批。该侨批由日里中华银行办理收批，经由香港华侨银行中转到厦门，再通过邮政渠道转至泉州，最终交到侨眷手中。

　　从目前掌握的资料看，在华侨银行经营侨批的业务中，海外涉及地域包括新加坡、马来西亚、缅甸、越南、印度尼西亚等地，国内涉及闽南和潮汕、江门等地区。华侨银行成为海外华侨和家乡之间的情感和经济联系的纽带。华侨银行为众多的侨批信局从海外转移资金到国内提供了相对快捷和安全的汇兑平台，也为普通的个体华侨与家乡亲友的联系提供了与侨批信局相似流程的服务，以适应华侨在侨批信局寄批的传统习惯和形式，同时与侨居地的侨批信局合作经营侨批业务。显然，华侨银行的侨批业务经营使传统的侨批业在资金调拨和跨国经营方面提高了效率，显示了新加坡当时侨批

海洋移民、贸易与金融网络

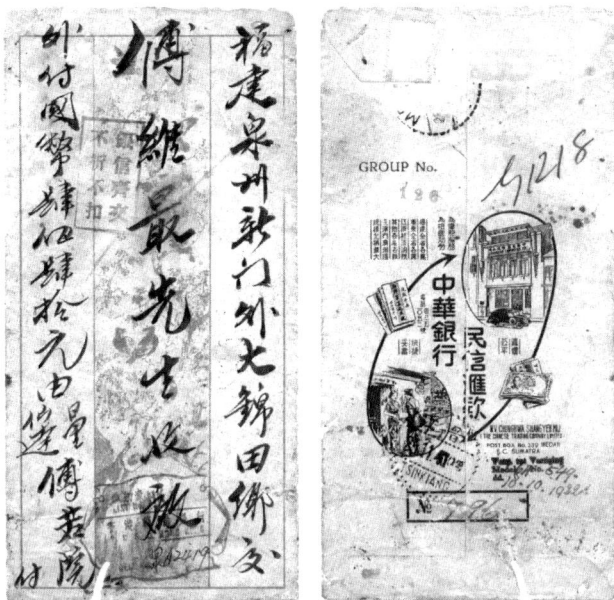

图4-15　1941年11月由印度尼西亚日里寄往福建泉州的侨批

业中的区域中心地位。① 华侨银行介入侨批业务，丰富了华人侨批的商业模式，增强了自身与外资银行的竞争能力。

四　中国银行等民族金融机构参与侨汇网络

中国现代化的金融业发展较晚，在1897年之前，中国还没有本国民族资本的银行，外国银行独霸了中国的金融业。

19世纪末，以中国通商银行、户部银行、信诚商业储蓄银行、信义银行等的开业为标志，新型银行发展迅猛。新型银行开业伊始即把业务触觉伸向侨批业。光绪卅四年（1908年）三月廿二日，信义银行在其《招股启》中称："华侨之散处南洋群岛及美属金山、英属澳洲、日本东京横滨等处者，总额无虑数百万人，贸易上之势力不但突过土族，且时驾西人而上之，独于银行一业，无人也

---

① 刘伯擎：《华侨银行的侨批业务》，《福建金融》2016年第6期，第72页。

稍加之意。故此次贸易遂为外国银行所垄断，而我海外之同胞且不得不永仰西人之鼻息，本公司除在新加坡已先立有分行外，拟再择世界著名之巨埠添设数处，渐次推及各岛。"[1]

（一）中国银行侨汇业务的推进

自1840年鸦片战争以来，外资银行通过借贷、发钞、操控汇价等方式控制了大清帝国的金融命脉。1911年爆发的辛亥革命结束了清王朝的统治，原大清银行改组为中国银行。作为中华民国的中央银行，中国银行在1912年成立之初即提出"内审社会趋势，外观世界潮流"的口号。3年后的1915年，中国银行已在北京、天津、上海、汉口、广东五地率先开办国际汇兑业务。福建中国银行于1914年成立后即通过香港交通银行和港商代理转汇南洋侨汇业务。

一个半世纪以来，在侨批侨汇流转过程中，中国银行在各参与者中起到了重要作用。如图4-16所示，中国银行在1937年至1984年，参与了侨批侨汇运作的所有四个主要流程。

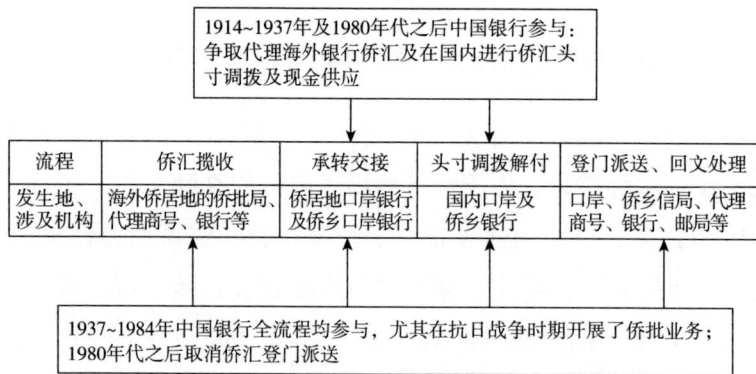

图4-16　在侨批侨汇流转中中国银行扮演的角色

1928年，中国银行改组为"政府特许国际汇兑银行"。1929年

---

① 蒙启宙：《侨批业：一条由亲情串起来的海上金融丝绸之路》，《广州城市职业学院学报》2015年第4期，第10页。

11 月4 日，中国银行伦敦经理处成立。在当时的世界金融之都伦敦，一家规模小得可怜的金融机构就此诞生，这就是中国金融史上第一家海外金融机构。自此，中国银行大力开拓海外业务，广设海外机构，大力拓展侨汇汇兑通路，其海外业务进入大发展时期。至1935 年底，中国银行已有国外通汇行62 家，特约代理行9 家，它们分布在全球43 个国家和地区。

图4 －17 所示为加拿大商业银行（The Canadian Bank of Commerce）受理华侨谭启雄汇款的《信汇请求书》。该笔汇款由加拿大商业银行电汇至中国银行纽约经理处（Bank of China New York Agency），再由中国银行纽约经理处转汇至广东台山收款人收。中国银行纽约经理处作为美洲华侨华人的汇款承转中心发挥了作用。

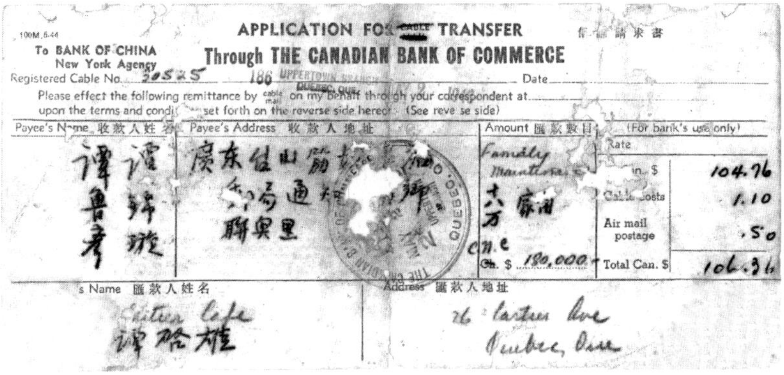
100M.6-44
To BANK OF CHINA
New York Agency
APPLICATION FOR TRANSFER
Through THE CANADIAN BANK OF COMMERCE
信汇请求书
Registered Cable No. 30525　　186　　Date
Please effect the following remittance by cable / mail on my behalf through your correspondent at
upon the terms and conditions set forth on the reverse side hereof (See reverse side)

Payee's Name 收款人姓名	Payee's Address 收款人地址	Amount 匯款數目	(For bank's use only)	
			Rate	
			Can. $	104.76
			Cable Costs	1.10
			Air mail postage	.50
		Ch. $ 180,000	Total Can. $	106.36

Remitter's Name 匯款人姓名　　Address 匯款人地址

图4 －17　加拿大商业银行受理的由中国银行纽约经理处转汇至广东台山的《信汇请求书》

为了拓展南洋侨汇业务，1932 年，中国银行总管理处张嘉璈总经理携同闽行、粤行经理赴泰国曼谷、新加坡调查侨汇情形，拟筹设新加坡分行，同时以民族资本为后盾，支持新加坡华商银行、和丰银行、华侨银行三家银行合并。中国银行既对华资银行进行扶助，也因此与新的华侨银行建立了代理行关系，借以推进了新加坡的侨汇业务。

1932 年12 月中旬，调查组由新加坡返回香港，随后转赴厦门分行，研究吸收华侨汇款的办法：新加坡的侨汇业务由当地华侨银行帮助设法推广；泰国、菲律宾的侨汇，通过汕头、厦门当地的侨批信局或商号联络，逐步推广，由它们汇划；指示香港、广州、汕头、厦门四处分支行改进收转及汇兑手续。凡侨眷到行提取汇款，应尽力给予方便。如有不愿携带现款回乡的，可代为委托侨批信局转解。这样，中国银行的信誉，经侨眷传播给了南洋各地华侨，使原来经外国银行、侨批信局或商号办理的侨汇业务，逐渐转到中国银行手中。[1]

图4-18所示为1933年10月20日新加坡华侨银行开出的在厦门兑付的汇票，由中国银行提供信用担保，加盖有"FOR THE CREDIT OF THE BANK OF CHINA"（正面中左处）。该汇票系和丰银行的旧汇票加盖改制的。

从福建中国银行行史资料来分析，厦门分行（即闽行，管辖福建省内中国银行机构）经办的侨汇大多来自南洋。1931～1932年，其经汇数在600万～700万元（国币）；在1933年下降之后，旋即回升，1934年为840万元，1935年增为1180万元，1936年达2341.50万元，在全省侨汇中的比重由占15%左右升到占40%以上。在中国银行系统中，厦门中国银行经办的侨汇占1/4以上。[2]

抗日战争之前，中国银行已在伦敦、大阪、新加坡、纽约设有分支机构，可直接向国内汇兑侨汇；广东银行的海外营业区域为旧金山和曼谷；广东省银行只在新加坡设有分支机构；东亚银行以西贡、新加坡为主要海外营业地；华侨银行经办新加坡和泰国的侨汇。各银行间有互相代理解款的关系，在代理解款前，须在对方建立存款账户。代付款项收取来往电报费，在当地免收佣金，在外县

---

① 中国银行行史编辑委员会编著《中国银行行史（1912—1949年）》，中国金融出版社，1995，第218页。

② 中国银行行史编辑委员会编著《中国银行行史（1912—1949年）》，中国金融出版社，1995，第219页。

图 4 - 18　1933 年 10 月 20 日新加坡华侨银行开出的在厦门兑付的汇票

每千元收二角至六角。但银行机构未能遍及圩镇村乡，于是就产生了银号及邮局对银行的代理关系。①

抗战爆发后，中国的出口贸易受阻，外汇收入骤减，而政府却要进口大量军用物资。为了获取抗战急需的外汇资金，中国银行迅速在东南亚等地增设了 10 多家海外机构，这些海外机构逐步取代

---

① 中国银行行史编辑委员会编著《中国银行行史（1912—1949 年）》，中国金融出版社，1995，第 216～217 页。

了当时濒临崩溃的私营侨批业体系，成为收取全球海外华人侨汇的主渠道以及维系中外资金流动的主命脉。

如表4-3所示，抗战时期中国银行在海外密集设立分支机构，而其目的是获取侨汇，吸收来自海外华侨华人的侨汇资金，支持国家抗日。

表4-3　中国银行部分海外机构的分布与设立情况

机构名称	营业地今属国别	开业时间	备注
香港分行	中国	1917.9.24	开业时为支行，1919.2.4改为分行，辖广东各行处；1941年底停业，1946.1复业，1946.9改为海外分行
伦敦经理处	英国	1929.11.4	1946.7.1改为分行
利物浦分经理处		1942.8.6	1947.6撤销
大阪分行	日本	1931.9.1	1948.1裁撤
东京支行		1948.9.1	—
纽约经理处	美国	1936.7.1	1946.7.1改为分行
华人街分经理处		1946.7.1	1947.7.1改为经理处
新加坡分行	新加坡	1936.6.15	闽行经理黄伯权兼任经理；1942年停业，1945.12.3复业
大坡办事处		1940.12.9	1942年停业
小坡办事处		1941.12.27	1942年停业
峇珠巴辖分经理处	马来西亚	1941.11.17	1942年停业
吉隆坡经理处		1940.10.14	1942年停业，1946年复业
怡保分经理处		1940.12	1942年停业
芙蓉埠分经理处		1941.9.15	1942年停业
槟榔屿经理处		1939.11.20	1942年停业，1945.9复业
巴达维亚经理处	印度尼西亚	1938.11.21	1942年停业，1946.7复业
泗水分经理处		1939.8.14	1942年停业，1946.6复业
棉兰分经理处		1940.8.5	1942年停业，1946.6复业

海洋移民、贸易与金融网络

机构名称	营业地今属国别	开业时间	备注
仰光经理处	缅甸	1939.1.14	原属香港分行，1942.3.5撤退至昆明，改为缅甸经理处；1946.1.23复业，1947.8改为分经理处，由加尔各答经理处管辖
百尺路分经理处		1939.7.10	1942.3.5并入缅甸经理处
瓦城分经理处		1939	1942.3.5并入缅甸经理处
腊戌分经理处		1940.9.17	1942.3.5并入缅甸经理处
河内经理处	越南	1938.11.24	开业时为经理处，1939.12改为分经理处，1942.2撤销
西贡经理处		1946.12.1	原为河内分经理处，1946.12移至西贡
海防分经理处		1939.2.15	1939.12改经理处，1941.9撤销，1946.2.16复业改分经理处
曼谷经理处	泰国	1947.10.10	—
加尔各答经理处	印度	1941.7.14	原由总处直辖，1946.7归香港分行，1947.7.1改属总处国外部
孟买分经理处		1941.11.10	
新德里分经理处		1942.6.1	1945年底撤销
咯剌基分经理处		1942.6.1	
噶林堡分经理处		1943.3.1	1945年底撤销
吉大港分经理处	孟加拉	1948.12.20	
雪梨经理处	澳大利亚	1942.7.1	营业地为今悉尼
古巴经理处	古巴	1944.10.5	

资料来源：根据中国银行行史编辑委员会编著《中国银行行史（1912—1949年）》，中国金融出版社，1995，第878～883页的表"（五）海外机构变动简况"整理。

根据1929年的资料，中国银行了解到接收侨汇最多的是厦门和汕头，其所收侨汇分别约占侨汇总数的27%和20%；在侨汇来源中，新加坡的最多，占近36%，约占整个南洋地区的60%。所以，在东南亚，中国银行新加坡分行最先设立。①

1936年，闽行（即中国银行厦门分行）经理黄伯权筹办并成立了中国银行新加坡分行。之后，中国银行在马来亚槟榔屿（1939.11.20经理处开业）、吉隆坡（1940.10.14经理处开业）、怡保、芙蓉、峇株巴辖，荷属巴达维亚（今雅加达）、泗水、棉兰及澳大利亚雪梨（今悉尼）等处开设了分支处，扩大了在东南亚收汇的地域范围，并在侨乡普设分支机构，由派送员上门分送侨批侨汇。由此，中国银行办理侨批业务手续简便，解款迅速，取得了侨胞的信任，侨汇日益增多。从此，侨批信局的侨汇绝大部分通过中国银行汇入，扭转了过去由外商银行垄断侨汇的局面。

著名爱国华侨陈嘉庚赞誉了中国银行，他在1946年出版的《南侨回忆录》中记述道②：

> 南洋侨胞逐月内汇寄家之款，总计不下千余万元，间接增厚国家经济力至大。数月前敌陷厦门，扰及潮汕、闽粤海疆，受制益甚。而各该地原有银行或缩或停，一部分民信局则乘机取利，抬高手续费。于是我侨寄汇信款，颇感困难。幸中国银行负起责任，遍设办事处于闽粤内地各城市乡村而谋补救。款无论多寡，地无论远近，路无论通塞，皆乐予收汇，而汇水又甚低廉。近月来我侨胞远处乡国之父母兄弟姊妹，得如涸鲋获苏于勺水者，泰半恃此……

著名旅美侨领司徒美堂为支持抗日，发起"纽约华侨抗日救国筹饷总会"，将美国华侨的抗战捐款悉数通过中国银行汇往国内，8

---

① 中国银行行史编辑委员会编著《中国银行行史（1912—1949年）》，中国金融出版社，1995，第217～218页。
② 陈嘉庚：《南侨回忆录》，新加坡怡和轩，1946，第51页。

据史料记载，仅 1939~1945 年，中国银行累计办理全球华人侨汇 2.3 亿美元，约占全国侨汇总额的半壁江山。在那些动荡战争岁月里，通过中国银行多年苦心经营的全球化网络，海外华侨的侨汇款源源不断地汇到国内，有力地支持了抗日战争。

（二）福建中国银行办理的侨批侨汇业务

在著名侨乡闽南地区，华侨银信以其登门收汇、登门派送、信款合一的侨批业经营方式，称便于侨胞、侨眷。对于侨批的派送业务，中国银行厦门分行及泉州支行早有关注。1920~30 年代，闽南各地侨批信局兼营投机事业，常遇失败而倒闭，侨胞汇款时极感困苦。1937 年初，中国银行泉州支行开始筹备并成立侨汇组，先后派员在厦门、安海、石狮等主要商埠筹办侨批分解事务。1937 年 4 月，厦门、泉州的中国银行承接了合昌信局（原由黄泳来经营，地址为厦门磁安路），以合昌信局的名义在闽南一带办理侨汇侨批业务，仿照侨批信局办法，直接送解信款，以期便利侨胞，吸收外汇。

在 1938 年 5 月厦门岛被日本占据后，闽省沿海一带风鹤频惊，侨批信局不愿冒险派送钱款，唯独中国银行泉州支行密派干员由鼓浪屿冒险挑运侨信绕道前往泉州，将侨批款项全部清解。此后，海外信局收到厦门沦陷后中国银行的解款回信，得知由中国银行所解的侨信安全、迅速到达，同时复接到中国银行此后派送侨信、解款的种种办法，认为它们切合需要，故都愿委托中国银行办理，不到数月南洋委托中国银行代解侨批的侨批信局达百余家。在此期间，海外华侨信款，几乎完全由中国银行代解。

1937 年 6 月~1941 年 10 月，中国银行泉州支行在南洋各地的委托信局有 183 家①，其中马来西亚 73 家、新加坡 12 家、印度尼

---

① 张公量：《关于闽南侨汇》，民国卅二年八月刊印，第 35~44 页。其中列出《本行代理海外各信局》的名称、地址和开始委托代理年月。

西亚 42 家、菲律宾 49 家、越南 3 家、缅甸 4 家。这些海外信局几乎囊括了闽南华侨汇款，估计闽属侨汇经由厦门、泉州的中国银行经汇的占 70%。

自 1937 年开办至 1942 年，除大宗电汇、票汇外，仅小额零星批信，中国银行泉州支行直接送达的就有信件 58.7 万封、款项4430 万元。在太平洋战争爆发后一年里，尚有断续侨信汇款委托给该行。[①] 可见，中国银行泉州支行在当时战争时期极力沟通侨汇，对安定闽南侨乡侨眷生活做出了很大贡献。

图 4-19 所示为一封于 1939 年 11 月 30 日（民国廿八年十月廿日）由荷属印度尼西亚垅川寄往漳州廿七都关下保长洲社田中央由曾氏慈母亲大人收的侨批，其背面盖有"中国银行汇兑特约代理处/三宝垄黄五福源盛汇兑部"的红色章。"三宝垄"又被华侨称为"垅川"，"源盛"系中国银行泉州支行于 1938 年 9 月签订的在巴达维亚（今雅加达）的委托代理机构，而"源盛"在三宝垄又由黄五福以"源盛"名义代理。也就是说，中国银行的海外代理信局，还有二级

图 4-19　1939 年 11 月由荷属印度尼西亚
垅川寄往漳州廿七都的侨批

① 张公量：《关于闽南侨汇》，民国卅二年八月刊印，第 45~47 页。

甚至三级代理机构，如此，中国银行泉州支行的海外委托代理机构就远多于 183 家，中国银行的侨批经营网络是相当庞大的。

在战争年代，中国银行泉州支行通过合昌信局的民间渠道迅速在南洋建立起了庞大的收批（汇）网络，极力沟通侨批，冒着战乱的危险，坚持登门派送侨批。在福建沿海被日本占领后，福建中国银行内迁龙岩等地，为保证战时侨汇资金汇兑畅通及灵活现金调拨，采取了种种应急措施，制定了福建侨汇派送线路图并根据时局变化制定改进办法。

新中国成立初期，东南亚的一些国家政府对华侨汇款采取了限制与封锁的政策。为维护华侨的正当权益，保障侨眷生活，中国银行各分支机构切实贯彻侨汇政策，加强外汇管理，开办原币汇款、原币存单、保本保值存单等业务。各分支行与其管理的私营侨批业，打破了帝国主义对新中国的封锁、禁运，维系了福建与国际经济金融业的联系，为我国的经济恢复与社会主义建设做出了积极贡献。

由于国际形势的变化，东南亚国家普遍对华限汇或禁汇，此后侨批的汇款大都通过香港中转，汇款货币以港币为主。在菲律宾实行禁汇令后，侨批的汇款则采用约码电报汇款方式。

"文化大革命"开始后，由于发生查抄侨眷归侨财物、冻结侨户侨汇存款、停止侨汇物资供应等现象，侨汇错乱压现象严重。

1972 年，国务院发文取消国内私营侨批业，之后，各地私营侨批业的人员业务归并当地国家银行。1978 年 7 月 1 日起，国家重新起用了《侨汇物资供应办法》，该办法直至 1994 年 12 月终止。为满足侨汇工作发展的需要，厦门、泉州、福州等地的中国银行分别成立侨汇派送处，专职负责侨汇登门派送任务。1980 年代后，逐步取消侨汇解付的登门派送做法，改为通知侨眷到就近银行领取。

中共十一届三中全会后，侨汇政策重新得到贯彻落实，广大侨眷主动沟通关系，争取侨款，侨汇额出现回升。1980 年 4 月 1 日，中国银行经国务院授权开始发行外汇兑换券（Foreign Exchange Certificate）。由于存在价差，大量侨汇改道以外钞携入、以物携入，"以钞代汇""以物代汇"大量增加，走私套汇严重，侨汇业务受到影响。

五　侨批汇兑开启华人的全球金融网络

明清以来，在中国人的海外移民拓殖中，以泉州、漳州、厦门和潮汕地区为中心的闽南语区域的民众扮演了主要的角色。在当时海内外金融邮政极不完善的情况下，华人"水客"创造了"银、信合一"的侨批载体，既用来寄托他们旅居海外的思乡之情，同时也在侨居地与家乡之间架起了一条生命线，"侨批"中带钱成为基本的表现形式，这便注定了侨批不仅是通信服务的一部分，而且具有较强的金融色彩。

银、信合一的"侨批信汇"的出现，是侨批业进入快速发展时期的重要标志，同时也开启了华人金融汇兑进入全球网络的时代。

随着人类社会的进步，侨批信局借助不断完善的邮政和银行系统开展侨批业务，侨批的经营进入分工协作时期，即侨批信局负责收"批"与登门分"批"，（国际）邮局负责跨国及长距离侨批或回批的"传递"，（国际）银行负责侨款资金头寸的调拨与兑换。侨批网络参与者除了数目众多的侨批信局外，还包括与侨批有关的银行、邮局、钱庄、店铺等。

郭有品从1880年开始经营侨批业务至1928年1月天一信局停业，历时48年。郭有品的天一信局于1897年向大清邮政局注册，1912年改称为"郭有品天一汇兑银信局"。鼎盛时期在海外7个国家设有24家收批信机构，在国内设有10家派送机构，在香港、上海设立有侨汇转驳机构；雇用职员数百人。可见，天一信局的规模和网络不亚于当时的银行。

正大信局是福建一家重要的杂局，业务涵盖东南亚和闽南主要侨乡，创办人郭奕周为漳州角美流传社人。正大信局的汇兑网络由海外网络和国内网络组成,有国内分号 32 家,联号 2 家,国外分联号共计 36 家。其营业网络覆盖英属和荷属殖民地以及菲律宾、暹罗等地,共计 20 多个地区。它属大型批信局,且有机地构成了一个自成体系。其海外网络不仅涵盖了东南亚的主要大埠头,如小吕宋(马尼拉)、新加坡、槟城、巴达维亚(今雅加达)等主要城市,而且涉及今马来西亚的江沙,沙捞越,印度尼西亚的梭罗、孟加锡等类似的小地方,这些小地方是东南亚华资银行在经营上较少涉及的。其国内的网络则几乎涵盖了闽南地区的主要侨乡。

表 4-4 显示了闽帮侨批信局在海外通过吉隆坡、槟城、新加坡、马尼拉、仰光、海防、西贡、曼谷等东南亚国家的中心城市来辐射它们各自对应的较小城市,并通过香港、上海、汕头等金融发达城市转汇至厦门,再将侨批分散到闽南地区的侨乡。这样,闽帮侨批信局的网络就呈现在眼前。

表 4-4　闽南侨批业海外、国内网络关系

海外网络			国内网络		
收批地		集中地	转汇地	接收地	分送地
新加坡	新加坡及周边地区	新加坡	厦门、香港、上海、汕头等	厦门	厦门、同安、泉州、安海、石狮、金井、永春、水头、诗山、漳州、石码、诏安、东山、漳浦等
马来西亚	吉隆坡、麻坡、槟城、峇株吧辖、安顺、吧生、哥达巴因、吉打亚罗、新山、马六甲、怡保等	吉隆坡、槟城、新加坡			
印度尼西亚	巴城、三宝垄、占碑、泗水、棉兰、坤甸、巨港、万隆、日惹、井里汶、万鸦佬等	巴城、泗水、新加坡			
菲律宾	马尼拉、宿务、怡朗、三宝颜、苏洛、黎牙实比等	马尼拉			
缅甸	仰光、东吁等	仰光			
越南	海防、西贡、堤岸等	海防、西贡			
泰国	曼谷等	曼谷			

如表4-4所示，侨批业的业务网络就是一张由以福建为中心的东南沿海区域向海外延伸的世界区域图。

伴随东南亚华侨华人经济发展及其与家乡汇款的骤增，如何提高侨批的汇转速度，以及如何利用侨汇资金牟利，是包括侨批局和华资银行在内的侨批经营者所重视的问题。1920年代起，先前的侨批局业务网络与后发展的华资银行网络形成交叉互补关系，建立了东南亚侨居地与国内侨乡之间的国际金融及汇兑体系，分工合作，促进了侨批业务的发展。在侨批兴盛的20世纪上半叶，新加坡华资银行于新加坡、槟城、仰光、香港、上海、厦门、汕头等主要城市设立了分行，在华侨华人进出口集散地形成了经营网络。华侨银行在仰光、槟城等地也直接经营侨批业务。在侨批形成与发展时期，侨批信局业务网络与华资银行的网络有交叉渗透和互相不交叉各自发展的地方。随着侨批业务量的扩大，新加坡华资银行在东南亚各主要商埠设立了与侨批信局交叠的网络机构（见图4-20），参与侨汇与侨批的业务经营，提高了侨批业务的流转效率。

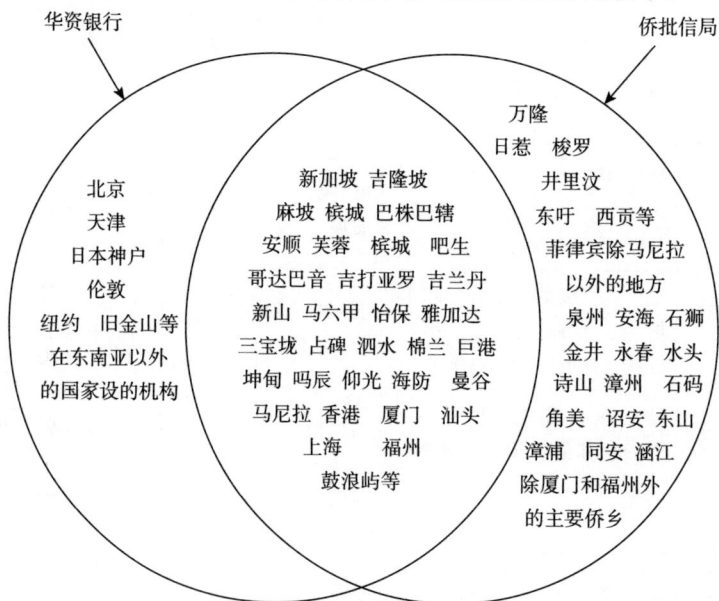

图4-20 华资银行与侨批信局交叠的网络机构

从图 4-20 中可以看出，通过与银行合作，侨批信局的网络不仅涵盖东南亚，而且辐射到欧美。这也为东南亚华人移居欧美提供了金融汇兑方面的便利。

东南沿海出洋民众以劳工为主，分布在各大小埠头，有的甚至去的是穷乡僻壤，侨批信局以其个人及企业信用为基础利用地缘、亲缘关系能够深入这些地方揽收侨批，这是华资银行一时难以替代的。还有，在国内各侨乡，侨批信局可熟地熟人地登门派送侨批，这也是华资银行不能做到的，却正是侨批信局的独特优势所在。

1930 年代之后，中国银行等民族金融机构积极涉足侨批侨汇业务，使得华人侨批汇兑网络更为贴近华人的实际需求。尤其在抗日战争时期，中国银行不仅在海外遍设机构以方便华人汇款，而且在国内依据时局变化，因地制宜，不断调整交错纵横的侨汇解付网络。

第四节 闽粤侨批业与晋商票号的金融 文化传承①

晋商票号与闽粤侨批业均产生于鸦片战争前后,同系中国旧式金融范畴,均同属民间的"草根"金融。二者虽有着不尽相同的经营理念和方式,一者以服务于官方与商人为主,另一者以服务于下南洋之侨民为主,却在中国近现代经济金融史上占据重要地位,可谓中国金融历史上大放异彩的两朵"姐妹花"。

目前,晋商票号与闽粤侨批的相关文献和遗址已被列入国家级和世界级的文化与记忆遗产保护名单,成为人类共同的精神财富。这两类产生于不同地域的旧式金融,在一百多年的兴衰史中积累了丰富的经验与教训,蕴藏着深厚的历史积淀,形成了良好的金融文化。我们通过简介晋商票号与闽粤侨批信局的历史,对两者的企业历史形态、文物价值等进行比较与解读,以期发现两者在金融属性方面各自存在的独特的金融文化,同时指出这些金融文化形态应当值得金融人学习与传承。

一 晋商票号与闽粤侨批业的兴衰史

晋商票号与闽粤侨批业在生成背景、产生地区、发展变化、式

---

① 原文发表在《福建金融》2015 年第 1 期,第 64~69 页,此处略有修改。

微终结等方面均有不同之处，但二者对于促进当时的中国经济乃至世界经济均有益处，发挥了积极的作用。

（一）晋商票号兴衰史

"票号"取意于经营汇票，即票庄、汇兑庄，主要办理国内外汇兑和存贷款业务，是为了适应国内外贸易的发展而产生的，也因为晋商所创办经营，而被为"山西票号"或"晋商票号"。"山西票庄执中国金融界之牛耳，约百余年。"① 可见，晋商票号对于中国近代经济金融发展的贡献以及其重要的历史地位。

日昇昌票号是开办最早的晋商票号，也是晋商票号的典型代表，系雷履泰于清道光三年（1823 年）将西裕成颜料庄改成的。日昇昌票号成立后，平遥县相继有蔚泰厚、蔚丰厚、蔚盛长、天成享、新泰厚等 21 家票号崛起，并迅速向全国拓展。晋商票号办理汇兑、存贷款业，解决了运送现银的困难，加速了资金周转，极大地促进了当时商业贸易的繁荣。此外，票号商人与官府合作，代理清朝廷筹措和汇解京饷、军饷，筹措资金偿还外债，收存中央及各省官款，起到了代理国库和省库等作用。

1894 年甲午战争后，中国社会的殖民化程度进一步加深，部分晋商票号在日本、朝鲜等国设立分号，既与外商竞争，也有力地促进了国内外贸易和民族资本的发展。

1904 年，晋商票号在全国 100 多个城市开设了 450 家分号，营业地域之广，为中国商业机构所罕见。②

辛亥革命后，随着国内时局动荡，以及西方金融业的兴起，晋商票号由盛转衰。近代银行的经营方式比票号先进，大银行都以外国资本为后盾，中国土生土长的票号斗不过现代意义上的银行，由此很快就衰落了。特别是由于票号对清朝廷的过度依赖，所以在辛亥革命

---

① 曲殿元：《中国之金融与汇兑》，上海大东书局，1930。
② 《山西票号兴衰史》，《中华工商时报》2006 年 1 月 6 日。

的爆发后，票号紧随清朝廷被推翻而很快走向衰落，最终被时代所淘汰而退出历史舞台。1920年代，晋商票号几乎消亡了。

（二）闽粤侨批业兴衰史

"侨批"源于闽南语。"侨批"中"侨"指海外华侨华人，"批"是闽粤方言对书信的称呼。闽粤侨批业涉及的主要地域包括闽、粤、琼三省及东南亚各地，又以闽南和潮汕地区为多为著。

侨批业的产生有其历史大背景。在16世纪欧洲人的"地理大发现"后，世界步入"大航海"时代，人类文明史上产生了有别于陆地迁徙的跨洋越海大移民现象。19世纪初，在世界大移民潮流与国内人口剧增等大环境的冲击与交集之下，清朝廷开放"海禁"，准许民众出国。尤其在鸦片战争之后，清朝廷允许西方各国在华自由招工、自由从事契约劳工的招募活动，我国东南沿海闽粤民众由此大规模移民南洋。这种"下南洋"的移民潮，有别于中国内陆区域的"走西口""闯关东"，成为近现代全球化进程中的一个重要组成部分。这种跨国移民的大背景催生了侨批业。

"漂洋过海、过番谋生"的华侨在海外打拼，稍有积蓄即连同问候平安的家信寄回家乡，以补家用。于是，维系海外侨民与国内侨眷之间经济与情感纽带的"侨批"应运而生。侨批既汇款又寄家书，这一"信、款合一"的特殊沟通媒介，牵系着那个时代侨民、侨眷的心，展现了他们的生活追求与情感世界。

早期经营这一跨国侨批业务的是个人（个体），俗称"水客"或"客头"。随着出洋人数剧增，业务量的增大，侨批业务逐步发展成由侨批信局经营，并最终形成了一个以华人为主体的重要行业。这个侨批行业产生于19世纪中期，盛行于1920~30年代，终结于1990年代末①，历经清末、民国、新中国3个历史时期，历时

---

① 国内私营侨批业于1970年代末被归入国家银行管理后而逐渐消失，而国外侨批信局则延续至1990年代末，纸质侨批也随之消失。

一个半世纪。

整个闽粤侨批行业的经营机构数量众多。在福建，据统计，1892～1901 年在厦门登记营业的侨批信局有 30 家，1902～1911 年有 20 家，1912～1921 年有 64 家，1922～1931 年有 64 家，1936 年登记营业的头二盘局达 84 家。[①] 1937 年 6 月～1941 年 10 月，中国银行泉州支行在南洋各地的代理局有 180 多家，其中马来西亚有 71 家，新加坡有 12 家，印度尼西亚有 42 家，菲律宾有 49 家。[②] 这还不包括南洋代理局属下的在南洋各地的代理店。1948 年福建省登记营业的头二盘局达 173 家。[③] 根据华东邮政管理局统计，1948 年福建省侨批业分支机构共达 1282 家。[④] 1948 年福建省侨批业涉及的国外局达 506 家。[⑤]

在潮汕地区，1932 年汕头侨批信局增至 66 家，占广东侨批信局总数的 70%；抗战前汕头和潮州所属各县联号和分号达数百家，仅汕头市专营侨批业的就有 55 家。抗战胜利后侨批业迅速发展，汕头潮属各县侨批局共有 131 家。1951 年在汕头邮政局注册登记的侨批业机构有 60 家，下辖内外分号 775 家，其中港澳及南洋地区分号有 348 家。[⑥]

从实质上说，华侨华人与侨眷之间通过侨批这种载体，实现了以华侨劳务收入为主的货币资金（或物品）的跨国转移和信息情感

---

① 《厦门金融志》，鹭江出版社，1989，第 42 页。

② 张公量：《关于闽南侨汇》，民国卅二年八月刊印，第 38～44 页详细列出了委托信局的名称和地址。

③ 中国人民银行福建省分行国外业务处：《福建省侨汇业社会主义改造史料（1949—1958）》，1964 年编印，1996 年中国银行福建省分行国际金融研究所翻印，第 4 页。

④ 中国人民银行福建省分行国外业务处：《福建省侨汇业社会主义改造史料（1949—1958）》，1964 年编印，1996 年中国银行福建省分行国际金融研究所翻印，第 6 页。根据 1949 年 9 月华东邮政管理局批信局工作概况统计，其中可能包括特差及一部分虚假登记。

⑤ 中国人民银行福建省分行国外业务处：《福建省侨汇业社会主义改造史料（1949—1958）》，1964 年编印，1996 年中国银行福建省分行国际金融研究所翻印，，第 5 页。

⑥ 罗则扬：《侨批文化与海洋文化》，载《首届侨批文化研讨会论文集》，2004，第 211 页。

的交流与沟通。即通过侨批实现"资金流、信息流、物资流"的跨国转移，并以此传播与共享人类文明之成果。

就金融而言，一方面，侨批经营者不断吸收西方先进的银行技术和邮政技术，并将其应用于侨批的经营之中；侨批业务既锻炼和造就了有国际视野的金融人才，也潜移默化地影响了东南沿海的广大侨乡民众。另一方面，侨批带来了"番银"，带来了侨居地先进的金融技术与管理思想，丰富了侨乡的货币文化，提升了侨乡民众的金融意识，进而无形地推动了中国旧金融的改造与发展。

图4-21所示为一封于1910年6月25日由菲律宾马尼拉黄开物致锦宅妻子林氏的侨批，在批信中他要求妻子将金员兑换成银元，然后放贷收息。批信提到，"之前带回之金员，此时正在好价，系如兑换，将项寄放殷实铺当生息，以免该项屯积全无丝毫生息""今人有预算一元寄存银行，至二十年尚得一母一利""揔之，欲放该项必择殷实可靠之铺号方可"。

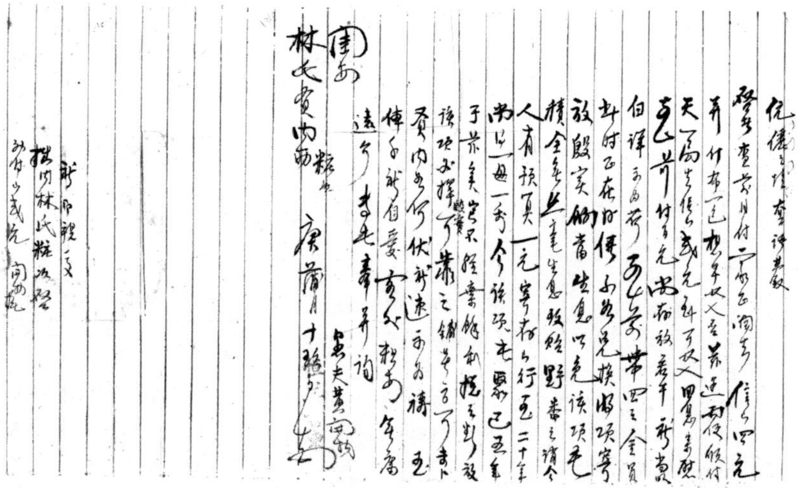

图4-21 1910年6月25日（庚蒲月十九日）马尼拉黄开物致锦宅妻子林氏的侨批

身处侨居地的旅外华侨在接受西方先进的金融技术的同时，也会通过侨批书信将金融信息、金融理念传递给国内亲友。侨批中的这位清末旅菲华侨黄开物已有了较强的金融意识，并力图通过侨批向家人传递其投资理念。

二 晋商票号与闽粤侨批业的企业形态及文化价值比较

晋商票号诞生在中国大陆腹地的山西，侧重于办理国内汇兑业务；闽粤侨批业发轫于中国东南沿海地区，侧重于办理国际汇兑业务及转送跨国家书。它们在历史上的企业形态与在当今作为文物的价值存在许多异同之处。现以闽帮侨批信局代表闽粤侨批业，与晋商票号做一比较（详见表4-5）。

表4-5 晋商票号与闽粤侨批信局的企业形态及文物价值比较

项 目	晋商票号	闽帮侨批信局
经营者及其居住地或祖籍地	居住在中国中部靠北的山西，主要是晋中平遥、太谷、祁县等地的山西人	居住在中国东南沿海的福建南部，闽南厦、漳、泉以及居住在东南亚各地的闽南人
创办及历经时期	从1824年日昇昌号始办起算，1个世纪；经历清末至民国初期的2个历史时期	清晚期至20世纪末，1个半世纪；经历清末、民国、新中国3个历史时期
资本金	晋商个人	闽商个人；新中国成立后，国内侨批业改造成为国家银行管理的机构
服务对象	以晋商为主的商号、商人及清朝廷	海外闽南人及其国内亲朋侨眷以及闽帮商号
经营地域	晋中平遥、太谷、祁县等地为中心，辐射中国内地各大城市及少部分外国地区	中国南部闽南沿海地区与东南亚各地
经营范围及市场	以国内汇兑业务为主，以国内市场为主	国际汇兑与"跨国"家书，国内与国际市场兼之，包括闽南和东南亚各地的侨批业务以及国际汇兑市场
经营方式	以汇票为主、信汇和电汇为辅	以信与汇合一的"侨批"信汇为主，以票汇和电汇为辅

项　目	晋商票号	闽帮侨批信局
企业网络	晋商开的票号，包括设在各地的分号（全资）	闽南人开的侨批信局，包括国内、国外侨批信局直属分局、代理商号等
结局形式	消亡及部分转化	消失，国内改造后被归入国家银行，国外部分锐变成银行或转做实业
消亡主因	经营者的经营理念陈旧，因循守旧，不能与时俱进；时局动荡	科技进步特别是邮政及银行技术发展，使得其没有存在的必要；自然消亡而终结
档案文献价值	2003 年《"日昇昌"票号、银号档案文献》入选第 2 批中国档案文献遗产名录	包括闽粤的"侨批档案"于 2010 年 2 月入选第 3 批《中国档案文献遗产名录》，2012 年 5 月入选《世界记忆亚太地区名录》，2013 年 6 月入选《世界记忆名录》
典型的号、局文物价值	2006 年山西省平遥县"日昇昌旧址"被列入第 6 批全国重点文物保护单位（古建筑）；1997 年包括日昇昌票号遗址在内的平遥古城被列入世界文化遗产保护	2006 年福建省龙海市"天一总局旧址"被列入第 6 批全国重点文物保护单位（近现代重要史迹及代表性建筑）；2009 年福建省泉州市"王顺兴信局旧址"被列入第 7 批福建省重点文物保护单位
文物的建筑风格	日昇昌旧址体现了中国清代北方民居的典型风格，创建于清道光四年（1824 年），咸丰年间（1851～1861 年）整修	天一总局旧址体现了中西合璧式"南洋"建筑风格；"宛南楼"始建于清宣统三年（1911 年），后经购地扩建；1921 年又建成"北楼"和"陶园"（花园）；王顺兴信局旧址由欧陆建筑风格的"奇园"（1928 年建）和中式建筑风格的"船楼"（1929 年建）组成

资料来源：在《解读晋商票号与闽帮侨批局》（黄清海，《海交史研究》2012 年第 2 期）第 71 页表 1 和第 72 页表 2 的基础上补充完善的。

侨批信局有邮政与金融双重服务功能。因此，一般人们认为，中国民间金融或旧式金融机构仅有钱庄、典当行、票号等，极少将侨批列入其中①；而将侨批归入金融范畴记载的与将侨批归入邮电

①　在王红曼《略论晚清金融结构变迁》[《福建论坛》（人文社会科学版）2011 年第 7 期] 中提及了中国旧式金融机构包括钱庄和票号，未提到侨批业。

金融属性的普遍认识还很不够。

在中国金融发展史的研究上，较晋商票号而言，我们对闽粤侨
批业的研究还十分不足。学界对于晋商票号史的研究长达 70 多
年②，而对闽粤侨批业的研究仅是近 20 多年的事，而侨批金融属性
方面的研究显得更加薄弱③。

从表 4-6 可知，就代表性遗址而言，晋商票号与闽粤侨批业
的价值相当，但其建筑风格不同，所表达的物质性文化价值也有差
异。日昇昌遗址体现了中国清代北方民居的典型风格，显示了那时
代虽然有商业贸易，但仍然保留着"农耕自足"的情形。而天一总
局遗址体现了中西合璧式的"南洋"建筑风格，与闽南的传统建筑
相比，更具有海洋文明的气息。就文献档案而言，闽粤侨批的已入
选《世界记忆名录》，而晋商票号的仅被列入国家级文献遗产保护
名录。因此，我们有必要对侨批的文化价值做进一步挖掘与宣扬。

三 值得传承的金融文化

晋商票号与闽粤侨批业在特定的历史时期，为中国社会经济发
展做出了历史性的贡献，它们各自有独特之优点，也为我们今天保留

---

① 2014 年 11 月 4 日查询福建省情资料库地方志之窗（http://www.fjsq.gov.cn/index.asp），搜
索"侨批"，结果显示，将"侨批"归入金融范畴记载的有《莆田市志》《城厢区志》《涵
江区志》《鲤城区志》《石狮市志》《永春县志》《漳州市志》《福建省志（华侨志）》，将
"侨批"归入邮电范畴记载的有《福建省志（邮电志）》《福州市志》《涵江区志》《莆田县
志》《泉州市志》《晋江市志》《南安县志》《厦门市志》《诏安县志》。
② 这是从 1944 年重庆中央银行经济研究处卫聚贤撰写并出版《山西票号史》起算。其
实，山西平遥人李宏龄在 1917 年就自费出版了《山西票商成败记》。
③ 比较集中论述侨批金融属性的文章主要有：陈景熙《潮汕侨批与近现代汕头货币
史》，《首届侨批文化研讨会论文集》，2004；陈训先《清代潮帮侨批业对我国原始金
融市场的贡献》，《汕头大学学报》2005 年第 5 期；黄清海《解读晋商票号与闽帮侨
批局》，《海交史研究》2012 年第 2 期；王炜中《侨批局：中国进入国际金融市场的
先行者》，《广东档案》2013 年第 2 期；晏露蓉、黄清海《侨批：中国信用文化之珍
品》，《征信》2013 年第 10 期；侨批研究小组《侨批的金融属性溯源》，《福建金融》
2014 年第 5 期；林南中《"番批""番银"——海洋文明的金融符号》，《福建金融》
2014 年第 6 期。

了优良的金融文化，主要包括信用文化、制度文化、创新文化、精神文化。这正是今天金融人的文化与精神财富，值得传承与褒扬。

（一）信用文化

晋商票号与闽粤侨批局能够持续经营百年，最核心的与最根本的是诚实信用。其实，这两者经营的同是信用产品，均必须建立在中国传统的朴实信用的基础上方能有效地拓展业务。侨批信局经营者基于血缘、地缘（乡缘）等乡谊关系，做熟人熟客业务，知根知底，信息对称。对称的信用信息，既是业务的基础，也牵制了违约事件的发生。"了解你的客户"成为当今银行拓展业务的最基本要求，其中就包含着这种信用文化因子的传承。

天一信局创办者郭有品曾坚持偿付沉海的侨汇，他因此成为诚信闽商的典范之一。有朝一日，如在天一信局遗址设立"侨批博物馆"，建议塑造"郭有品诚信雕像"，以此作为有形的物质性文化宣传载体，褒扬中国民间诚实守信的信用文化。

（二）制度文化

制度建设是企业做大做强的重要保证。晋商票号形成了一套独具地方特色，又与现代企业制度相近的企业结构和管理方式，包括经营权与所有权分离、严谨的用人机制、严格的师徒制度、较为合理的激励机制（票号股份分为投资者的银股和小出资本出人力"顶生意"的身股，银股、身股都可按股分红）和严密的内控制度等，这些保证了票号健康地经营与发展。郭有品在从做水客发展到创办天一信局的过程中也制定和执行了一套完整的制度，并保证其信用的延续性，从而做大了侨批业务。王顺兴信局创办人王世碑也有同样做法，其信局《约章》至今仍可见。①

侨批业因为涉及的地域广、业务品种多（钱款、书信、物品等），为提高运行效率，还形成了一些特殊的运营制度，如"代理制""帮号

① 泉州市侨联等编《回望闽南侨批》，华艺出版社，2009，第24~26页。

海洋移民、贸易与金融网络

对于当今的金融业信守"三铁"，同样也有借鉴意义。

（三）创新文化

创新既是时代的呼唤，又是企业自身发展的内在要求。晋商票号与闽粤侨批业都有着一种敢为天下先的创新精神。晋商票号创新出以纸质的汇票（即信用票），以解决长途运送现银（金属货币）的困难。闽粤侨批业经营者创新出"信、汇合一"的侨批经营模式，方便了居住在东南亚的闽粤华侨对汇款和通信的需求。此外，常年居住在海外的闽粤侨批商人，有着海洋文化的思维及国际视野，能够与时俱进，不断地接受西方先进的技术和方法，并将其应用于侨批的经营中。他们除了有侨批信汇外，还仿照银行，采用信局票汇（见图4-22）和电汇方式，以提高侨批汇款的运行效率。

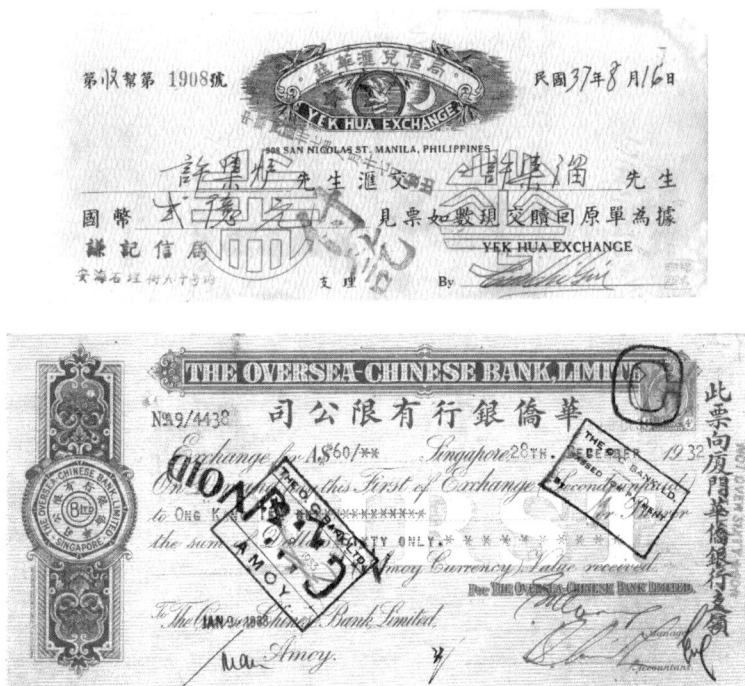

图4-22　益华汇兑信局汇票与华侨银行汇票的比较

当今金融业务创新日新月异，旧式金融的创新意识与创新精神，更为接近"地气"，贴近社会实际与民众需求，值得当代金融人学习与褒扬。

（四）精神文化

精神文化，又称为"企业软文化"。晋商票号与闽粤侨批业经营者均拥有自强不息的开拓精神，但因视野与理念等的差异，最终结果也有所不同。

山西地处我国中部地区的陆地，传统的"陆地思维"深深地影响着一代又一代的山西人，人民世世代代以农耕为生，那里资源丰富，他们又勤劳、进取、开拓、自强不息；拉着骆驼，千里走沙漠，冒风雪，犯险阻，北走蒙藏边疆；横波万里浪，东渡东瀛，南达南洋，不畏艰辛，坚韧不拔。他们因此能首创票号，开中国汇兑业之先河，影响了中国经济金融界近一个世纪，并使山西商人成为当时国内商业和金融界中一支举足轻重的力量。

然而，晋商票号最后还是没落了，其主要原因是票号经营者的墨守成规、因循守旧、不能与时俱进。晋商票号掌柜们不仅不能顺应历史潮流，改革图存，而且顽固和墨守旧法，一次次坐失良机，以致4次失去可能将票号发展成为银行的大好机遇。[①] 晋商票号成

---

① 参见 MBA 智库百科——晋商（http://wiki.mbalib.com/zh-tw/%E6%99%8B%E5%95%86）。第一次是 1904 年秋天，户部尚书鹿仲霖奉谕组建大清户部银行，他认为山西票号商人经营有道，便邀请山西票号商人参加入股。由于山西票号实行经理负责制，事情要经总号批准，而票号的掌柜们以不熟悉洋人的玩意为借口百般推脱，清朝廷认为这是因为票号害怕资金与人被朝廷控制，自己无利可图而拒绝，为此再一次妥协，拿出了一个没有风险的方法：要求晋商只出人不出资金，既让户部银行控制在山西人手里，又不动用晋商原有的资产。如此丰厚的条件，还是不能撼动票号大掌柜们的成见。户部多方努力无效，晋商票号也坐失了一次改制成银行的良机。第二次是 1908 年，山西蔚丰厚票号北京分庄经理李宏龄认识到山西票号若不顺应潮流，及早改革图存，将在商界、金融界销声匿迹，因此改组票号为银行是大势所趋。为此，他与渠本翘筹划了票号改组的计划，但因总号经理们墨守陈规，不肯稍加变通，不同意票号改组银行，计划又告失败。第三次是在辛亥革命后的 1914 年，山西票号挤兑现象严重，于是票号重提改组银行之议，三大帮票号联合申请改办银行，并由政府担保向华利银行贷款。不想是年欧战爆发，计划落空。第四次是山西票号拟自筹资金，共组银行，但终究形不成合力，只是纸上谈兵。

功的经验与失败的教训，值得人们借鉴与吸取。

闽粤沿海远离中原，那里土地贫瘠，生存环境与中原有很大的差异。闽粤人民居住陆地边缘，长期以来以海为田，以舟为马，漂洋过海，这造就了闽粤人既有漂泊坚韧、敢于冒险、勇于拼搏的性格，又有着海洋的思维与宽广的国际视野。

闽粤侨批业是伴随着出国的这一乡帮族群的闽粤民众（以闽南语系民众为主）的内需而自然产生的，之后，它随着国际与国内社会与科技的进步，自律地、市场化地发展。凡是自生、自制、自主的事物均具有很强的发展力。闽粤侨批业就是这样具有顽强的生存力和发展力的事物。在 1930 年代初，孔祥熙在建立国民政府金融体系的过程中，曾设想在海内外建立邮政储金汇兑系统，取消国内、外的民信局，但是，由于经营海外业务的侨批信局具有许多不可替代的特殊功能，而最终也只能将其改名为批信局并保留下来。

闽粤侨批业经营者基于侨批的金融属性，以其固有的海洋文明的那种开放的心态和诚实守信的商人准则及国际化网络经营的视野以及侨批的金融属性，因时因地地变化，创造性地发展侨批业了这种特殊的商业模式，从而促进和适应了不同时期侨批业务的发展；而且在侨批业没有必要存在的情况下使其得以转化，获得了新生。1970 年代末，国内侨批业在归并国家银行后继续发挥其应有的作用。而国外侨批信局有的嬗变为银行，有的甚至成为有实力的华资银行。如：建南信局发展成建南银行，该行曾经成为菲律宾第二大商业银行；和丰信局发展成和丰银行，1932 年该行又与华商银行、华侨银行合并为新的华侨银行股份有限公司，总部设在新加坡，是一家国际性银行，目前在中国厦门、成都、上海、绍兴、天津、广州、北京和青岛等城市设有分支机构。

闽粤私营侨批业在国内外竞争激烈的环境下，不断创新，不断提高竞争力，从而展现了侨批从业者的创新精神和独特的国际化视野。

在经营理念方面，诸多侨批信局将秉承诚信经营的理念、建立严格的信用制度作为不断扩大经营网络、提高信誉的主要手段。侨批信局"信义经商"的精神使侨批不愧为"中国信用文化的珍品"，值得世人"永久记忆与传承"。

在经营战略方面，为提高侨批的汇转速度，侨批信局改变"单打独斗"的状态，在构建头盘、二盘、三盘局合作体系的同时，借助比较完善的现代邮政和银行系统开展侨批业务，实现了侨批业务的分工协作。尤其是侨批信局通过与银行系统的协作，融入整个国际汇兑市场，拓展了业务网络的空间分布，辐射至欧美，"为东南亚华人移居欧美提供了金融汇兑方面的便利"。

在经营方式方面，侨汇汇兑的方式从由"水客"带回原币（金属货币），到信汇、票汇、电汇的演变，不但体现了时代的变迁，而且反映了华人移民对资金跨境流动安全性、便利性的需求。在结算货币上，从银本位时期种类繁多的外国银圆，到国币与金圆券流通时期以及新中国成立后以美钞、港币、人民币为主体，除了反映不同时期的政治、经济、科技等方面的情况外，还真实地反映了华人移民在国际市场汇率变动频繁、国内货币币值不稳定的现实环境下规避汇率风险的需求。

在风险管理方面，为应对国际市场汇率变动频繁带来的汇率波动风险，侨批信局利用批款资金头寸，运用远期、期货、互换等各种金融衍生工具，在国际金融市场上进行实物或金融货币交易。所以，侨批信局被认为是"中国进入国际金融市场的先行者"。

特别需要指出的是，闽粤侨批业的百年发展史对当前我国金融领域的创新活动具有重要的借鉴意义，即金融创新应瞄准社会的真实需求，也就是说，应鼓励符合实体经济发展实际的金融创新。例如，金融创新应满足经济结构转型与升级的需求，满足新型城镇化建设的需求，满足实施"引进来"与"走出去"战略的需求，满足人民群众日益增长的物质文化需求引致的对金融服务的需求。侨批信局与银行机构从对立走向合作的历程，对于当前合理处理传统金融与互联网金融的关系提供了有益启发，即传统金融机构应加快创新，与互联网金融进行有效合作，实现各方的共赢。①

一个有生机活力的企业或行业，既需要有良好的文化传承，也需要有紧跟时代的技术创新。如今正处于一个全球化蓬勃发展的时代，中国金融业迎来了前所未有的大发展机遇，中国旧式金融所遗存的金融精髓，正在融入各类金融业务和服务之中。

---

① 潘再见：《市场需求驱动金融创新——读福建金融"海邦剩馥侨批文化栏目"系列文章有感》，《福建金融》2015 年第 12 期，第 71～74 页。

结语 从侨批、侨汇到"侨汇通"
——中国近现代国际金融汇兑历史缩影

从侨批汇兑到银行侨汇，再到环球"侨汇通"，汇兑时间从几个月到几天，缩减到几时几分钟，从侧面反映了中国近现代100多年来的国际金融汇兑历史，反映了现代科技进步对于金融效率提高的促进作用。从侨批、侨汇到"侨汇通"，可以说是中国近现代国际金融汇兑历史的缩影。

图4-23 中国银行的"速汇金"广告单

"侨汇通"业务是中国银行与速汇金、西联汇款、BTS 等多家汇款公司合作的小额跨境速汇服务，国外汇款人在境外汇出汇款后，仅需十分钟，境内收款人凭"解付密码"即可在中国银行任一网点收款，有效地满足不同地区客户的跨境汇款需求（中国银行的"速汇金"广告单见图4-23）。中国银行提供的兑付货币多样化，有着现钞储备充足等优势，能够更好地为客户提供支取便捷的解付服务。

与普通国际汇款业务不同，"侨

汇通"方便快捷，无须中转，且汇款手续费低廉，不收取电讯费用、汇钞差价和中转行费用，保证汇出金额与汇入金额一致，而且客户可以自由选择将汇入款项直接入账或在就近网点支取现金。

以往我们常用"全球化"的字眼，用于解释区域内网络之间和跨区域网络之间的互动关系。然而，今天，我们处在一个大时代，即处在一个信息化、网络化高度发达的时代，在世界金融领域里，"全球化"其实等于"全球一样化"，"地球村"的"同村化"。跨国界、跨区域，跨海洋、跨时空，如果没有人为的限制，那就没有障碍，全球畅通无阻，资金自由流通。

从1840年代开始，伴随着下南洋之人所需，华侨华人寄信汇款的侨批（侨汇）汇兑业务，经历了从侨批业（水客）携带侨款（现银）回国、外资银行垄断控制、华人资本银行介入争夺、中国银行等民族资本银行的参与，直至今天由众多国际大银行协作组成环球金融汇兑系统；国际汇兑时间从几个月、几天，再到几分钟。所有这一切，既反映了人类金融科技的进步，也见证了金融全球化的历史进程，更反映了一个半世纪以来华人金融网络发展的艰辛历程。

我们正处于一个全球化蓬勃发展的时代，随着"一带一路"的深入，中国迎来了前所未有的大发展机遇，可以预见，具有海洋文明属性的侨批业所遗存的记忆财富与文化精髓，将融入人们全球化视野的思维海洋之中，并发扬光大。

参考文献

［1］〔日〕滨下武志：《全球史研究视野下的香港》，载国家清史编纂委员会编译组编《清史译丛》第十辑，张俊义译，齐鲁书社，2011。

［2］卜伟等编著《国际贸易与国际金融》，清华大学出版社，2015。

［3］陈达：《南洋华侨与闽粤社会》，商务印书馆，2011。

［4］陈嘉庚：《南侨回忆录》，新加坡怡和轩，1946。

［5］陈荆淮主编《海邦剩馥：侨批档案研究》，暨南大学出版社，2016。

［6］福建省档案馆编《百年跨国两地书：福建侨批档案图志》，鹭江出版社，2013。

［7］福建省档案馆编《中国侨批与世界记忆遗产》，鹭江出版社，2014。

［8］黄清海、沈建华编著《抗战家书》，福建人民出版社，2015。

［9］黄清海编著《菲华黄开物侨批：世界记忆财富（1907～1922年)》，福建人民出版社，2016。

［10］黄清海主编《闽南侨批大全》第一辑，福建人民出版社，2016。

［11］黄清海主编《闽南侨批史纪述》，厦门大学出版社，1996。

［12］黄卓才：《鸿雁飞越加勒比——古巴华侨家书纪事》，暨南大学出版社，2011。

［13］〔新加坡〕柯木林主编《新加坡华人通史》，新加坡宗乡会馆联合总会，2015。

［14］〔美〕孔飞力：《他者中的华人：中国近现代移民史》，李明欢译，江苏人民出版社，2016。

［15］李柏达编著《古巴华侨银信：李云宏宗族家书》，暨南大学出版社，2015。

［16］李良溪主编《泉州侨批业史料》，厦门大学出版社，1994。

［17］李天锡：《泉州华侨华人研究》，中央文献出版社，2006。

［18］刘进、李文照：《银信与五邑侨乡社会》，广东人民出版社，2011。

［19］〔美〕迈克尔·赫德森：《国际贸易与金融经济学：国际经济中有关分化与趋同问题的理论史》（第2版修订扩展版），丁为民等译，中央编译出版社，2014。

［20］《南洋中华汇业总会年刊》第一集，新加坡1947年4月刊印。

［21］《南洋中华汇业总会年刊》第二集，新加坡1948年6月刊印。

［22］南洋中华汇业总会《汇业特刊》第三集，新加坡1958年1月刊印。

［23］〔美〕帕特里克·曼宁：《世界历史上的移民》，李腾译，商务印书馆，2015。

［24］泉州市侨联等编《回望闽南侨批》，华艺出版社，2009。

［25］〔日〕山岸猛：《侨汇：现代中国经济分析》，刘晓民译，厦门大学出版社，2013。

［26］世界海外华人研究与文献收藏机构联合会会刊《华侨华人文献学刊》第一辑，社会科学文献出版社，2015。

［27］〔美〕斯塔夫里阿诺斯：《全球通史：从史前史到21世纪》（第7版修订版），吴象婴等译，北京大学出版社，2012。

［28］苏通海：《漳州侨批史话》，福建人民出版社，2016。

［29］王晓明：《世界贸易史》，中国人民大学出版社，2009。

［30］郑林宽：《福建华侨与闽侨汇款》，福建调查统计（永安），1940 年 11 月。

［31］中国银行行史编辑委员会编著《中国银行行史（1912—1949 年)》，中国金融出版社，1995。

索 引

海洋移民、贸易与金融网络

索
引

图书在版编目（CIP）数据

海洋移民、贸易与金融网络：以侨批业为中心／黄

清海著. -- 北京：社会科学文献出版社，2016.12（2017.11 重印）

（海上丝绸之路与中国海洋强国战略丛书）

ISBN 978 - 7 - 5201 - 0223 - 0

Ⅰ.①海…　Ⅱ.①黄…　Ⅲ.①侨务 - 外汇 - 史料 - 中

国 - 近代　Ⅳ.①F832.6

中国版本图书馆 CIP 数据核字（2016）第 318096 号

海上丝绸之路与中国海洋强国战略丛书

海洋移民、贸易与金融网络
——以侨批业为中心

著　　者／黄清海

出　版　人／谢寿光
项目统筹／陈凤玲
责任编辑／陈凤玲　田　康　关少华

出　　版／社会科学文献出版社·经济与管理分社 （010）59367226
　　　　　　地址：北京市北三环中路甲 29 号院华龙大厦　邮编：100029
　　　　　　网址：www. ssap. com. cn
发　　行／市场营销中心 （010）59367081　59367018
印　　装／三河市尚艺印装有限公司

规　　格／开　本：787mm × 1092mm　1/16
　　　　　　印　张：18.75　字　数：245 千字
版　　次／2016 年 12 月第 1 版　2017 年 11 月第 2 次印刷
书　　号／ISBN 978 - 7 - 5201 - 0223 - 0
定　　价／80.00 元